杨延超 著

版权战争
COPYRIGHT WAR

图书在版编目（CIP）数据

版权战争/杨延超著．—北京：知识产权出版社，2017.10
ISBN 978-7-5130-5193-4
Ⅰ.①版… Ⅱ.①杨… Ⅲ.①版权—研究 Ⅳ.① D913.04

中国版本图书馆 CIP 数据核字（2017）第 247620 号

内容提要

人类自诞生以来，一直伴随着领土战争、石油战争、货币战争……版权战争则是人类战争形式的高级形态。本书开宗明义，《版权战争》从知识产权的维度重新诠释人类社会错综复杂的利益关系。从版权经济的到来，到版权帝国的构建，人类社会一方面在分享版权产业的红利，另一方面又在版权战争中博弈。作者与书商，作者与演员，作者与作者，企业与企业，国家与国家，版权战争牵动着我们每个人的命运：从版权战争开始，到版权战争结束。

责任编辑：龙　文　　　　　**责任校对**：王　岩
装帧设计：品　序　　　　　**责任出版**：刘译文

版权战争
Banquan Zhanzheng
杨延超　著

出版发行：知识产权出版社有限责任公司	网　　址：http://www.ipph.cn
社　　址：北京市海淀区气象路50号院	邮　　编：100081
责编电话：010-82000860 转 8123	责编邮箱：longwen@cnipr.com
发行电话：010-82000860 转 8101/8102	发行传真：010-82000893/82005070
印　　刷：北京科信印刷有限公司	经　　销：各大网上书店、新华书店及相关专业书店
开　　本：700mm×1000mm 1/16	印　　张：19
版　　次：2017年10月第1版	印　　次：2017年10月第1次印刷
字　　数：240千字	定　　价：60.00元

ISBN 978-7-5130-5193-4

出版权专有　　侵权必究
如有印装质量问题，本社负责调换。

— 引 子 —

拉开战争序幕的女王

  很多人会说，版权是个小众的概念，能翻起多大的浪，引起多大的战争？我们来看一组数据：美国国际知识产权联盟（International Intellectual Property Alliance，IIPA），发布了《美国经济中的版权产业：2016年度报告》（Copyright Industries in the U. S. Economy: The 2016 Report）（以下简称《报告》），《报告》显示，美国全部版权产业为美国经济贡献了近2.1万亿美元的增加值，是无可争议的美国经济支柱产业，甚至已经远远超过在全球处于霸主地位的金融行业，就业贡献率接近8%，GDP贡献率也接近8%。中国的版权产业目前仍没有权威的统计数据，各种类似陈坤投资5亿元，一部国产动画《大圣归来》票房近10个亿，微博账号同道大叔卖了3个亿，杨幂所在的嘉行传媒估值超过50个亿，某当红小生参演一档热播的真人秀节目的费用超过3 000万元，Papi酱融资估值3个亿等等的报道却也足以吸引着人们眼球。可见，版权绝不是一个小众的市场，它已经造就了一个庞大的商业体系。国与国之间，国内利益各方之间为了争抢这一块利益，早已呈现白热化的状态。

那么，版权之战是什么时候开始的呢？

说到版权战争，不得不从版权说起，早期中国的历史就有关于版权的记录。中国南宋绍熙年间(1190~1194)刻印的四川眉州人王充所著《东都事略》，目录页上有"眉山程舍人宅刊行，已申上司不许覆板"的声明。这是公认的比较早期的版权声明。在欧洲，公元15世纪中叶，德国人J.谷登堡发明金属活字印刷术以后，1469年威尼斯共和国授予书商乔万尼·达施皮拉为期5年的印刷图书的特权。1556年英国女王玛丽一世批准伦敦印刷商成立书商公司，对于出版的书籍拥有垄断权。这都是早期版权的雏形，都比《安娜女王法》早不少。但是，为什么说《安娜女王法》才是现代版权的鼻祖呢？特别是现代版权，通说都认为和安娜女王脱不了干系。

回到300年前1709年的一天，英国议会的大臣们为是否通过一部法律争吵不断。背后的缘由在于印刷术产生并迅速在西方普及之后，书籍制作成本被大幅降低，人人皆可制作书籍，书商们的利润并没有像人们想象的那样迅速增加，反倒是让书商们丧失了原有的垄断优势。书商们为了能够重新找回原有的垄断地位于是开始游说国家立法，4月14日这一天，经过代表书商利益的议员的不断努力，保护书商垄断利益的法律被摆上了台面。有一部分议员警惕地表示，这部法律并不会像宣称的那样保护作者，但是他们的声音最后被力主推出法律的议员所淹没。最后法律通过，被摆到了安娜女王的桌上，安娜女王签下了自己的名字，法律正式生效。

《安娜女王法》只是简称，其全称是《为鼓励知识创作而授予作者及购买者就其已印刷成册的图书在一定时期内之权利的法》，尽管名字中提到了作者和购买者，但其实主要是保护购买者，即书商（购买版权的人）的权利。安娜女王这一签字，意味着出版成为特许，有了国家法律保护，由此兴起了一系列争抢权利、保护权利的圈地运动，版权战争——一场没有硝烟的战争至此拉开序幕。

特别是第二次世界大战以后，各国都知道打架不是那么好玩的，可是要流血死人啊。于是开始比经济，比文化，拉开了一个第二战场，版权就是其中一个重要阵地。不仅国家与国家之间打，国内战场也是硝烟弥漫。看看咱们国内，十年前还是视版权为无物，盗版泛滥，作者穷酸得不行的时代。到了今天，要看个"晋江原创"，不好意思，请充值；要看个热播剧，不好意思，请买会员。你想看看作者的思想火花，就得付出成本。以前的编剧写个剧本能收入上万块不错了，现在你看看，郭敬明、唐七公子之类的编剧哪个不是数钱数到手软。一个好的作品，不仅能拍电视剧、拍电影，还能做网游，做活动主题，统统都是现金流。所以，现在的优秀作品，那就是一个金库，吸引着银行家、投资人纷至沓来。前段时间刷屏的范雨素，凭借一段短文，引得各路线上线下出版商齐齐出马，其暂居地皮村俨然被攻破，把范雨素吓得不敢露面，足见版权的魅力。除了民众熟悉的作品，现如今计算机程序等涉及的版权也是热得发烫，几个小伙伴一组队熬个夜，没准弄出个程序市值上亿、上十亿。

2015年、2016年国内已经拉开了版权之战的序幕。如果说，以前版权的战争主战场在国外，那么现在国内正在成为主战场。随着几个大IP引来疯抢，一些国产电影收到天价票房，付费阅读、付费观赏也逐渐成为民众习惯，以及互联网的高烧不退，一时间，好的作品让无数投资人竞折腰。如何练得一双慧眼，识别真金，是本事；如何争抢到版权，是本事；如何开发好版权，是本事；如何保护好来之不易的金娃娃，更是本事。一时间，各路人马，齐聚在版权的战场上，带着各家最精良的武器，或对峙，或开战。

连明星都开始意识到版权是金矿，凭借自身的资源优势，也加入了战场。不少年纪尚轻的小花小鲜肉因此赚得盆满钵满，俨然已经超过了普通人的想象。以前以为公司老板是有钱人，现在是谁有IP，谁才是大BOSS。

作为版权的研究者，笔者看到全社会版权热情如此高涨，版权意识空前强烈，不能不说是欣喜的，因为只有版权得到了尊重和保护，创作得以激励，我们才能看到更多更好的作品。

但是版权这个问题，天生带有一些复杂的属性，喜欢的人多，却容易入坑。近年来不少投资人栽跟头，也有不少作者吃亏，在国际市场上更是显得力量不足，要打赢这场战争，有必要厘清版权战争的缘由、根本以及战略战术，揭开版权战争的迷雾。笔者经过几年深入一线的调研、对国内外典籍的研究、对热点问题的追踪观察思考，方得以成书，实乃版权的问题庞杂而深奥，尽可能用浅显文字记之。疏漏未尽之处，请方家不吝指出。

还需要说明的是，为了论述的简便，笔者将《中华人民共和国著作权法》《中华人民共和国公司法》等我国法律法规的名称直接简称为《著作权法》《公司法》等。望读者周知。

目录 Contents

引　子　拉开战争序幕的女王 / I

第一章　版权战争无处不在 / 1

> 互联网膨胀给世界带来了新的估值体系，知识与智慧站上了商品金字塔的塔尖。有利益即有纷争，版权战争范围之广、规模之大，前所未有。

第一节　真人秀的困惑　　　　　　　　　　　　　　2
第二节　禁止拍照的秘密　　　　　　　　　　　　　6
第三节　唱别人的歌发自己的财　　　　　　　　　　9
第四节　一个馒头引发的血案　　　　　　　　　　　12
第五节　模仿秀之争　　　　　　　　　　　　　　　17

第二章　版权战争缘起 / 21

> 所有的战争，皆离不开"利益"二字，尽管版权头顶高贵的皇冠，还被贴上了保护创新的标签，其本质仍然是金钱，金钱，金钱。

第一节　版权与物权：两场属性不同的战争　　　　　22
第二节　版权战争的序幕：《安娜女王法》　　　　　27
第三节　战争的驱动力：保护创新还是争夺利益　　　31

第三章　版权战争的哲学思考 / 35

> 为了让版权战争显得不那么血腥和直白，版权被一劈为二，一半是精神权利，一半是财产权利，这种欲遮还羞的做法让版权的交易陷入困境，扯开这层遮羞布，版权，跟精神没有半毛钱关系。

第一节　引子：方正诉宝洁案　　　　　　　　　　　36
第二节　洛克：劳动财产理论　　　　　　　　　　　38

第三节	黑格尔：人格财产理论	40
第四节	卢梭："社会契约"版权观	43
第五节	版权的哲学反思：二元保护理论	46

第四章　版权战争驱动：资本大战 / 53

> 天下熙熙皆为利来，天下攘攘皆为利往。资本追逐的，莫不是最大的利益。版权资本运作玩法之多，可能会大跌你的眼镜。

第一节	知识产权还是知识产钱	54
第二节	版权价值：对话马克思	55
第三节	版权，质押还是抵押	60
第四节	版权信托，失败的教训	64
第五节	版权证券化：从摇滚歌王到喜剧之王	66
第六节	版权众筹：《叶问》的烦恼	75
第七节	版权保险：《人民的名义》泄露	80

第五章　独创性：版权必争之地 / 83

> 不管我们是否愿意承认，人工智能的时代来了，没有独创性的东西将一文不值。版权仿佛早就洞察了一切，早早地扛起了独创性大旗。

第一节	独创性：战争中的幽灵	84
第二节	独创性本土化	88
第三节	作品标题与独创性	91
第四节	色情作品，有独创性？	97

第六章　权利扩张：版权战争之矛 / 101

> 版权随着人的欲望膨胀也在悄悄延伸它的触角，一觉醒来，你会发现，版权的势力范围，无所不在。

技术发展，版权扩张　　　　　　　　　　　　　　102

第一节　署名权：彰显财产还是精神　　　　　　103

第二节　发表权：一稿能否多投　　　　　　　　109

第三节　修改权与改编权的困惑　　　　　　　　112

第四节　发行权：包括电子发行　　　　　　　　116

第五节　出租权：有别于物权法上的出租权　　　122

第六节　展览权与追续权：美术作品的"特"权　127

第七节　表演权：KTV收费，钱去哪了　　　　 133

第八节　广播权与信息网络传播权：两权混战　　137

第九节　翻译权：信奉信、达、雅　　　　　　　146

第十节　或将消亡的版权　　　　　　　　　　　149

第七章　合理使用与法定许可：版权战争之盾 / 157

> 你想不惹上官司，不沾上麻烦，那么好好运用合理使用和法定许可这两种制度吧！否则，随手发个朋友圈可能就要吃上官司。

第一节　合理使用　　　　　　　　　　　　　　158

第二节　合理使用的挑战：何去何从？　　　　　175

第三节　法定许可：版权战争的最后盾牌　　　　182

第四节　集体管理之争　　　　　　　　　　　　191

第八章　版权归属之争 / 197

> 编剧根据公司委托创作了剧本，编剧去世后版权归谁？这个问题很烧脑。

第一节　委托作品中的版权之争　　　　　　　　198

第二节　职务作品中的版权之争　　　　　　　　201

第三节　法人作品之中的版权之争　　　　　　　　　　204

第四节　孤儿作品之中的版权之争　　　　　　　　　　206

第五节　续受作品的版权之争　　　　　　　　　　　　208

第九章　邻接权之战 / 219

> 明星们经常会问一个问题，我们演了电影，是不是版权人？这里就来回答这个问题。

第一节　谁是表演者　　　　　　　　　　　　　　　　221

第二节　出版者权：书商的权力　　　　　　　　　　　229

第三节　广播电台、电视台的"特"权　　　　　　　　231

第四节　电影作品，还是录像制品　　　　　　　　　　235

第十章　从现在到未来：版权战争格局 / 237

> 未来时代是什么样的，需要拿出你我的想象力；版权战争未来是什么样的，让我们尽情想象吧！

第一节　"微时代"的版权之争　　　　　　　　　　　238

第二节　3D打印对版权的挑战　　　　　　　　　　　 250

第三节　电子阅读：撼动传统版权　　　　　　　　　　256

第四节　延伸保护：从版权到专利　　　　　　　　　　264

第五节　惩罚盗版，唤醒死亡条款　　　　　　　　　　272

第六节　版权诉讼，上兵伐谋　　　　　　　　　　　　278

后记　意识觉醒，战争尤在 / 287

第一章 版权战争无处不在

互联网膨胀给世界带来了新的估值体系,知识与智慧站上了商品金字塔的塔尖。有利益即有纷争,版权战争范围之广、规模之大,前所未有。

COPYRIGHT WAR

第一节　真人秀的困惑

说到版权战争，总会想起中美之间多年的版权保护争端，抑或国际巨头们的版权贸易大战，事实上版权战争无处不在，从现下各个电视台的真人秀节目大战即可见一斑。

2013年左右开始，国内真人秀节目开始占据各大电视台黄金时段，现在已经俨然成为各大电视台收视主力节目，拥有极大的粉丝群，参与真人秀的明星出场费惊人，多则几千万上亿元，少则几百万元。但是，各大真人秀却频频卷入版权纷争。以《中国好声音》为例，提及《中国好声音》，想必你眼前呈现的是四位评委盲听的场景，听到动人之处，或有评委按动"I WANT YOU"，转动转椅。类似盲听的创意最早来自风靡全球的音乐真人秀《The Voice》，其后，《The Voice》节目的荷兰版权方积极向全球推广，英、美、土耳其、菲律宾等先后有45个国家购买了《The Voice》的版权。类似的例子还包括《非诚勿扰》，类似的节目版式最早源自英国的节目《Take Me Out》，《奔跑吧兄弟》则是源自韩国的《Running Man》。《中国好声音》制作方灿星公司与荷兰版权方Talpa公司以及唐德影视因为节目版权的问题，陷入了旷日持久的战争。

问题在于，节目版式受到著作权法保护吗？

"节目的版式"与"节目"本身并非同一概念，以《中国好声音》为例，它作为一档节目，一定是有版权的，但节目的版式则是从节目中抽象出来的节目流程，以及每个流程的显著特征。在《中国好声音》节目中，选手什么时候从后台走出、走到哪里、评委盲听、转椅、评委与选手互动的方式，这些属于节目版式，至于演唱者是谁、他（她）唱什么、评委是谁、他（她）说什么，这些统统与节目版式无关。

著作权法保护的是作品，节目版式能算得上作品吗？世界各国著作权法对作品的规定不尽相同，总体上有"封闭式"和"开放式"两种形式。英国、澳大利亚和新西兰等国家采用"封闭式"方法，其著作权法对作品形式的规定是确定的，如文字作品、音乐作品、电影作品等，如果著作权法中没有规定"节目版式"这种作品类型，它就很难受到著作权法的保护。美国著作权法则采用"开放式"的立法模式，美国著作权法没有规定具体类型的作品，而是将固定在有形介质上的表达，作为法律保护的对象。[1]在美国，法官可以根据自由裁量权，自由确定"节目版式"是否属于受到著作权法的保护。

由于在封闭式的立法体系中找不到"节目版式"的字眼，有学者就主张将"节目版式"等同于"文字作品"（节目大纲）。诚然，节目制作之前，编导们总是习惯于制作节目大纲，节目大纲中往往会体现节目版式，因此，有学者主张，尽管版权中并没有明确提及节目版式，但它却实质上等同于节目大纲，理应受到著作权法的保护。

然而，这一思路却存在一个重大的理论缺陷。就节目版式的模仿来看，模仿者绝不会愚蠢到去直接复印编导们的节目大纲，他们一般是通过观看节目来总结节目版式，进而模仿节目版式。因此，

---

[1] 美国著作权法第102条（A）就规定：著作权法保护固定于任何已知的或未知的有形介质上的表达。

模仿节目版式，不等同于抄袭节目大纲。更有意思的是，很多法官甚至认为，即便是节目大纲也无法受到著作权法的保护，在1988年新西兰上诉法院审理的"Green案"中[1]，法院在其判决中直接列明，节目大纲无非是表达了该节目的大意、理念，不符合文字作品的要求；同时节目大纲既没有办法让演员直接表演，也不满足戏剧作品的要求。Green对新西兰上诉法院的判决不服，又上诉到英国枢密院，英国枢密院作出了类似的判决。

在这一理念下，节目版式纵然等于节目大纲，依然没有办法受到著作权法保护。在这里，我还想提及2005年澳大利亚联邦法院的一份判决[2]，在这份判决当中，法官依然否认了对节目版式的模仿会构成侵权，不过他提出了一个全新的理由——"整体理念和感觉分析法"。以《中国好声音》的节目版式为例，假使两档节目都采用了"评委盲听，按钮转椅"的节目版式，但由于歌手的演唱、评委的点评，以及现场的互动，这些内容的区别，导致两档节目"整体理念和感觉"上存在重大区别。在2005年澳大利亚的联邦法院判决当中，法官正是依据"整体理念和感觉"存在区别，认定节目版式的模仿不会构成侵权。

相比较而言，美国奉行开放式的立法模式，任何形式的表达都可能被认定为作品，那么美国是否保护节目模式呢？

如果说任何形式的表达都可以视为作品，那么节目版式也属于一种特殊的作品。然而，这并不意味着对节目版式的模仿就是一种侵权，因为在类似的案件当中，法官还要考虑两个节目是否构成实

---

[1] Green v. Broadcasting Corp of New Zealand（BCNZ）[1989] RPC 469.
[2] Nine Films & Television Pty Ltd v. Ninox Television Ltd[2005] F. C. A. 1404.

质性近似。在2003年美国纽约地区法院"CBS案"[1]中，以及2003年美国第九巡回上诉法院"Rice案"[2]中，法官在判决中认定，虽然节目版式相同，但由于节目内容不存在实质性近似，因此不构成侵权。

显然，即便是在美国开放式的立法体系中，"节目版式"仍然很难受到著作权法的保护。回到问题的原点，著作权法到底保护什么？诚如著作权法的那份格言，在"思想"和"表达"的二分观念中，著作权法只保护表达，不保护思想。那么，"节目版式"是什么？在"思想"和"表达"之间，它更接近于思想，而对它的表达，一千个导演就有一千种形式，所以，"节目版式"很难受到著作权法的保护。

一个奇怪的现象在于，既然"节目版式"不受著作权法保护，那么为何还有近45个国家争先购买《The Voice》节目版式"版权"？众所熟知的《爸爸去哪儿》的节目版式是从韩国购买的。这一系列的现象又当如何解释呢？事实上，在类似的购买"版权"的协议中，与其说在购买版权，不如说是在购买商业秘密。仅仅通过观察他人节目很难洞察其中的奥妙，这就需要成功者来介绍经验，诸如舞台的灯光该怎么设置，选手该怎么选拔，导师和选手之间该如何互动等，这一切都是成功者通过一系列的测试总结得出的，因此，与其说购买版权，不如说是在购买背后的秘密。当然，对于那些毫无秘密而言的节目版式，依然有很多电视台愿意为它支付费用，我们只能说，无知者无畏。

---

[1] CBS v. ABC, 2003 U. S. Dist. LEXIS 20258.
[2] Rice v. Fox Broadcasting, 330 F. 3d 1170.

第二节　禁止拍照的秘密

有一天，我去书店买书，清楚地记得，我只对其中的一页，更准确地说是其中一段话十分喜欢，但这本书很厚，也很贵，怎么办呢？于是，我就想到了将这段话用手机拍照。照片是顺利拍下来了，可接下来的事情却令我万万没有想到：一位年轻的书店管理员以迅雷不及掩耳之势夺走了我的手机。至今我还清晰记得，在那一时刻，那位书店管理员表现得如此敏捷、镇定，脸上还呈现出一副正义凛然的表情。支撑她所有举动的，竟然是这样一个理由："擅自拍照，版权侵权"。

我真的侵权了吗？著作权法的确有类似的规定，未经许可，擅自复制他人作品属于侵权行为。[1]从这一意义上讲，我的行为似乎属于侵权。然而，著作权法同时又规定了"合理使用制度"，其中的一项重要内容便是，"为了学习、研究的目的可以少量复制他人作品"，这被称为"合理使用"，而不属于侵权。[2]因此，在书店管理员夺走我手机的那一刻，我能想到的唯一的抗辩理由，便是合理使用了。

如果法律允许公民合理使用，我们又需要解释这样一个奇怪的现象：大量的书店、电影院都会张贴类似"禁止拍照、摄影"的提示标语。既然法律支持合理使用，缘何商家又要禁止拍照呢？事实上，这一切并不矛盾。商家拒绝拍照完全是出自保护自身商业利益

---

[1] 《著作权法》第48条第1款第12项。
[2] 《著作权法》第22条第1款第1项。

的考量，影片内容的外泄无异于自毁票房。商家所张贴的"禁止拍照"的标语可以看作是一种格式合同。对于格式合同条款，消费者有接受和拒绝的自由。但如果消费者一旦接受了这一条款，便失去了自由拍照的权利，主张著作权法上的合理使用也无济于事，毕竟私法上任何权利的行使都有赖于契约自由原则。

当然，在公民自愿放弃合理使用权利的情况下，他人同样受到《合同法》《消费者权利保护法》的保护。为此，法律对于像"禁止拍照"这样的由商家单方制定的格式条款还作出了诸多限制性规定：第一，需要在醒目位置对消费者作出必要提示；第二，不能限制消费者的主要权利（诸如在买书或观影中的主要权利）。仍以我前面在书店所遇到的尴尬为例，如果书店没有在醒目位置提示"禁止拍照"，那也就意味着，我仍然享有基于"合理使用制度"的拍照权。

在传统的印刷时代，类似禁止拍照这样的版权战争断然是不会出现的。"为了学习、研究、欣赏的目的少量复制他人作品"[①]，已是司空见惯，版权人并不担心这种少量复制对自身利益会有多大的冲击，也正是在那一时期，著作权法中确立了合理使用制度。然而，在数字技术时代，任何偷拍并借助移动互联网迅速传播的行为，都可能对商家利益造成难以弥补的损失。由于智能手机和互联网技术的发展，任何信息都能够以迅雷不及掩耳之势得以传播，人们已经习惯通过互联网站、微博、微信获取信息，对于信息的偏好也由深度全面转向碎片化，对于作者和出版商而言，写作、出版一本书可能需要付出极大的心血，如果书中精华部分乃至全书被拍照

---

① 《著作权法》第22条第1款第1项。

上网，人们阅读了精华部分甚至阅读了全书，再让其去书店购买此书的可能性大为降低。事实上，传统的纸媒正面临无以复加的生存困境，纸媒正一步步被边缘化，在此种环境下，所谓的"纸书消亡论"也甚嚣尘上。影片也不例外，几年以前，只要一部新电影上映，网络上很快就会出现盗版的资源，在网上看盗版是人们看电影的一种常态，电影院的票房难以得到保证。究其原因，很多电影都是被偷拍之后放在网上的，因此，影片在播放之前的保密就成为商家的头等大事，即使在公映中也绝对禁止任何形式的拍摄。由于商家对于"禁止拍照、摄影"的严格执行，加上版权立法不断完善，执法不断严厉，才造就了现在国产电影动辄10亿元的票房神话。可见禁止拍照在传统的印刷时代并不存在，是迫于智能手机与互联网技术的发展不得已做出的一种选择，因此基于传统印刷时代的合理使用制度，也受到来自各方越来越多的挑战。但是，合理使用制度就应该被废除吗？来看一组有趣的数据，根据易观国际发布的数据，2015年票房过400亿元，其中在线平台卖出去的占了70%，而作为国内最大的互联网电影评论公司豆瓣网称其月活跃用户超过2亿。而我和周围的朋友都有看电影前先刷刷豆瓣评分，看看评论的习惯。另外，微信朋友圈也成为购票看电影的驱动力。2016年年底上映的电影《从你的全世界路过》刷爆朋友圈，几张关于重庆的照片勾起了很多人的怀旧情怀，从而走进影院，《从你的全世界路过》的票房最终达到8.13亿元。作为一个文艺小清新片，能取得如此骄人票房实属难得，朋友圈功不可没。书籍亦是如此，朋友圈热推的书往往销量不错，范雨素的一篇短文刷爆朋友圈，如果她的书能够正式出版，应该销量也不会差。互联网给纸媒、给电影带来了很大的生存考验，但同时，也给他们带来了新的机遇。如果一概禁止拍照，禁止合理使用相关照片，禁止对核心内容曝光，不利于口碑式营销的展开。因此，如何权衡合理使用制度，既是版权制度面临的一大新难题，也是商家需要平衡的商业技巧。

数字技术的发展让版权冲突几乎无处不在，背后彰显的是人们对利益的纠葛。论述至此，很多人依然关心我在书店的拍照事件最终是如何解决的。《孙子兵法》说，不战而趋人之兵、善之善者也。太多的理论探讨无益于问题的解决，不过，庆幸的是，那位书店管理员愿意倾听我对相关问题的看法。后面的故事便是，我和那位敬业的书店管理员成为了好朋友，她也时常来听我的课。

第三节　唱别人的歌发自己的财

读大学时，总是喜欢参加各种晚会，那时网络还没有像今天这样普及，在晚会上引吭高歌成为我们许多同学最好的娱乐。音乐总是具有时代的烙印，联欢晚会上同学们演唱的神曲《小苹果》、庞龙的《两只蝴蝶》，抑或是杨臣刚的《老鼠爱大米》，至今仍是同学聚会时乐此不疲讨论的话题。歌曲是时代的产物，然而其中的法律却是永恒的话题。

要知道，每一首歌曲都是有版权的。这里有两项权利，一个是词曲作者的权利；另一个是演唱者的权利。在绝大多数的情况下，作者与演唱者并不是同一个人，而演唱者要演唱歌曲，理应得到作者的授权。2010年春节联欢晚会上一首歌"或许有一天，我将老无所依；或许有一天，我将悄然离去"，农民工组合"旭日阳刚"所演唱的《春天里》一时间红遍大江南北。但这首歌曲真正的作者是汪峰。就在这一年春晚之后，旭日阳刚接到了来自汪峰的律师函，被责令停止演唱该歌曲，承担侵权责任。

事实上，同学们在联欢晚会上的演唱也是没有向作者支付费用的。当然，那些财大气粗的音乐大咖们自然也不会向手无寸铁的学生开刀，不过，这里的法律问题却不容回避。当众演唱，是否需要征得作者的同意？长期以来，很少有人认真思索这个问题，甚至很多人直觉地认为，只要我不是商业性演出，我就可以随心所欲地翻唱他人歌曲，一切果真如此吗？

根据《著作权法》的规定，演唱他人歌曲，理应征得作者的同意，除非这种演唱构成免费表演。简言之，如果作者对表演者主张权利，表演者可以高呼，我是在免费表演，这属于合理使用，你（作者）无权向我主张权利。而这一问题的焦点又在于，什么才是真正意义的免费表演？这里有两个例子，哪一个才是著作权法意义上的免费表演呢？

A. 张三在学校中秋晚会上的演唱；

B. 李四在一场慈善募捐晚会上的演唱。

关于"免费表演"，我国著作权法规定了两项条件，第一，不向观众收费；第二，不向演员支付报酬。[①]显然，张三在学校中秋晚会上的演唱，属于典型的免费表演。与免费表演相对应的是收费表演，现实中绝大多数的商业性演出都属于收费表演——向观众收取门票，向歌手支付报酬。毫无疑问，在类似商业性演出中，演唱者需要得到作者的授权才可以放心歌唱，否则就可能构成侵权。

与张三的免费表演相比，李四在慈善募捐晚会上的表演，就显得复杂不少。显然，它与普通的商业性演出是有区别的，晚会的收

---

① 《著作权法实施条例》第30条。

入是要捐出去的，它又能否等同于免费表演呢？或者说，表演者的演唱又是否需要向作者支付报酬呢？虽然挂有"慈善"的牌子，但却不能等同于免费表演，因为免费表演一个重要条件，即不向观众收费，然而很多慈善募捐晚会是要向观众收取门票，只不过门票收入是要捐出去的。既然向观众收费，则不符合免费表演的条件，演唱者若未获得作者授权，难免要承担侵权责任。事实上，类似的规定并不会阻碍慈善事业的发展，毕竟门票收入足以支付版权费用；反之，如果以"慈善"为名拒绝交付版权费用，反倒是对版权人极为不利，毕竟对于门票收入的走向，版权人是无力监督的。

从表面上看，著作权法上关于免费表演的两个标准是基本科学的。然而，《星光大道》的案例却对此提出了质疑。

中央电视台的《星光大道》节目，为老百姓喜闻乐见。选手在演唱时，是否需要得到词曲作者授权的问题，也一直备受社会关注。参考《著作权法实施条例》所确立的标准：第一，是否向观众收费？无论是去现场的观众，还是电视机前的观众，都是无需付费的。第二，是否向演员付费，演员参加星光大道，主要是为了展示，而非报酬。显然，按此条件，《星光大道》完全可以纳入免费表演的范畴。如果是这样，演唱者便可肆无忌惮地演唱歌曲了。然而，节目虽非向观众收费，但主持人每次节目开场前那一连串的广告，便足以表明其不菲的广告收益，如果还将其视为表费表演，显然对词曲作者已是极不公平。于是，我们看到了这样的事实：2013年，歌手于鸿明在《星光大道》舞台上演唱歌曲《阿里巴巴的新娘》未征得作者同意，于是作者张天一将歌手于鸿明和中央电视台起诉至人民法院，主张版权侵权。除了《星光大道》，现下大火的《跨界歌王》《中国好声音》不知道是否事先征得过词曲作者授权，要知道这些节目都给电视台带来了丰厚的广告费，给演唱人带来了天价的出场费。

类似的争议还发生在时下火热的直播平台中，网红肆无忌惮地演唱着别人的歌曲，并借此疯狂地吸引粉丝。表面上，他们也没有直接收取门票，但粉丝们疯狂地打赏已让他们和直播平台获取巨额收益。随之而来的，还有伴随流量产生的广告费。显然，这早已是赤裸裸的商业性演出。其实，随着互联网技术的飞速发展，营利模式早已发生了翻天覆地的变化，无论是节目短信互动，还是节目广告收益，再有今天的网络打赏，都比传统的收取门票方式更有效果。因此，对于著作权法上的免费表演，也到了该重新界定的时候了。

第四节　一个馒头引发的血案

毕加索说，优秀的艺术家在模仿他人的作品，而伟大的艺术家懂得取其精华。恶搞作品在我国的讨论源自"一个馒头引发的血案"。陈凯歌有一部影片《无极》，后来有位网友胡戈对《无极》电影进行恶搞，他采用了一系列风格诙谐、幽默、讽刺的方式制作了一部恶搞短片——《一个馒头引发的血案》。

"恶搞作品"，在学理上也被称为"戏仿作品"。《一个馒头引发的血案》拉开了中国戏仿艺术的序幕。自此之后，任何一部大片都难逃"恶搞"的命运，《天下无贼》《满城尽带黄金甲》《夜宴》《疯狂的石头》等概莫能外，尤其是有了微信之后，恶搞作品更是随处可见。

关于恶搞作品的合法性的争论从未停止，《一个馒头引发的血案》之后,《无极》的导演陈凯歌就曾气愤地指责:"一个人怎能无耻到这种地步"?当然,有支持恶搞作品的,认为恶搞作品是大众喜闻乐见的艺术形式,并不损害版权人的利益;反对恶搞作品的,则坚定地认为恶搞作品侵犯了原作的版权。

"保护作品完整权",是著作权法的一项重要内容,稍后我会详细讲解这两项权利。简言之,一部作品的完整性受法律保护,未经作者同意,他人不得擅自修改作品并且歪曲作品内容,否则视为侵权。反对者们正是紧紧抓住这一点,主张恶搞作品的违法性。

恶搞者的确是对《无极》电影进行了修改或者说改编,修改也好,改编也罢,都没征得作者的同意,的确有侵权之嫌疑。当然,使用者在任何时候都会受到"合理使用制度"的庇护,那么,恶搞作品是否构成合理使用呢?有人说,恶搞作品,是为了"学习、研究、欣赏"的目的使用作品[①],算是合理使用,此种说法未免牵强。毕竟恶搞者还通过网络四处传播,这显然已经超越了自娱自乐的范畴。

除此之外,还有人主张恶搞作品与原作的关系,属于"适当引用"。著作权法上有类似规定,"为介绍、评论某一作品或者说明某一问题,在作品中适当引用他人已经发表的作品",适当引用属于合理使用,不算侵权,然而恶搞作品中几乎全部的素材都来自原有作品,显然已经超越了适当使用的范畴。

在我国现有的版权法框架下,的确难以找到恶搞作品免责的事由。遇有类似战争,判决又当何去何从呢?在《一个馒头引发的血案》之后,我曾一度期待法院能就此能有一个明确的说法。只可

---

① 《著作权法》第22条第1款第2项。

惜，各方只是在打嘴仗，并没有诉诸法律。

美国、法国、西班牙等国家都规定了有关恶搞作品的合理使用制度。正如西班牙著名版权学者德利娅·利普希克所言，戏仿作品（恶搞作品）属于一种新的艺术形式，如果认定它为侵权作品，无异于宣布一种新的艺术形式的死刑。

根据相关国家可参考的法律，恶搞作品作为合理使用，也需要符合一定的条件，法官在审理此类案件时，仍需提出疑问：第一，恶搞作品的目的是什么？仅仅只是恶搞还是为了营利？第二，恶搞作品本身有创造性吗？是对原作的简单利用还是有创意的恶搞？第三，恶搞作品对原作利用程度有多大？是百分之一，还是百分之百？第四，恶搞本身是否影响到原作的市场价值？在类似的版权战争中，对上述问题的思考，或将改变战局。

1. 恶搞的目的是什么

如果恶搞是为了营利，就很难构成合理使用。如果不是为了营利，仅仅是通过讽刺、幽默的方法进行评论，更容易被认定为合理使用。在美国的司法实践中，法官十分排斥以商业为目的的合理使用。在"Tin Pan Apple 案"中[1]，在证明了被告具有商业目的之后，法庭便径直认定被告不属于合理使用。因此，商业化程度越高，合理使用越难认定；商业化程度越低，合理使用越容易认定。

2. 恶搞作品是否体现了恶搞者的创造性

恶搞作品是对原作的讽刺、评论，对原作的依赖程度较大，因此恶搞也被称为"寄生虫艺术"。如果恶搞仅仅是简单地修改或者删减原作，而缺乏创造性劳动，那么它与原有的艺术便没有区别，

---

[1] Dloom & Hamlin v. Nixon, 125 F. 977（C. C. E. D. Pa. 1903）.

它也无法成为一种独立的艺术形式,法律也就没有理由支持其合理使用的主张。罗伯特·P. 墨杰斯等人在其著作《新技术时代的知识产权法》中曾论述,"假如被控侵权人在评论中没有评论或批评原作的内容或风格,使用原作只是为了吸引读者的注意或躲避创作的辛苦,那么他的合理使用的主张就会受到削弱(如果不是完全丧失)"。①

3. 恶搞作品使用原作的程度,百分之一还是百分之百

恶搞作品,势必涉及对原作的使用,相比较而言,使用的程度越低,合理使用的主张越容易被支持。在美国法院的判例中,就有判例是因为对原作的使用内容太多了,法官以此为由判决侵权,那么,戏仿作品中到底应当使用原作多少呢?没有任何一个能够绝对量化的标准,只能由法官根据个案自由裁量。

恶搞作品就是对原有作品的讽刺、评论和批评,这势必要求在对原作的使用程度方面,可以采用更加灵活和宽泛的要求,甚至恶搞者有权使用原作的部分实质性内容。在美国第二巡回上诉法院和第九巡回上诉法院的判例中,法官都明确提到了,戏仿者有权使用在先作品的部分实质性内容。②

4. 是否会影响原作的市场价值

是否会影响原作的市场价值,这是判断恶搞作品是否属于合

---

① 罗伯特·P. 墨杰斯. 新技术时代的知识产权法[M]. 齐筠,张清,等,译. 北京:中国政法大学出版社,2014:416.
② 其中,第二巡回上诉法院和第九巡回上诉法院关于"联想"的判决较具代表性和权威性。在Elsmere Music,Inc.v.National Broadcasting Co. 案中,第二巡回上诉法院认为:只要戏仿"以在先作品为基础",并"为了滑稽或评论而增加了新的内容",那么该戏仿至少应该使公众联想到在先作品。虽然被告使用了在先作品的核心内容,但法庭仍判决其构成合理使用。在Fisher v. Dees 案中,第九巡回上诉法院认为:"由戏仿的本质决定,它需要对在先作品进行多于'微不足道'的使用,在歌曲戏仿的情况下表现更为突出,为了使公众联想到在先作品,戏仿者有权使用在先作品的部分实质性内容。"

理使用的重要标准。在1985年"福特回忆录"判例中,美国法院宣称该标准是"合理使用中唯一最重要的因素"。①在美国著名的《飘》的戏仿案件中,法官充分论述了这一点,原告方是作品《飘》的作者,被告方戏仿该作品,在《飘》中坚强的人物被戏仿为懦弱的人物,在《飘》中懦弱的人物又被戏仿为高大上的人物,在价值取向上,《飘》赞扬美国奴隶制时期文化和制度,而戏仿作品则对其进行嘲讽。美国第十一巡回上诉法院认为,戏仿作品对原作《飘》的读者的吸引力很小,甚至没有吸引力,因此不会取代《飘》的市场。②

事实上,真正优秀的恶搞作品一般不会对原作的市场价值产生影响。以《一个馒头引发的血案》为例,它与原作《无极》完全属于两种不同风格,相信看过《无极》的人也同时也看过《一个馒头引发的血案》,但它绝不会消减消费者对原作的需求。对我而言,我先是在网上看到了《一个馒头引发的血案》,好奇之下,又去影院观看了电影《无极》,从这一意义上讲,恶搞影片还起到了对原作的宣传作用。

反对者们还提出另外一个理由:恶搞作品会影响原作的社会声誉,进而影响原作的市场价值。其实,任何一部电影播出之后,都将迎来不同的社会评价,有赞美声,有反对声,有讽刺声等,无疑这些声音对于影视创作至关重要,因此,理应允许具有讽刺性的影评。为此,我引用第九巡回上诉法院在判决中的认定:"在评估戏仿的经济影响时,应该排除因戏仿的批评所产生的损害,因为任何

---

① PIERRE N. LEVAL, Toward A Fair Use Standard, Narvard Law Review, Vol. 103, 1990.
② Suntrust, 268 F. 3d 1273 (11th Cir. 2001).

负面的评论都可能会产生这样的影响。虽然戏仿可能以扼杀在先作品为目的,可能会既损害在先作品的商业价值,又损害其艺术价值。但,著作权法不能扼杀社会批评……合理使用所关注的戏仿的经济影响不是可能破坏或减少在先作品的市场,而是是否满足了市场对在先作品的需求。"[1]

第五节　模仿秀之争

时下的娱乐节目,模仿秀算是一大看点。无论是小品还是歌曲,模仿者总能惟妙惟肖,以假乱真。从某种程度上说,周立波海派清口出名就在于他过人的模仿本领。他模仿过领导人,模仿过市井大叔大妈,加上他特殊的语言和肢体表达方式,确实让人忍俊不禁。金星在《金星秀》节目中,也屡屡采用模仿的方式。除了明星模仿秀之外,普通百姓对此也乐此不疲,而且还有一定的市场。在四川曾经举办过一台"巨星荟萃"超级"模仿秀"大型演唱会,获得了很好的票房。有些观众甚至表示,真正的大牌明星他们倒不稀罕,买票就是出于好奇,想看看这些模仿者是怎么装扮成大牌明星样子的。模仿秀中的版权问题,同样耐人寻味,尤其是模仿者是否侵犯了被模仿者的权利?

如果这里讨论的不是模仿表演,而是复制他人作品,一切就会变得十分简单。任何对作品的复制,原则上都应当得到作者的授权,否则将被视为侵权。模仿秀中之模仿,与作品之复制之间是否

---

[1] Suntrust, 268 F. 3d 1273（11th Cir. 2001）, p. 432, 438.

有区别呢。

有独创性的表达被视为作品，对作品的复制被视为使用。创作是有独创性的，复制是没有独创性的。对金庸先生的《天龙八部》复制一千册或一万册，作品还是一部，一个复制件与另一个复制件在本质上是没有差别的，复制终究只是体力劳动而已。

模仿者则认为，他们的表演处处体现着创造性，模仿者模仿得越像，就越需要他的创造性，甚至针对同一部作品，"有一千个演员，就有一千个哈姆雷特"。看模仿秀的观众们大都此前看过原有表演，之所以还会饶有兴趣地看模仿秀，也说明模仿秀并非是对原表演的简单翻版，而是艺术的再加工、再创造的过程。

模仿不等同于复制，同样表演也不等同于创作。百姓习惯于称金庸先生为作家，称演员们为艺术家。作家与艺术家的关系是：作家创作作品，艺术家表演作品。艺术家要获得作家的授权，否则他们没有权利来表演作品；作家也愿意授权艺术家，否则他的作品会因为没有人传播而无人知晓。

作家与艺术家的关系，表现在著作权法上就是作品和表演的关系。著作权法上除了版权之外，还有一项权利叫邻接权，就是基于表演而享有的权利。在著作权法上，表演不属于作品，而是对作品的传播。当然，表演者在表演之前有必要得到作者授权，除此之外，表演者无需再得到任何其他表演者的授权，哪怕是在模仿秀中，也无需再征得其他被模仿者的授权。各国法律都没有规定任何禁止模仿行为的措施，也未限制其权利。比如说西方国家对卓别林、玛丽莲·梦露、猫王等著名演艺人表演的"模仿秀"活动，是高度认可的。所以，单纯的模仿秀仅仅被视为一种表演，谈不上侵犯其他表演者的权利。

与此同时，在艺术创造的道路上，榜样的力量是无穷的。在时任美国总统奥巴马的演讲中,人们总是能看到马丁·路德·金的影子,语气、眼神、姿态都颇为神似。人类社会正是从模仿中不断创新,所以从这个角度来讲,模仿应当得到鼓励,法律不应该对其做出限制。

然而,被模仿者则不一定这样认为,特别是模仿者取得较大经济利益的时候。他们认为,模仿者收入消费的正是其个人的形象、气质和特点,是其独特的表演或行为风格,特别是如果被模仿者本身也是演员或者歌唱者身份的时候,他们认为模仿者主要的工作无论是化妆还是表演形式上,本质就是复制,因此,他们希望法律能够限制被模仿人的行为。

模仿者与被模仿者之间的纠纷近年来频频发生,比较有名的案件是汪峰就将模仿者丁勇起诉到了法院,索赔50万元的赔偿。

事实上,有必要为模仿者正名,无论是否出于商业目的模仿,一般不涉及对被模仿者的侵权,同样也不需要向被模仿者支付任何费用。但是,也需要指出,模仿活动切忌过于任性。女歌手刘某就曾依据自己的相貌和嗓音与歌手田震相似,曾在演唱会上冒充田震出场演唱,取得了不菲的经济效益,显然,这已经超越了模仿秀的范畴。模仿者可以模仿,但不能混淆身份,否则就属于冒名模仿;此外模仿者亦不得歪曲被模仿者的艺术声誉,否则就侵犯了原有表演者"表演形象不受歪曲的权利"。汪峰诉丁勇案件最终的落脚点也是因为丁勇在微博宣传中使用了其姓名和照片。

这五个问题其实是一些常见的版权问题的场景,这些如果发生在个体之间可能是版权纠纷,如果发生在利益集团之间或者国家之间则可能是烈度更高的版权战争。一个看似文绉绉的版权怎么会和纠纷和战争扯上关系呢?

第二章 版权战争缘起

所有的战争,皆离不开"利益"二字,尽管版权头顶高贵的皇冠,还被贴上了保护创新的标签,其本质仍然是金钱,金钱,金钱。

COPYRIGHT WAR

人类有近5 000年的文明历史，而版权只是近300年的产物。关于版权的本质，在我版权法律的入门学习中，我和我的老师之间的一段对话至今让我印象深刻。

我问老师："老师，什么叫版权？"

老师拿起一本书说，"这本书就是有版权的。"

我问："老师，您所说的版权与这本书（物权）之间有着怎样的关系？"

老师回答："物权是所有者的，而版权则是作者的，两者不同。"

我接着问道："为什么要给作者版权呢？"

老师回答："为了鼓励创作，只有保护版权，惩罚盗版，作者才有积极性。"

我似懂非懂，最后问道："那在唐宋时期没有版权，诗人们的创作积极也很高呀？"老师最后说，"版权作为一项法律制度，其产生是需要一定的历史条件的。"

后来，我才意识到，我所追问的恰恰是版权的本质。今天，在这里，我想把我和老师的话进一步展开，并试图回答"版权战争的缘起"。在这一过程中，我也将重新咀嚼老师的话。吾爱吾师，但吾更爱真理。

第一节　版权与物权：两场属性不同的战争

前面我所讲过的"书店偷拍"的例子，当时的情况是，这本书很贵，但其中有一页的内容我很喜欢，应该怎么办呢？显然，拍照是一个再好不过的办法了。在智能手机产生之前，在图书馆还曾碰到过有同学将书页直接撕下的情况（当然，这是一种不道德的行为）。无论是拍照，还是撕书，都可能会引发"战争"，只不过战争的性质是不一样的。撕书涉及的是物权，拍照涉及的是版权。如果是撕书，书店作为所有者将和行为人之间展开诉讼，书店维权时手握的是《物权法》，书店的主张则是恢复原状抑或损害赔偿；如果是拍照，是作者（不是书店）和行为人之间展开诉讼，作者有权提起版权诉讼，手握的是《著作权法》，其法律主张则是删除照片等。显然，物权与版权将营造不同格局的战争。在这两种不同格局的战争中，有两个耳熟能详的词汇，一个叫"盗窃"，一个叫"盗版"。

  版权之战与物权之争性质迥异，这在重庆教师教案维权案件中得到了充分体现。高利娅系重庆一名语文教师，一共编写了48本教案。校方在一次检查中收走了48本教案，后来只返回了4本，另外44本不知去向。高利娅一气之下把学校起诉到法院。

  诉讼伊始，就伴随着诉由选择的困惑，所有权诉讼还是版权诉讼？所有权诉讼的逻辑是，教案是我的，你拿走了，应该还给我。版权诉讼的逻辑是，教案上的智力成果是我的，现在教案没有了，智慧成果也随之灰飞烟灭。

  事实上，高利娅在最初在起诉时，选择了"所有权侵权"诉讼，但校方却提出一个有力的抗辩理由，教案是学校为配合教学而购买的教学用品，无论它是空白的还是你写上内容的，它的权属都不会改变，从始至终都是学校的。所以，关于这个案子开始的判决，系校方胜诉，高利娅败诉。后来，高利娅改变了诉讼策略，起诉学校版权侵权诉讼，纵然教案所有权是学校的，但上面的内容终归是老师的，其版权应归老师所有，故版权诉讼终获胜诉。从物权到版权，高利娅的案件战局发生了根本的扭转。说了这么多关于版权的内容，但是，到底什么是版权，很多人还是云里雾里。鉴于大家对物权有着比较多的接触和比较深入的认识，这里通过版权与物权的比较来揭示版权的属性。版权与物权的根本区别还在于：

1. 劳动与创造

物首先是通过对自然物质进行劳动改造而成，无论是高楼大厦，还是黄金珠宝，皆是劳动所得。作品则不同，它是由创造所得。创造也可以理解为一种特殊劳动，只不过它与一般的劳动有着本质的区别。劳动可以复制，但创造却无法复制。一栋房子，用同样的方法可以再建一栋一模一样的房子。创造作品则不同，撰写一篇文章属于创造，这一过程是没有办法复制的，道理容易理解，一模一样的房子是有意义的，一模一样的文章是没有意义的，如果要再写一篇文章，你只能重新创造，而不能简单复制。

2. 有限与无限

版权的保护是有期限的。根据我国著作权法规定，版权保护期为作者有生之年加死后五十年。因此，一部作品虽可流芳百世，但受法律保护的期限却是固定的。然而，物权却没有保护期限，一个苹果，除非它被你吃掉、或者腐烂掉，抑或是卖掉、扔掉，否则它总是你的。原因在于尽管我们不知道一个物何时消亡，但它总是会消亡的，这是一个不争的事实。考古学家最近发现了中国最早的裤子，距离今天已经有3 300年的历史。物什么时候消失，这完全取取决于上帝的安排，法律没有明确的期限。因为物总会消亡，但作品不一样，它永远不会消亡，为了鼓励文化传播，法律总要规定一个固定期限。过期之后，人人皆可免费使用。

3. 时间与空间

这里说的是物权与版权在使用方面的区别，为了更好地理解它们之间的区别，我首先引用莎士比亚的一句名言：你我两个人，各自有一个苹果，彼此交换苹果，每人还是只有一个苹果；倘若你我都有一个思想，彼此交换思想，每人就都有两个思想。因此，对于普通的物，它在同一时间和空间内只能为同一主体所使用；如在同一时间内，房屋只能出租给一个人。然而，版权则不同，它可以在同一时间和空间内为多个主体同时使用。如电影《变形金钢》《钢铁侠》《速度与激情》会同时在全球放映。正是在时间与空间方面的区别，著作权法领域才出现了"独占许可""排他许可"和"普通许可"的区别。

4. 栅栏与法律

对物的保护，最好的办法就是栅栏与锁头。在法律产生以前，物的概念便已产生。人们把辛苦捕获的猎物放入屋内，修起高高的栅栏，放上几条狼狗，财产就这样被保护起来。后来有了法律，财产便以法的形式保护起来，盗窃、抢劫都将受到法律的严惩。毋庸置疑，法律对于财产保护发挥了至关重要的作用，昔日的栅栏、围墙、狼狗依然没有退出历史舞台，甚至在很多情况下，栅栏和锁头比法律更为有效。

然而，栅栏和锁头对于版权的保护却几乎没有作用。曾记否，诗人佳句，一经产生，便流传天下，众人竞相传阅、转载、摘抄，栅栏和锁头挡不住信息的传播，事实上，除了法律，也没有什么可以阻挡信息的传播。因此，对版权保护的最好方法只能是法律。当然，法律在保护版权的同时也蕴育了版权战争。要知道，在人类漫长的历史时期，战争仅仅是为了争夺土地和财产，没有所谓版权战争一说，版权战争恰恰是在版权产生之后的产物。

两个小店的不同命运

为了进一步说明版权和物权的区别，举个大家都熟悉的例子。

在我们读书的年代，校园租赁业务十分发达，主要有两类业务，一类是图书租赁，一类是光盘（软件或电影）租赁。既为租赁，使用后是要归还的，这也是租赁与买卖的区别。同为租赁业务，这里的问题是，"他们的经营合法吗"？

从物权法的角度，无论是图书租赁，还是软件（电影）租赁都是合法的。出租店先是拥有了图书或者软件的所有权，进而再出租出去，这种基于所有权的出租毫无疑问是合法的。

但从著作权法的角度，出租软件（电影）业务就未必合法了。针对软件（电影），著作权法上有一项重要的权利叫"出租权"，它的要义在于作者有权将作品的原件或者复制件出租。言外之意在于，如果小店要经营这种业务，就需要获得作者的授权，像学校里的小店购买光盘（软件或电影）后，擅自将光盘（软件或电影）出租的行为，即属于侵犯出租权。这里所说的出租权并非物权法意义上的出租权，而是著作权法意义上出租权。

最后一个问题，那个小店出租图书的行为合法吗？要知道，著作权法中的出租权仅仅针对的是软件或者电影作品，而不包括图书作品；或者说，图书作者所享有的丰富的版权内容中不包含出租权这一项权利。因此，出租图书并没有侵犯任何人的权利。

显然，从物权和版权两个不同维度去思考这一问题，结论是完全不同的。

第二节　版权战争的序幕：《安娜女王法》

　　有了版权就有了版权战争吗？版权战争是从什么时候开启的？是从中国还是西方开始的？要回答这些问题，不得不提到版权制度的历史。

　　我国相当长的历史时期并没有版权制度。中国历史上的三大盛世：西汉的文景之治、唐代的贞观之治和清代的康乾盛世，都没有成系统的版权制度，然而恰在那一时期，国家的文化、科技、社会经济都飞速发展。再以唐宋为例，那时没有著作权法，仅仅有一些散见的版权声明，比如中国南宋绍熙年间（1190～1194）刻印的四川眉州人王充所著《东都事略》，目录页上有"眉山程舍人宅刊行，已申上司不许覆板"的字样，但文人墨客、诗词歌赋、层出不穷，还创造了中国文学创作的巅峰时代。

　　再看西方，文艺复兴是欧洲盛行的一场思想文化运动，揭开了近代欧洲历史的序幕，而那一时期同样没有著作权法，恰是在它之后500年（1709），世界上才产生第一部著作权法《安娜女王法》。莎士比亚、荷马、歌德等一大批伟大的作家，他们创造了文艺复兴的最高成就，就连达芬奇创作《蒙娜丽莎》的时间，与世界上第一部著作权法的诞生也相隔了近200年。这些伟大作家的作品仍然穿越时空，为后人传颂，他们在创作时不可能想到这个世界上还会有一部法律叫著作权法。

　　显然，版权制度的诞生与创新几乎无关，或者说鼓励创新的作用是有限的，那么它到底又是如何产生的呢？

回顾著作权法的发展历史，可以说是印刷术最终催生了版权。在印刷术产生之前也有书商，书商们也卖书籍，但书籍不是印刷的，而是雇佣的奴隶手抄的，手抄本的劳动量是很大的，抄一本《圣经》要用300多张羊皮。一部圣经80万字，如果一天写2万字，也得抄上一个月。因此，那一时期书籍的价格主要是由劳动力和羊皮的价格所决定的。

印刷术产生之后，情况则大不一样。它让书籍的产生和传播都变得异常容易。至于说印刷术是谁最早发明的，这个问题有些争议，中国人说印刷术最早产生在中国，[1]德国人说印刷术最早是在德国[2]。中国的印刷术在发明后相当长一段时间并没有得到当政者的重视，而德国人使用印刷术之后，很快就得到了教会的支持，因为教会发现这东西让更多的人看到《圣经》，于是就开始出钱鼓励和资助印刷术的传播。很快，印刷术就传遍了欧洲。

印刷术的产生，对传统手抄式的书商是致命的打击，于是，所有的商人都开始转行采用印刷术生产书籍。传统书商们幻想着，他们可以大赚一笔，因为印刷术极大减少了印刷成本，而且产量极高。然而，事实并没有像书商们想像得那么美好，要知道，在一个没有版权的时代，人人皆可印刷，而且印刷成本低廉，一时之间，出版商们反倒是无钱可赚。正是在这种情况下，书商行会就开始组织起来游说统治者给他们颁发特许令，所谓特许令即是仅允许特定的人可以印刷图书，其他人不得印刷，特许令制度恰恰成为版权制

---

[1] 印刷术最早产生在中国的北宋时期，毕昇发明了活字印刷术，前文提到德国人最早使用印刷术的时间是1455年，但依据沈括《梦溪笔谈》的记载，毕昇的活字印刷术发明的时间是在1041～1048年，这足足比德国人早了400年。

[2] 据考证，大约在1455年，谷登堡和他的合伙人福斯特在美因兹首次使用活字印刷术印出《圣经》。

度的前身。

15世纪末，威尼斯共和国授予印刷商冯·施贝叶在威尼斯印刷出版的专有权，有效期5年。这被认为是西方第一个由统治政权颁发的、保护翻印之权的特许令。[①]1662年，英国颁布《许可证法》，该法规定：（1）凡印刷出版图书，必须在出版商公司登记并领取印刷许可证；（2）凡取得许可证者，均有权禁止他人翻印或进口有关图书。当时的《许可证法》必须每隔一段时间（从几年到十几年不等）就通过议会续展一次，才能继续有效。其实，《许可证法》已经成为著作权法产生的萌芽。

根据《许可证法》，书商们可以通过获得许可垄断出版行业。他们的授权来自教皇或者国王。在这一过程当中，它完全忽视了作者的感受，作者们是作品的创作者，却对作品无任何权利。根据美国著作权法学家乌尔默（Ulmer）考证，在欧洲第一个要求享有"作者权"的是德国宗教改革的领袖马丁·路德（Martin Luthet），对印刷商无偿地占有作者的精神创作成果提出严重抗议（见图1）。他在1525年出版了一本题为《对印刷商的警告》的小册子，揭露某些印刷商盗用了他的手稿，指责这些印刷商的行为与拦路抢劫的强盗毫无二致。[②]1690年，英国哲学家洛克（J. Locke）在他的《论国民政府的两个条约》中指出：作者在创作作品时花费的时间和劳动，与其他劳动成果的创作人的花费没有什么不同，因此作品也应当像其他劳动成品一样，获得应有的报酬。[③]

---

① 在此之后，罗马教皇在1501年，法国国王在1507年，英国国王在1534年，都曾为印出版商颁发过禁止他人随便翻印其书籍的特许令。
② 直到今天，西方国家仍旧把盗印他人作品的图书版本称为"海盗版"。
③ See STEMPHEN M. STEWART, International Copyright and Neighbouring Rights, Butter worthand copublishers Ltd. 1983. 9.

图1　德国宗教改革领袖马丁·路德召集会议

《许可证法》赋予书商行会垄断权利。这让书商们在获取巨额利益的同时，引发了社会各界的不满。大的书商们想继续维护他们的垄断权，于是又开始想了一个新理由去游说统治者，他们对统治者冠冕堂皇地说：一直以来，我们忽视了一个团体，一定要保护他们的利益，他们就是作者，为了激励创作积极性，一定要保护他们的利益。实质上这些大的书商们在口口声声为作者争取利益的同时，他们的内心是这样想的：作者是何等的弱小，搞定作者又是何等的容易，搞定了作者，就意味着拿到了版权，拿到了版权，就意味着书商们同样拥有垄断出版的权利。其实，直到今天，历次著作权法修改的时候，活跃在修改最前线的依然是出版商、影视公司、电视台等。我们看到的现实依然是书商们会通过出版合同垄断书籍所有的版权，在获取他们巨额利益的同时，作者拿到的只是杯水车薪。当然，如果作者大红大紫，拥有大量粉丝拥趸的除外。

书商们在唯利是图的同时，高喊着"高尚"的口号"为作者利益而斗争"，甚至"高尚"得让人无法拒绝。于是，1709年，英国议会通过了世界上第一部著作权法——《安娜女王法》。《安娜女王法》这个名称，只是后人为了简便，冠之以当时英国女王安娜的名字，却不是该法最初的名字，更不是出自安娜女王之手。其实，该法原名很长，译作中文为《为鼓励知识创作而授予作者及购买者就其已印刷成册的图书在一定时期内之权利的法》，从该法的名字可以看出，它保护两类人的权利，一类是作者，另一类是购买者，而这里的"购买者"，是指从作者手中购买版权的人，亦即印刷商与书商，并非指一般的图书购买人（读者）。这种名字属于又臭又长、晦涩难懂那一类，没有人记得住，用个美貌女王来称呼它立刻传诵度大增。长期以往，本名没人记得住，只记住女王的名字。

也许当时的人们还没完全意识到，自从有了这部法律，版权战争也接踵而至。书商们从始至终充当着幕后的推手，而作者的呼声几乎可以忽略不计。

第三节　战争的驱动力：保护创新还是争夺利益

自从有了版权制度，版权战争以各种形式上演，诉讼、非诉讼、技术保护等，大鱼吃小鱼，小鱼吃虾米。然而，这一切又都冠以鼓励创新的名义，版权真的能鼓励创新吗？

在人类社会大约5 000年的历史长河中，前4 700年都没有版权制度，它是近300年产生的新事物，那么如何评价版权制度在这300年中所作出的贡献呢？

我们不妨做一个假设性命题：如果现在突然没有著作权法了，

世界会变成什么样子？你可以尽情地发挥你的想象力。

如果有一天，世界没有法律该有多好。小的时候，时常幻想着没有法律的无拘无束的时代，尤其是走进超市，看到琳琅满目的商品而又囊中羞涩时，不禁幻想，如果没有法律该有多好！表面上，没有法律我们就可以为所欲为。可是终于有一天，我才明白，即便没有法律，各种喜欢的商品我还是无法拿到的，因为如果没有法律，在你还没有拿到商品的时候，别人的刀子就已经架到你的脖子上了。因为没有法律，偷盗不会受到惩罚，同样，杀人也不会受到惩罚，人类社会将回到最初的蒙昧时期。

如果这个世界没有著作权法呢，这又是一个怎样的时代？世界会乱吗，创新会停滞吗？人类社会在著作权法制度产生之前的4 700年的历史已经告诉了我们答案：创新是人实现自我价值的本能，而并非是基于利益和法律的考量。人们不会停止写作，人们不会停止发明，人们不会停止创新。

之所以要假设世界没有著作权法会怎么样，源自当下社会的版权强化保护思潮。这种思潮兴起于中国加入世界贸易组织之后，尤其是美国对中国强化知识产权保护的紧逼，著作权法也由此被称为"枪口下的法律"。[①]这种思潮以保护创新为借口，却只字不提版权战争的核心关键词，利益。没错，和所有的战争一样，道德、正义只是表象，只有利益才是颠扑不破的真理。若干年前我参加美国微软公司组织的一次学术研讨会，当时有一些国外的学者也参加了，他们对中国的知识产权法评价很低，进而扯到道德、正义等问题。被当众打脸，心里一定很不舒服，最后轮到我发言时，我直接指

---

① 李雨峰. 枪口下的法律[M]. 北京：知识产权出版社，2006：182-183.

出,所谓的知识产权保护水平之争,不过是经济利益之争,大家都是行内人,就不要绕弯子了。

很多人会说,版权是个小众的概念,它所涉及的利益能有多大。美国国际知识产权联盟(International Intellectual Property Alliance,IIPA)发布了《美国经济中的版权产业:2016年度报告》(*Copyright Industries in the U.S. Economy: The 2016 Report*)(以下简称《报告》),《报告》显示,美国全部版权产业为美国经济贡献了近2.1万亿美元的增加值,是无可争议的美国经济支柱产业,甚至已经远远超过在全球处于霸主地位的金融行业,就业贡献率接近8%,GDP贡献率也接近8%。版权绝不是一个小众的市场,它已经造就了一个庞大的商业体系。中国的版权产业目前仍没有权威的统计数据,各种类似陈坤投资5亿元,一部国产动画《大圣归来》票房近10个亿,微博账号同道大叔卖了3个亿,杨幂所在的嘉行传媒估值超过50个亿,某当红小生参演一档热播的真人秀节目的费用是3 000万元,Papi酱融资估值3个亿等的报道吸引着人们的眼球,从明星的大手笔投资、高额的电影票房、网络直播的吸金效果、网络红人的微薄转让天价等,可以对中国版权产业的热度和价值管窥一斑。事实上,这还仅仅是一个开始。由于尊重知识产权的传统在美国根深蒂固,所以美国的版权产业已经发展多年,制度体系趋于成熟,规模效应逐步显现,而对于中国而言,为知识付费的意识尚在启蒙,为知识付费的习惯尚待养成,中国的版权产业还处于爆发前夜。知识作为一个消费品,其市场的大小,很大程度上取决于人口的多少,中国目前的人口几乎是美国的3倍,意味着潜在国内消费者也是美国的3倍。赋予中国版权产业多大的想象力都不为过。

所以,这么巨大的利益,势必引来激烈的版权战争。

这场战争不仅是国与国核心经济利益之争,也是国内各路人马争夺的战场。对于国际战场而言，我们已经加入了世界贸易组织，首要的是履行对国际社会的承诺。事实上，中国一直都在不断加强对知识产权的保护，只不过在任何时候，都有必要反思：这个世界原本没有版权，它本身就是人类社会的重大发明。而在任何一场版权战争中，利益是永恒的话题。在这场战争的角逐中，从一开始就没有好人与坏人，只有朋友和敌人。如何打好这场战争，诚如中国的《孙子兵法》所言："兵无常势，水无常形，故能因敌变化而取胜者，谓之神。"的确，战争没有固定的形式，流水没有不变的形状，所以，能够因敌我双方的变化而变化，最终夺取战争的胜利，才真正算得上是用兵如神。而对于国内战场而言，各方利益主体唯有认清版权的本质，运用好版权制度才能立于不败之地，尽可能地成为最大赢家。

第三章 版权战争的哲学思考

为了让版权战争显得不那么血腥和直白，版权被一劈为二，一半是精神权利，一半是财产权利，这种欲遮还羞的做法让版权的交易陷入困境，扯开这层遮羞布，版权，跟精神没有半毛钱关系。

COPYRIGHT WAR

第一节　引子：方正诉宝洁案

在讨论版权战争的哲学问题之前，先来看一个2011年举国关注的版权案件。

2011年方正诉宝洁版权侵权案，曾在知识产权界轰动一时。在该案中，宝洁公司的商标"飘柔"二字是使用方正软件打印而出的，为此方正起诉宝洁侵犯版权。关于字体的版权问题并不新鲜，无论是书法家手写的，抑或是设计人员设计的，显然都是有版权的。但计算机软件生成的字体，有没有版权呢？这的确是一个新问题。方正公司认为方正字体是有版权的，宝洁公司则认为软件成生的字体是没有版权的。

如果说特定的字体是由美工人员设计的，毫问疑问，它是有版权的。然而，这里的字体恰是由计算机软件生成的，又称"方正体"，如此"飘柔"字体又是否有版权呢，谁又能最终夺得这场战役的胜利呢？

随着人工智能的发展，计算机软件不仅能生成字体，机器人还可以写文章、作诗、谱曲，几乎无所不能。同样的问题也摆在我们的面前，这些稿件有版权吗？众所周知，著作权法保护原创，保护作者，保护版权。然而，机器人毕竟不是"人"，它是依靠程序和算法完成写作的，那么，机器人能像人一样成为作者吗？在法律上，只有人才能享有权利，这里人当然是血有肉的真人，而并非是机器人，这是基于"权利主休理论"得出的基本结论。就在人们热议这一话题的同时，记者们或许是基于自己的饭碗考虑，开始抨击机器人稿件质量，认为机器人稿件呆板、缺乏思想和创造性，甚至难以达到著作权法保护的标准。然而，机器人的智能化程度与进步速度却是不可小视的。就在去年（2016），入围东京文学奖决赛的一部小说恰恰就是机器人创造的。评委们甚至无法区分哪部作品是人创造的，哪一部是机器人创造的，甚至一致推选由机器人创作的长篇小说角逐冠军。

事实上，机器人完全可能会比人更加聪明，甚至比人更富有创造性。2016年谷歌机器人Alphago以4：1大胜围旗冠军李世石同样是一个例证。在机器人时代，大量的作品可能由机器人创作。根据美国记事科学Narrative Science的预测，未来15年将有90%新闻稿件由机器人完成。同样，在艺术创作领域，大量的美术、音乐等艺术创造也都将由机器人完成。知识产权制度从来没有想象过，机器人可能会比人更有创造性。这一切将会让现有知识产权法律制度措手不及。

当然，机器人最终也是人创造的，从这一意义上讲，法律可以保护机器人的创造者，进而保护机器人作品，这或将成为解释未来机器人作品的一个重要思路。但问题的关键是，机器人的创作，可能完全超越机器人发明者的预期，诸如在Alphago通过自我学习和大数据运算所作出的决策并不是其发明者可以预见的。那么在这种情况下，机器人设计的作品是否享有权利，又由谁来享有权利，现有的法律制度还无法回答。

从哲学体系中寻找该问题的答案，也就成为当前一个值得研究的问题。社会中有些人不喜欢哲学，认为它是无用之学，我不这样认为，哲学思维往往可以给黑暗中的个案以启迪。有关版权的哲学理论不少，我比较推崇的是洛克的劳动理论、卢梭的社会契约论、黑格尔的人格财产学说。我试图从哲学的角度对方正诉宝洁案作出解读，从而回答两个问题，什么是版权和版权是什么？回答了这两个问题，才能回答为什么会有版权战争，版权战争怎么打这些问题。

第二节　洛克：劳动财产理论

洛克是17世纪英国资产阶级的哲学家和思想家，古典自然法学派的杰出代表。洛克出生于英国，从小受到严格教育，他父亲是一名清教徒，洛克本人一生未婚。财产权劳动理论是他的代表性学说。人为什么拥有权利，是因为劳动。洛克认为，人类最初处在一个和平、自由、人人平等的自然状态。自然状态虽然是一种田园诗般的理想境界，但缺乏明确的、公认的法律，同时也没有公共权力充当裁判者，因此个人会基于私心侵害他人的权利。为了克服这些弊端，人们愿意放弃这种状态，甘愿组建国家并置身于政府管理之下。所以，洛克也提出生命、自由和财产权利属于天赋人权。

洛克的自然财产理论大致可以按照如下的逻辑结构来理解：

1. 上帝将天堂留给了自己，而将地上的一切（空气、土壤和果实）赐给了人类共有；

2. 每一个人的人身只属于他自己；

3. 每一个人的劳动只属于他自己；

4. 当人们通过劳动将财产从共有状态分离出来后，财产也就转为私有，如人将果实从树上摘下来之后，果实也就从公有转让为私有。

洛克天才地看到了劳动将自然财产变为私有财产的关键，这的确是一个了不起的发现。按照洛克的理论，谁在土地上种植庄稼，谁就可以收取果实；天上的飞鸟，谁先打下来，它就属于谁，而所有财产私有化的基础便是劳动。当时"君权神授"的思想盛行，洛克却鲜明地提出了权利并非是神授，而是劳动创造了财富。洛克的理论对于反对"君权"思想发挥重要作用，按照他的理论，任何不劳而获的权利，都没有合理性的来源。这一思想对于美国的开国元勋——托马斯·杰弗逊（美国历史上第三任总统）产生了重要影响，以至于他把"天赋人权"写进了美国的《独立宣言》。

洛克的理论同样可以用来解释版权，其理论逻辑是：

1. 上帝给予我们知识；

2. 人对于人的人身和劳动，享有所有权；

3. 人基于劳动将公有领域的知识转化为具有创造性的智力成果，人对此享有版权。

洛克的自然财产理论，有效地解释了版权的合理性，只不过，这里的劳动不是一般的劳动，而是创造性的劳动，创造性也由此成为获得版权最重要的关键词。当然，洛克的自然财产理论在解释版权理论时也会碰到一点麻烦，根据洛克的理论，劳动所获得的财产，永久归劳动者所有，但版权却有一定的时间限制，如个人作品保护期一般是作者有生之年加死后50年。洛克出生于1632年，卒于1704年，当时，知识产权尚未在社会经济生活中占据主导地位。世界上第一部现代意义上的著作权法《安娜女王法》诞生于1709年（洛克去世的5年之后），洛克的劳动财产理论是以现实中的有形财产为研究对象，未能顾及版权的特殊性，也是可以理解的，但他在解释版权合理性方面的贡献是不容抹灭的。

回到方正诉宝洁的案子当中，毫无疑问，计算机软件是设计师们精心设计的，属于创造性的劳动，所以，它有版权。计算机软件所设计的作品呢？纯粹的按照程序就可以完成的创作，这属于创造性的劳动吗？显然，这与人的创造性劳动存在重大区别。

第三节　黑格尔：人格财产理论

　　版权与物权的关系很微妙，要真正地理解两者之间的关系，还需要我们运用智慧和理性。对此，黑格尔也曾产生过困惑，黑格尔曾在其著作中写道：应该把物的所有权跟复制它的可能性分离开来，……并且精神产品创作者应该明确决定对这种复制可能性是保留还是作为一种价值出让，或者干脆放弃。但不管怎样，复制的可能性应该成为该物的一个方面而受到重视，精神产品应该受到保护。显然，黑格尔著作中"复制的可能性"就是我们今天所说的版权。黑格尔的困惑至少给予我们这样一个启示：版权与物权保护的客体是不同的。

　　黑格尔的语言逻辑嵌套较多，读起来比较费劲，有必要对黑格尔的困惑给予进一步解读。同样以一本书为例，那个能让我们看得见、摸得着，甚至可闻到纸香味的书，它是物权要保护的对象。然而书上的文字、图片等能让我们为之感动的内容则是版权保护的对象。你可以说，这本书是我的，但你却不能说，这上面的内容是我的；抑或是，你可以说，这上面的内容是我的，但你却不可以说，这本书是我的。只有当作者手捧着自己的著作的时候，他才可以激动地说，书是我的，内容亦是我的。

　　毋庸置疑，黑格尔的著作晦涩难懂，却常常能给人启迪。我在撰写博士论文《作品精神权利论》时，花了大量时间阅读黑格尔的著作。黑格尔认为，"人有权把他的意志体现在任何物中，因而使该物成为我的东西",黑格尔把人格和财产紧密地联系在一起,在黑格尔看来,人格是第一的,仍然是最抽象的、决定性和最后的意志。黑格尔认为,人通过对财产的占有,使人格有了具体的存在形式。例如,树上的苹果是完全没有人格的,当农夫把果子从树上摘下的那一时刻,农夫的人格也就外化到了苹果上,苹果也就成为农夫人格不可分割的组成部分,此时,这个苹果与树上的其他苹果都不同,因为在它的上面已经承载了农夫的意志,接下来无论是把苹果洗干净,还是吃掉它,都体现了农夫的意志。黑格尔的这段话点出了作品的精髓:"物"必须从我的意志中获得它的规定性和灵魂,也只有"人能够把他的意志或灵魂通过对物的支配,从而使它具有人的目的性"。[1]黑格尔哲学中的关键词不是劳动,而是人格。

黑格尔的人格财产理论,也构成了德国和法国著作权法的理论基础。按照该理论,作者创作作品,作品当中无疑承载了作者的思想和观点,因此也形成了"作品是作者人格的延伸"以及"文如其人"等理念,这样作者也就当然地对作品享有版权。

法学家们也开始信奉黑格尔的人格财产理论,并借此将版权视为人格权。需要注意的是,黑格尔哲学体系中人格权与法律上的人格权概念并不相同。在黑格尔看来,一切财产权都是人格权,因为它们都承载着人的意志,显然,这是在哲学意义上使用人格概念。在黑格尔的世界里,所有权都是人格权。法律上的人格权是与财产权相区别的概念,它具有特定的含义,即人格权是指人作为人不可分割的组成部分,如名誉、肖像、姓名、健康、身体等要素。显然,这与黑格尔所说的人格权概念完全不同。版权主要体现的是作

---

[1] 黑格尔. 法哲学原理[M]. 范扬, 张企泰, 译. 北京: 商务印书馆, 2011: 60.

者对外化为作品的相关权利，权利客体是作品这一种财产，因此，在法律意义上，版权不是人格权，而属于财产权的范畴。

　　黑格尔的人格财产理论，为版权合理性提供了强有力的哲学支撑，它甚至可以解释为什么知识、常识不会受到著作权法的保护，而作品则可以，那是因为知识原本就在那里，它原本就客观存在，除了"发现"，你对它无所作为，它不是你意志和灵魂的组成部分。但作品不同，它是作者具有独创性的创作，它是作者人格的外化。同样的道理，野外树上的苹果好比知识，它原本就存在的，你除了站在它的下面驻足观望、口中生津，你还可以把它从树上摘下来，在这一过程中，你的意志和灵魂已经渗透该物，它也由此成为你人格的一部分，由此你可以主张苹果是你的。如果你足够勤奋，你还可以把苹果做成鲜美的果酱，在制作的过程中，你可以尽情发挥你的想像力，而制好的果酱无论鲜美与否，它充分地体现着你的意志，并成为你灵魂不可分割的部分，你更是可以理直气壮地主张果酱是自己的，作品犹如这里的果酱。

　　用黑格尔的人格财产学说，来解释方正诉宝洁的案子，则是另外一个思路。作品是作者人格的延伸。软件是作品，它有版权，那是因为它是软件设计者人格的延伸。著作权法所要保护恰恰就是那个属于人格的东西，而不是纯粹由软件程序写出的东西。我们当前已进入人工智能时代，机器人可以作画，可以写音乐，但是机器人再智能，即使与再蹩脚的艺术家相比，还是缺少了黑格尔眼中的人格属性。

第四节　卢梭:"社会契约"版权观

　　卢梭是18世纪法国卓越的启蒙思想家,他的代表作是《社会契约论》。卢梭出生后不久,其母亲去逝,10岁时父亲又被逐放,他也就成为孤苦伶仃的孤儿,他30岁时因《论科学与技术》一文一举成名。卢梭的观点与黑格尔的阳春白雪高大上属于完全不同的流派,与洛克一样属于朴素的接地气派,但卢梭的观点又不同于洛克,他认为,国家是所有人共同达成的社会契约,而并非是对自然状态的认可。洛克主张自然状态下人是有权利的,国家只是对这种权利的认可;而卢梭认为,自然状态下的权利并不重要,关键是彼此之间达成一个什么样的社会契约,社会契约所认可的权利才是真正法定的权利。人们之所以要达成社会契约、组建国家、设立法律,目的在于实现"公共利益"和"共同幸福"。

　　在解释版权问题上,卢梭与洛克的理论有很大区别。按照洛克的理论,作者创作作品付出了劳动,所以作者基于劳动对作品享有权利。按照卢梭的理论,社会发展到一定阶段,基于书商们以及作者之间利益的博弈,所达成的一种协议,完全是基于一种社会契约,根据社会契约,谁创造了作品,谁就享有版权,一切仅此而已。

　　相比洛克的理论,卢梭的社会契约理论更具实用性,可以有效弥补洛克劳动财产理论的不足。基于卢梭的理论,劳动创造了知识产权,但基于文化传播的需要,大家达成社会契约,对于劳动所得的知识产权并非永远独占,而是共同约定,只在有限的时间内享有垄断权,过期之后将其还给社会。这就解释了版权保护期间等劳动财产理论无法解释的问题。

如果采用社会契约论的哲学观点，方正诉宝洁案的审判思路可能又完全不同。我不管你有没有人格，也不管你有没有什么创造性的劳动，我只看法律（社会契约的表现形式）是怎么规定。法律说保护就保护，法律说不保护，就不保护。关于版权的保护，世界上有两种立法体例，一种是开放式的立法体例，一种是封闭式的立法体例。中国算是"半开半闭"，著作权法规定了八种作品形式，又留了一个兜底条款，即"法律法规规定的其他作品"。规定的八种作品当中，只提到了计算机软件，未提及由计算机生成的作品。那么是否受保护，法官就需要运用法律的文义解释进行裁判了。

回到方正诉宝洁案件，计算机软件设计的字体，是否有版权？如何用哲学观点诠释这场战役，是这里要关注的重点。

方正诉宝洁的案件中，用不同的哲学观点来解释案件，思路是完全不一样的。

根据洛克劳动财产理论或是黑格尔的人格财产学说，我们都需要了解整个过程，或者说"劳动"的过程与"人格外化"的过程。计算机软件生成字体的过程无外乎有两种情况，第一种情况：将"飘"或者"柔"这样的单个的字进行单独设计，设计完成后放入到字体库中，用户在使用时调用字体库中的字体；第二种情况：任何一个字都不是程序单独设计的，而是由计算机根据一定的程序规定完成制作的，按照程序完成"横""竖""撇""折"编写而成。方正字体显然属于后者。

在第一种情况下，任何一个单字，都是由设计者精心设计的，每个汉字都是设计者的创造性劳动，也可以理解为其人格的外化，所以，每一个单独的汉字都是享有版权的。这可以在洛克的劳动财产理论或是黑格尔人格财产学说中找到合理的解释。在第二种情况下,汉字形成的过程,完全是由计算机程序生成的,这是一个自动化组合的过程,其形成过程与美术作品的形成过程完全不同,根据洛克的劳动财产理论,这一过程中没有体现人的劳动;根据黑格尔的人格财产理论,这一过程中没有体现人格的外化,因此它没有版权。

  在方正诉宝洁的案件中,北京市第一中级人民法院最终驳回了方正的诉讼请求。判决书没有直接回答计算机软件成生的字体到底有没有版权的问题,而是采用了一种近似社会契约论的观点进行判决,判决书引用了默示许可理论来解释这一问题。判决书认为,字体软件本身就是让用户使用该软件进行打字的。因此,软件销售后,使用者就有权使用软件生成的字体,这应当理解为软件设计者默示许可的行为。[①]这种解释有点类似于卢梭的社会契约论,软件字体版权的使用许可,即为一种社会契约。软件销售的过程中,理应视为软件版权人无条件同意用户使用软件中单个字体的行为,而这种使用也应当包括"商业性使用"与"非商业性使用"两种情况。如果使用者在支付了软件使用费之后,还要对单个字体再支付版权费用的话,无疑对使用者显失公平。如果换一种判决思路,利用洛克劳动财产学说或者黑格尔人格财产学说,原告方的诉请同样很难获得支持,同时会把问题说得更加透彻。

  无论从哪一种哲学观点出发,方正诉宝洁主张软件字体版权的主张都无法获得支持。无独有偶,在2011年有关方正案争议之后,同年,南京市中级人民法院另外一起有关字体版权争议的判决同样引发热议。被告公司在商业中使用了软件设计的字体"城市宝贝"和"笑巴喜",类似的案件,法院却认定被告方构成侵权。[②]该案与

---

① 北京市第一中级人民法院民事判决书(2011)一中民终字第5969号。
② 江苏省南京市中级人民法院民事判决书(2011)宁知民初字第60号。

方正诉宝洁案件最大的不同在于，软件字体库中的单字并非是计算机程序生成，而是由设计人单独设计完成，尤其是"笑巴喜"当中的"笑"，设计得乖巧可受，看上去就让人有笑的感觉。因此它可以像美术作品那样受到版权保护，这可以从洛克的劳动财产理论或者是黑格尔的人格财产学说中找到答案。

如果说洛克、黑格尔和卢梭的哲学观为我们提供了什么是版权的解读视角，却仍然无法解释版权是什么，下面我们来看这个问题。

第五节 版权的哲学反思：二元保护理论

在版权纠纷和版权争夺中，有三个常见问题：

第一，版权能否绝卖？即在版权贸易中，版权人是否可能将包括署名权在内的全部版权一并出售？如果将署名权视为人格权，由于人格权不能转让，如何解释计算机软件署名权可以转让等问题。

第二，法人能否署名？如果将署名权视为人格权，法人是没有人格的，如何解决法人创作的问题。

第三，侵犯署名权、发表权等所谓著作权法上的人格权，原告方能否主张精神损害赔偿？与侵害名誉等产生的精神损害赔偿是否会发生混淆。

要回答这三个问题，不得不关注版权的本质，它到底是人格权还是财产权？

黑格尔哲学中的"人格"概念，对于从哲学意义上理解版权合理性具有重要启迪意义。然而，黑格尔哲学体系中的"人格"与今天法律意义的人格已并非是同一概念。法律意义上的"人格"与

"财产"相对应的概念，也许在黑格尔的眼中，人触摸过的水果已经附载了"人格"，但在今天的法律体系中，人和水果则是完全分离的客体，一个属于人身权范畴，一个属于财产权范畴。

民法上把权利分为人格权和财产权，人格权是只有自然人才享有的，并且是不能转让的，财产权则不受上述限制。人格与财产的分离，这种二元保护体系，可以有效地解释法律体系中的一系列难题，包括上述三个版权难题。

版权的本质到底是什么，是版权二元保护理论要回答的问题。

什么叫二元保护理论，和传统的版权理论不同，二元保护理论认为版权都是财产权，对作者的保护体系是通过对公民的人格权保护和对作者的财产权保护体系共同构筑。首先，我们要澄清一个困惑版权领域很久的误区：版权是纯粹的财产权，不包括人格权。

一、著作权法上有所谓人格权吗

现有著作权法将版权区分为人格权和财产权，其中"署名权""发表权""修改权"与"保护作品完整权"，为人格权；著作权法上的其他权利则为财产权。

人格权和财产权是民法上的两项基本权利，人格权与财产权区别在哪儿？主要是客体不同：人格权是以人格为客体，财产权是以财产为客体。这也决定了两项权利的性质不同，其中人格权不能转让和放弃，但财产权是可以转让和放弃的。

人格权以人格为客体，而财产权以财产为客体。何为人格？人格是作为法律意义上的人不可或缺的组成部分，诸如身体、健康、姓名、隐私等。鉴于人是自然属性与社会属性的结合，人格亦可分为自然人格与社会人格，何为自然人格，诸如身体、健康、生命、肖像等,它们是基于人的自然属性而产生的人格,故称为自然人格。与自然人格相对应的是社会人格,诸如人的姓名、隐私、名誉,它们是基于人的社会属性而产生的人格。随着社会文明程度的不断提高,人格内涵也在不断丰富,人格是人之所以为人(法律意义上的人)的不可或缺的要素。人格之外的事物可以统归为"物"(狭义财产)的范畴。

那么作品是什么?它是人格还是财产?在明确了人格与财产的区别之后,还有必要了解作品的概念。作品是什么?它不是人脑中的想法,再美好的创意如果不表达于外,无法成为作品,而当它一旦表达于外,如文字作品、音乐作品等,它已经脱离了人的主体而独立存在,所以作品不应当是人格,而应当属于广泛的"物"的范畴。

当然,作品体现人的创意、想法,甚至彰显人格,诚如"文如其人"等说法。按照黑格尔的理论,任何财产都可以找到人格的影子,那些附载了情感价值的物,更是如此。父亲去逝时留下的遗物,夫妻结婚时的照片,都承载了极大的情感价值,甚至是睹物思人,情随境迁,但无论如何这些财产都无法划归到人格的范畴,作品同样如此,它属于不折不扣的财产。

既然作品属于财产,那么以作品为客体的权利,诸如署名权、修改权、发表权、保护作品完整权等权利当然也属于财产权。

二、著作权法上的所谓"人格权"到底是什么

著作权法上所谓的人格权是指"署名权""发表权""修改权"和"保护作品完整权"。然而,这些权利却有着与财产权相同的属性。在与所有权的对比中,这些权利的财产属性体现得更是淋漓尽致。

署名权与所有权比较。所有权有占有、使用、收益、处分等四项权能，署名类似于所有权中的占有，只不过，署名权的客体是作品，而作品是一种特殊的财产，它是无形的，作者没有办法像占有有形财产那样占有作品，只能通过"署名"方式进行占有。署名还发生与占有相同的权利推定效力，即署名推定原则。

发表权与所有权比较。发表权类似于所有权中的使用权。所有权的四项权能中占有为使用的前提。在作品领域，作者完成作品后，也是先署名，然后发表，署名尤如占有，发表尤如使用，当然，对作品的使用远不止发表一种形式，但发表权从本质上就是对作品的一种使用方法，同时也是作者行使其他财产权的前提，为此，很多国家的著作权法还规定，发表权可以与其他著作财产权一并转让。

修改权与所有权比较。所有权中的处分权，既包括事实上的处分，还包括法律上的处分。何谓事实上的处分，如可以将纸撕成二半，可以将橡皮泥捏成各种形态，而作品属于一种非物质的信息，无法像物那样进行事实上的处分，却可以通过修改的方法对作品进行处分，所以，修改权在本质上是对作品的一种处分。

而保护作品完整权与修改权是一个硬币的两面。修改权是指作者有权处分自己的作品，保护作品完整权则是指别人不能随意处分作者的作品。

三、著作权法中的所谓人格权，能转让吗

在著作权法例举的所谓人格权包括署名权、发表权、修改权（保护作品完整权）等，其中发表权可以与著作权法上的财产性权利一并转让，在一般情况下，如果发表权不转让，著作权法上的其

他财产性权利是无法转让的。修改权的转让也时有发生，即作者授权受让人修改作品的情况可视为修改权转让；其中，最难理解的就是署名权转让。

每每在谈及署名权为财产权时，都会听到一种反对的声音，如果署名权为财产权，岂不等同于它可以转让，署名怎么可以转让呢？张三的作品，其署名怎么能够转让给李四呢？这的确很难让想象。

财产可以转让的前提是这种转让不违反社会公序良俗，诸如毒品、枪支，它们属于财产，但却被禁止转让。这里的署名权被禁止转让，同样的道理，不是去否认它的财产属性，而是因为它的转让会扰乱社会的评价体系，让一个目不识丁的富翁可以在一瞬之间变成学富五车的渊博学者，这在任何一个时代都是难以想象的。当然，著作权法对署名权的转让也绝非大门紧闭，至少针对计算机软件作品以及委托作品的署名权依然是可以转让的，之所以会有例外，道理同样在于，这些特殊情况下，署名权的转让与社会评价体系无关，故而可以转让。所以，署名权能否转让，关键取决于它的转让是否会违反公序良俗，而它的财产属性并无可质疑。传统版权理论因不可转让而将署名权归为人格权是站不住脚的。

四、版权二元保护理论

版权的二元保护理论，它包括三项内容。

第一，作者人格权，是一项民事权利，它不属于版权范畴，如作者的隐私权、名誉权、创作自由权等皆为民事权利，而非版权。

第二，版权是纯粹意义的财产权，即便是署名权、发表权、修改权、保护作品完整权也同样是不折不扣的财产权。

第三，作者首先是公民，其次才是作者。所以，他有既有人格权，又有版权。人格权与版权属于不同范畴的权利，但它们又有着紧密的联系，这种联系与民法上财产与人格的关系是一致的。一个典型的例子，就是当版权受到侵犯时，作者的人格权也可能会受到侵害，如作品被他人恶意篡改时，就可能会影响到作者的声誉，作者的社会评价也因此受到贬损。[1]

版权二元保护理论，旨在于洞察版权的本质，并厘清版权与作者人格权之间的关系。版权二元保护理论，可以回答前面提到的版权战争中的三大难题，诸如：第一，版权能否绝卖？第二，法人能否署名？第三，侵犯署名权、发表权，能否主张精神损害赔偿？在解释版权绝卖问题时，二元保护理论正视署名权的财产本质，而从公序良俗的角度去解析转让的效力，由此也就回答为什么署名权有时能转让、有时不能转让的问题。在委托创造和计算机软件作品情况下，署名权可以转让是因为它并不会违法社会评价体系；而在一般情况署名权不允许转让，同样是基于社会公序良俗的思考。在解释法人署名问题时，二元保护理论直接从财产权的角度解释了法人署名的合理性。对于在解释版权侵权时是否需要主张精神损害赔偿的问题，二元保护理论区分了作者人格权和版权的关系，如果仅仅侵犯版权则不存在精神损害赔偿的问题，如果同时还侵犯作者人格权，则可能引发精神损害赔偿的问题。

二元保护理论尚未成为理论界通说，甚至还遭到个别学者的反对，但它真正厘清了版权的本质，并为解决版权战争中的诸多问题提供了合理解释。同时，由于将版权和作者人格权分开，也为版权贸易、融资、纠纷解决提供了更理性的基础，市场经济中，纯粹的财产权是理性的经济人更优选择，交易成本更低，流动性更好，这

---

[1] 杨延超. 作品精神权利论[M]. 北京：法律出版社，2007：170-176.

种划分将给版权的发展扫除理论障碍。当然，对于有关版权的质的讨论还将是一个长期而深远的过程，二元保护理论也仅仅是反对传统的开始。版权的本质到底是什么，对它的研究也将伴随着版权研究的始终，并且随着科技发展，这一答案也将发生变化。曾记否，著作权诞生时，黑格尔的著作人格理论曾大放异彩，并成为大陆法系著作权的立法基础，但经济与科学的发展推动了著作权财产理论的勃兴，以至于人格理论已退守在署名权、修改权、发表权等几项有限的权能上，然而数字技术的发展又为作品创造带来划时代的变革，二元保护理论将人格概念逼退到版权领地之外，人格在版权中几乎再无容身之地。版权的未来在哪里，著作权的本质是什么？我引用博登海默的话：解决任何社会问题，都必须关注它存在的历史并回到它所存在的那个时代。

第四章 版权战争驱动：资本大战

天下熙熙皆为利来，天下攘攘皆为利往。资本追逐的，莫不是最大的利益。版权资本运作玩法之多，可能会大跌你的眼镜。

COPYRIGHT WAR

第一节　知识产权还是知识产钱

一切版权战争的背后皆为利益之战。现在问题是，如果你有一项版权，你又当如何把它变成钱？

或许你能想到办法是：把版权卖掉，或者许可他人使用，由此获得转让费或者许可使用费。当然，还可以把版权当作无形资产来投资，并获取收益。按照《公司法》规定，无形资产最多可占注册资本的70%。[①]比如说，一个企业注册资本100万元，你只需要拿30万元的现金就可以，其他的可以用无形资产出资。

何以用版权生成财富呢？事实上，方法远远不止这些。至少，你可以采用如下方法：

1. 知识产权转让（许可使用）；
2. 知识产权投资入股；
3. 知识产权担保；
4. 知识产权信托；
5. 知识产权证券化。

在上述版权融资方法中，哪些是直接融资，哪些是间接融资，换言之，哪些是赚钱，哪些是借钱？版权出让（许可使用）以及版权出资入股，属于赚钱，版权在这一过程中发挥的是使用价值；版权质押贷款，则是利用版权来借钱，版权在这一过程中发挥担保价值。知识产权证券化同样属于借钱，而不是赚钱。即便企业不采用

[①] 《公司法》第27条第3款。

证券化的方式，版权同样可以为企业产生稳定的现金流。如根据版权许可协议，每一年使用者都要向企业支付许可使用费用。因此，即使没有版权证券化，企业也能获得源源不断的收入，但问题在于"一万年太久，只争朝夕"，它无法解决企业当下急需大量资金的困境。证券化的本质则是让未来的收益提前支取，就总体收益而言，企业在经历了证券化之后的收益还要小一些，因为企业需要为债券持有人支付高额利息，但它的好处就在于它把企业未来的钱提前支取，所以它在本质上还是借钱。

版权与其他资本一样，同时兼具价值和使用价值，其使用价值可用来赚钱，而其价值又具有担保功能，这使得知识产权具备了赚钱和借钱的功效，二者并不矛盾，甚至高度统一。版权资本运营所要追求的恰恰是一边赚钱、一边借钱，偏废任何一项都是不充分的。因此，版权战争的内在驱动，与其说是知识产权，不如说是知识产钱。

第二节　版权价值：对话马克思

所有跟资本有关的运作，都离不开版权的价值，即版权到底值不值钱，到底值多少钱？

一、对话马克思

马克思在其政治经济学中详细介绍了商品的价值和使用价值，但智力成果的价值又应当如何计算呢？这里模拟了马克思与发明大王之间的一段对话。

马克思："任何商品都有价值和使用价值。"

发明大王："我的智力成果也应该有价值和使用价值吧？"

马克思："是的，我所说的是任何商品，其价值理论也是普遍真理，当然包含你所说的智力成果。"

发明大王："那我的智力成果的价值与使用价值又应当如何计算呢？"

马克思："商品的价值是由生产它的社会必要劳动时间所决定的。"

发明大王："我的智力成果具有唯一性的特征，因此不存在社会必要劳动时间的概念，它的价值也就无法通过社会必要劳动时间来计算。"

马克思："尽管你所说的智力成果不存在社会必要劳动时间，但它的价值是可以用创造它的个别劳动时间所决定的。"

发明大王："个别劳动时间？请问你的个别劳动时间又是如何得出的？我昨天突发灵感的一项成果解决了目前人类所面临的重大难题；这比我在此这前花费大量精力所作出的发明具有更大的价值，显然，个别劳动时间无法衡量智力成果的最终价值。"

马克思（深思一会儿）："你昨天的灵感虽然很短暂但价值很高，我的理论仍然可以解释这一现象，你昨天的成果可以视为复杂劳动，它等于多倍的简单劳动，这就可以解释它具有巨大价值的现实了。"

发明大王："或许就是因为我昨天的成果太过复杂了，复杂得就连我都不知道是如何完成的，这样的复杂劳动与简单劳动之间的倍数关系简直就是无法计算。"

马克思（有些生气）："难道你是说我的价值理论错了吗？"

发明大王："我不敢这样说，但直觉告诉我，对于有形商品的价值计算方法与智力成果这样的无形商品的价值计算方法不一样。至少对我而言，我的智力成果，其价值大小与我付出的劳动量之间没有必然联系，对此又如何解释呢？"

马克思："你所说的智力成果的概念，我并不太熟悉。在我处的那个年代，智力成果的概念并不流行，事实上，在我去世的20年后，德国才产生第一部专利法。"

马克思在《资本论》中就已经揭示了商品价值理论：商品的价值是由生产这种商品的劳动量所决定的，而劳动量又是由劳动时间来量化；不同质的劳动时间可以换算：复杂劳动是多倍的简单劳动。由于不同主体生产同一商品花费的劳动时间不同，马克思又提出了社会必要劳动时间的概念，它是指在社会一般技术条件下，平均劳动熟练程度下，生产一种商品的平均劳动时间。这一理论让我们明白了，为何手机的价格越来越便宜，因为随着科技发展，生产它的社会必要劳动时间越来越少。同样的道理，为何房子的价格越来越高呢？要知道，房屋建造的社会必要劳动时间也是越来越短。"价值理论"还告诉我们：商品的价格还会受供需关系的影响，在房地产作为稀缺资源、供不应求的时候，房屋的价格是会急剧提高的。

在智力成果的交易中，是赚还是亏？创作者习惯用"成本"的角度去衡量智力成果的价值，在他们看来，智力成果创造所花费的劳动量，最终决定了智力成果的价值，然而事实并非如此。智力成果不同于普通商品，它没有"社会必要劳动时间"的概念，因为任何一项智力成果都是独一无二的，不存在"社会平均"的问题。能否用个别劳动时间来计算智力成果的价值呢？同样这也是无法计算的。因为任何智力创造，都具有一定随机性、偶然性、不可预测性、不可复制性，以至于个别劳动时间在这里是那样的扑朔迷离和不可捉摸。正如有一个姓"牛"的科学家，有一天，他去偷吃苹果，不小心在树下睡着了，上帝为了惩罚他，让一个苹果从树上掉在他的头上，把他砸醒了，这次惩罚反倒让他发现了"万有引力定律"，为此他异常兴奋；一个月之后，同样还是这位姓"牛"的科学家，他为了能够有一个更伟大的发现，又跑到了这棵苹果树下面睡觉，后来又一只苹果掉下来了并砸到了他的头上，这一次上帝真的惩罚了他，从此之后，他开始反对科学，信奉上帝（见图2）。可以说，智力成果的好与坏与创作者所花费的时间并没有必然联系。

图2 手绘的苹果树

在智力成果方面，没有社会必要劳动时间，但不等于它的价值无法计算。"一项智力成果=100万元"，类似的交换就表明，智力成果的价值是可以计算的。来看这一个例子：100个工人一天可以生产100台电视机；如果有一项智力成果能让50个工人一天就可以生产100台电视机，它就解放了50个工人的劳动力，这项智力成果每一天的价值就相当于50个劳动力一天的价值，再结合这项智力成果的预期寿命，智力成果的实际价值便可以最终计算得出。这样，智力成果的价值不是生产它的社会必要劳动时间决定的，恰恰是由它所能增加或者节省的社会必要劳动时间所决定的。显然，马克思的价值理论并没有涵盖智力成果，这丝毫不会动摇他的价值理论的伟大意义，毕竟马克思的价值理论形成于1857年至1858年，而正是在他的价值理论诞生的20年后德国才颁布第一部专利法。

二、版权战争价值论

版权以及其他一切智力成果，它的价值都是很难确定的，但在版权交易中，各方始终在博弈，到底是赚了还是亏了？

首先，一个智力成果到底值多少钱？一万元，一百万元，还是一千万元？先来看这样一个案例：一位报社编辑年薪5万元，后辞职在家专心写作，花费两年时间，撰写了一部小说，某出版社用50万元买断版权，这位作家思考的是：他到底是赚了还是亏了？

判断是赚还是亏，经济学上有两种方法：（1）效益成本分析法；（2）价值与价格比较法。以玉石买卖为例，张三花了300元买了一块玉石，最终卖出去时，卖了1 000元，是赚还是亏？如果采用效益成本分析法，成本300元，价格1 000元，显然他赚了。如果采用价值与价格分析的方法，结论未必是赚。假使这块玉价值连城，张三只卖了1 000元，其实是亏了，而且是大亏！因此，经济学考察的方法不同，结论亦不同。

同样，智力成果交易的赚与亏，不仅在于投入和产出，另一方面还取决于价值与价格。针对不同的企业，一项智力成果的价值也是不同的。其中道理容易理解，针对不同企业，一项智力成果能为其释放的社会必要劳动时间是完全不同的。

总之，智力成果交易过程，各方都在盘算赚与亏，并且为此进行着各种博弈。一般而言，博弈的最大赢家往往都是商家，而不是创作者。世间万物总是普遍联系的：创作者创作的过程犹如生养孩子，"十月怀胎""含辛茹苦"，然而等孩子长大后，真正受益的往往不是父母，而是他的老板和新家；同样的道理，在版权商战的博弈中，真正受益的往往不是创作者，而是商人和企业。

第三节　版权，质押还是抵押

如果你有房子，当你缺钱的时候，你用房子作抵押向银行贷款。同样，如果你有版权，也可以考虑类似的方法。不过，你不要抱太多希望，银行一般都不太愿意做所谓的版权担保。即便你把你的版权吹得天花乱坠，也无济于事。在一次版权融资会议上，一位银行行长曾形象地说到：我宁愿用企业的破房子，也不愿意用你所谓的无形资产作担保。当然，如果你的版权足够优秀，譬如说金庸大侠的作品，抑或是当下畅销作品，一切又另当别论了。

这里所谓作品足够优秀，一般而言，是这部作品已经产生了稳定的现金流，如当下正在热播的某些影视作品，再有就是知名作家的作品，尽管它还没有形成稳定的现金流，但作者的信誉让我们相信它的价值不菲。

总之，如果你的作品足够优秀，以它作为担保向银行贷款，这绝对是一个获取现金流的好办法。为此，我国担保法以及物权法都规定了"知识产权质押"。[①]

我们常说抵押，如房地产抵押，很少听到"质押"一词，不是十分熟悉法律的人士，怕是很难说清抵押与质押的本质区别。

抵押与质押，一字之差，却有着很大的区别。当涉及土地和房

[①] 《担保法》第75条规定："下列权利可以质押：……（三）依法可以转让的商标专有权、专利权、著作权中的财产权；（四）依法可以质押的其他权利。"显然，《担保法》只是规定了商标专用权、专利专用权、著作权中的财产权三种知识产权可以作为质押标的。《物权法》第232条也同时规定："可以转让的注册商标专用权、专利权、著作权等知识产权中的财产权"可以出质。

屋担保时，我们都会说抵押，而不是质押。原因是，这里的土地和房屋属于不动产，没有办法转移占有的，所以只能说抵押。然而，当你借钱时，需要用你手中的电脑做担保时，既可以抵押，也可以质押。简单地说，如果你仍然继续使用电脑，而不把电脑交还给债主，那么这就是抵押。但有时债主并不放心，生怕你到时不还钱，也不交出电脑，于是债主要求你在借钱时，需要把电脑交给他来保管，待还钱时再交还电脑，这就是质押。显然，抵押与质押的区别就在于，是否移转标的物的占有。

之所以要纠结这两个概念，是因为抵押与质押在实现担保功能上区别明显：

（1）所有者还能继续使用吗？抵押不转移担保物之占有，因此，抵押人可以继续使用该担保物并获取收益。质押中担保物是要转移给债主先行占有的，所以，在质押期间，质押人无法继续使用担保物并获取收益。

（2）可以设定几个担保？张三借李四的钱，在抵押物上设定了担保，后来张三又借王五的钱，能否在该抵押物上继续设定担保呢？如果是抵押的话，显然，这是可以做到的。由于此时抵押物仍然在张三手中，这也为他再次设定担保提供了可能，只不过，如果有一天李四和王五都来主张权利的时候，要看这个担保物能不能完全清偿他们二人的借款，如果不能，担保法还设定了先后受偿顺序。[1]同样是张三借李四的钱，如果是质押的话，张三便没有办法再次设定担保了，道理容易理解，此时的担保物已转为李四占有，张三完全没有可能再次设定担保。

---

[1] 《担保法》第54条。

显然，抵押制度更有利于物的价值利用，尤其是物的价值远远高于债权金额时，抵押制度允许债务人再次设定担保，充分利用物的价值；同时，抵押还支持债务人在借款期间使用担保物，进而实现物的使用价值。因此，如果仅仅基于经济学意义的考量，抵押制度优于质押制度。与抵押制度相比，质押制度有一个好处，就是它会让质押权人更加放心，因为东西就攥在自己的手掌心里。

以版权作担保时，是抵押还是质押，其核心取决于是否转移抵押物之占有。说到对作品的占有，多少需要一点抽象的思维了。作品不同于一般财产，它是一种非物质的信息，能够对它进行占有吗？这是首先要回答的一个问题。如果没有占有，就不存在移转占有，更无质押一说了。事实上，对一个普通动产，如一部电脑而言，占有是使用的前提，占有由此成为再普通不过的事情了；但对于作品而言，很难想像对一部作品的占有，作品是一种非物质的信息，它的传播不受时间和空间的限制，如何占有？没法占有。因此，所谓"版权质押"从一开始就是一个伪命题。

当然，也可以从一个更加抽象的角度去理解版权占有。著作权法中有关署名权的规定[1]，署名倒是可以理解为作者对作品的"占有"，它是一种特殊形式的占有，它同样彰显着与动产占有类似的意思——它（作品）是我的。我曾在《作品精神权利论》一书中详细讨论过这一问题。[2]与此同时，对作品署名还发生与动产占有类似的效力。在物权法上有占有推定效力，即依据动产占有事实直接推定占用者为权利人，著作权法上也规定了"署名推定原则"，直接

---

[1] 《著作权法》第10条第1款第2项。
[2] 杨延超. 作品精神权利论[M]. 北京：法律出版社，2007：165.

推定署名者为作者，除非有反证推翻。①

　　即便承认作品可以通过署名的方式被"占有"，但这种占有与普通动产占有相比，区别在于这种占有是无法转移的。在质押制度中，转移占有是不可缺少的，电脑从你那转到我这儿，这样，作为债权人才会更加放心。然而，这种转移，在作品、署名领域却是不可想像的：张三向李四借款，以自己的作品作为担保，于是，它将作品署名先更换到李四的名下，等到自己的钱全部还完之后，再从李四的名下变更回来。显然，这是永远不可能发生的事情，因为作品的署名不可能随便变更，否则可能会彻底颠覆作品的价值。然而，质押制度恰是要求转移占有的，这对于作品而言，是无法做到的，因此，版权质押依然是无法成立的。

　　《物权法》第227条规定了版权质押制度，它的确有必要修改。将"版权质押"改为"版权抵押"，一字之改，便可回归正途。在抵押模式下，理应允许一个版权下可以设定多个担保，这将更能发挥版权作为担保标的的价值。

　　版权抵押的另一个好处在于，版权在担保同时，还可以被转让和许可使用，从而最大程度发挥版权的价值。《物权法》第227条也关注到这一问题，它也规定，在知识产权担保过程中，如果质权人同意，知识产权所有人是可以转让或者许可使用的，这实质上就是在按照版权抵押模式在设计制度，名为质押，实为抵押。

　　知识产权担保融资在美国已有百年历史，例如托马斯·爱迪生在19世纪80年代就用白炽灯专利作为担保，创办了爱迪生电灯公司，

---

① 《著作权法》第11条第4款。

第四章｜版权战争驱动：资本大战

该公司现发展为当今的通用电气公司。[1]华谊兄弟传媒集团以影片《集结号》"版权"设立担保的方式获得了招商银行5 000万元的贷款,第一次贷款于2006年8月开始发放,而此时的电影《集结号》尚未拍摄。[2]

第四节　版权信托,失败的教训

版权信托,你作为委托人,委托信托公司来管理运营版权,由此获取收益并向受托人支付报酬。生活中常见的信托形式,如购买基金,将钱交给特定的基金公司,由基金公司代为投资股票,为了减少风险,基金公司往往会买很多股票,这样可以起分散风险的作用。

知识产权信托在我国尚未起步,其中一个较为值得参考的案例就是2009年武汉专利信托案件。尽管这不是一个真正意义的版权信托的案件,但它对于版权信托的研究具有较好的参考价值。

2009年,武汉专利信托投资公司的一位工作人员张家驹,将自己提出的"专利信托方案"提交给了公司领导,这是我国首次尝试知识产权信托,应该说具有一定的历史意义。依据张家驹的设计,专利权人可将其专利委托给信托公司,在合约期限内,信托公司替专利所有人打理有关专利权的相关事宜,并为其寻找买家,专利转让后的收益由专利权人和信托公司分享。但在整个运作过程中是需

---

[1] MILLARD A. Edison and the Business of Innovation[M]. Johns Hopkins University Press,1990:43-46.
[2] 温婷. 华谊王中军:新融资方式 版权抵押贷款[N]. 上海证券报,2009-04-22(B07).

要资金的,这个资金由谁来支付?专利权人在专利产生收益前往往没有资金,而信托投资公司也不愿意先行支付和承担风险。张家驹在其模式中设计了"风险受益权证",信托公司将自己预期所得的专利收益权,通过风险受益权证分割为若干份,并向风险投资人出售。

应该说,张家驹所设计的经济模式是科学的,这是在知识产权信托过程中的一次了不起的尝试,但不到两年时间这个项目就败走麦城,张家驹本人也被公司辞退。当时的《科技日报》还刊发了一篇文章《张家驹为单位找前程却毁了自己的前程》,为什么会失败呢?

这与武汉国际信托投资公司作为国企的体制僵化不无关系,张家驹自己也感慨,在其探索的过程中完全得不到上级领导的支持。没有市场化的体制,就难以做到市场化的创新。

除了体制之外,还有更深层的原因值得反思。至少有以下两个方面的原因:第一,在中国当下,懂知识产权的人不懂金融,懂金融的人不懂知识产权,时至今日,我国知识产权研究的重点还主要是知识产权维权保护,所以知识产权学者大多集中在法学领域,像知识产权信托这样的话题鲜有学者研究。像张家驹这样的人,其勇气可佳,但理论准备不足,如此失败,是再正常不过的事情。第二,缺少版权信托的配套制度,如在信托制度中,张家驹发明的"风险受益权证",这是融资的一种方法,但它算什么,要知道,刑法上还有一个罪名叫"非法集资罪",弄不好,又可能因金融创新而构成非法集资去坐牢。

《著作权集体管理条例》规定,著作权人可以授权著作权集体,集中行使著作权及相关权利,这是一种民事信托的规定,但它离专业信托组织运作的距离还很远。国内信托发展多年,2001年出台了《信托法》,但应用的领域还主要限于代客理财,在细分领域的版权信托等国外已经发展成熟的领域仍有较大的潜力可挖。事实上，信托机构可以作为下一节将要介绍的证券化的运营机构参与到资本运作中去。

第五节 版权证券化：从摇滚歌王到喜剧之王

一、摇滚歌王的证券化探索

证券化是近些年来较为时尚的一个词语。在解释证券化时，先解释一个概念"证券"，《证券法》第2条规定了证券的形式：股票、公司债券和国务院依法认定的其他证券。典型的证券就是股票和债券，股票属于投资性证券，投资可能成功，也可能失败；债券属于借贷类证券，发行人到期是要还本付息的。

版权证券化，毋庸置疑，就是以版权为基础发行证券的制度模式。说到版权证券化，有一个人不得不提，它就是美国著名的摇滚歌星——大卫·鲍伊（David Bowie）。世界男高音帕瓦罗蒂也曾对他利用版权融资的事情羡慕不已：1997年大卫·鲍伊用他的300首歌曲的出版权和录制权，融到5 500万美元，这也被称作知识产权证券化历史上的第一案。20年前的5 500万美元是多大一笔巨款我举一个数据大家感受一下，当时国内一个普通工人的收入是几百元，北京的房价是一两千元一平方米。那么，他到底是怎样做到的呢？

大卫·鲍伊是英国代表性的音乐家，也是摇滚史上的传奇人物。在2012年伦敦奥运会的开、闭幕式上，均播放了鲍伊的一组名曲，以向其致敬。大卫·鲍伊的演艺生涯并非一帆风顺，20世纪90

年代他遭遇到了事业的低潮期及与政府之间的税务纠纷问题。不少歌迷从他一首名为《拉撒路》（Lazarus，《圣经》中一位死而复生的人物）的歌词"当我来到纽约时/我曾像帝王那样挥霍无度/之后的我一贫如洗……"猜测，他当时的情况已经穷途末路。为此，华尔街银行家大卫·普尔曼（David Pullman）出现了，大卫·鲍伊选择了与法内斯托克公司（Fahnestock & co）的大卫·普尔曼（David Pullman）合作。1997年2月，大卫·鲍伊成功发行了5 500万美元的版权债券，开创版权证券化先河，为此有关知识产权证券也被称为鲍伊债券。①

此次证券化的资产，是他唱片中250多首歌曲未来的收益。为此，他成立了一家信托公司，作为特殊目的机构负现管理他这250首歌曲。信托公司以7.9%的利率发行债券（偿付期为10年）。同时，由鲍伊唱片经销商百代公司作担保。该债券全部出售给保德信证券投资信托公司。②

鲍伊债券的成功也为华尔街的大卫·普尔曼带来了巨大的名望。普尔曼在此基础上建立了"普尔曼集团"专门发行此类证券化产品，陆续打造了一个又一个版权证券化的传奇故事：为3个著名的作曲家爱德华·荷兰、布莱思·荷兰和拉蒙特·多齐尔，以未来300多首歌曲的收益作为资产进行证券化，募集了3 000万美元；为蓝调音乐家阿什福德、辛普森和"灵魂音乐教父"称谓的詹姆斯·布朗进行了1 000万美元到5 000万美元的证券化融资。

效仿者也纷至沓来，1999年2月，全球娱乐资本有限责任公司

---

① DANIEL KADLEC. The Real Price of Fame "Celebrity Bonds" are Designed to Turn HotTalent into a Great Investment, But Will Wall Street Bite? [J]. TIME, Aug. 17, 1998.
② LAN SPRINGSTEEL. Bowie Ch-Ch-Changers the Market, CFO. Apr. 1997.

为重金属乐队"钢铁处女"完成了一桩价值3 000万美元的证券化业务。该证券的期限为20年，由该乐队15张专辑的版税收入支持，从穆迪公司获得了肯定的投资级评级。[1]

2002年8月，梦工厂（Dream Works）在福利波士顿金融公司（Fleet Boston Financial）和摩根大通（Ip Morgan Chase）的安排下，将其旗下36部影视作品（包括《角斗士》《美国丽人》《拯救大兵瑞恩》等卖座电影）的版权收益权销售给一个特殊目的机构（spv）"WD Funding"，并借此发行了10亿美元的信用债券。

大卫·鲍伊和他的同行通过资产证券化获取了高额收益，这里面是版权价值的体现，却离不开华尔街高手的资本运作。大卫·普尔曼作为一个华尔街银行家，熟谙资本运作，才开创了版权融资的新路径。相对于其他融资方式而言，证券化能起到更好的分散风险、配置资源的作用，提高了资产的流动性，版权人能够尽快收回成本和实现利润。

版权证券化成为知识产权证券化中较为普遍的交易方式。版权证券化在前期有着良好的发展态势，但是在2001年之后的表现却不如当初人们所预期，从1997年之后到2001年，美国证券化交易总额也只有2.5亿美元，[2]2005年，迈克尔·杰克逊音乐版权证券化的成功，重新给版权证券化市场带来了信心。2005年5月，迈克尔·杰克逊以披头士唱片专辑一半的权益为担保，获得2.7亿美元投资，2006年4月，将其当初购买的4 000首披头士歌曲的版权转让给索尼公司

---

[1] See Business Briefs, N. Y. POST, Feb. 10, 1999.
[2] MATTHEW BENZ. Bowie Bands: "One-Off Dr.A Sound" [J]. Vision For The Future, June, 2001.

使用，获得3亿美元投资。[1]值得注意的是，迈克尔·杰克逊的版权证券化比大卫·鲍伊方式发生了很大的变化，大卫·鲍伊是采用发债的方式，迈克尔·杰克逊却是以版权换投资。前者是需要还钱的，后者则是不需要的，迈克尔·杰克逊的融资方式进阶了。

有意思的是，鲍伊债券的两个发明人却对版权资产化的未来有着完全不同的预测，大卫·鲍伊在2002年接受纽约《时代周刊》采访时，谈到10年之后或许连版权都不复存在，知识产权也将面临严峻的挑战，而音乐会像水和电一样轻松获得。的确，21世纪初，网络和盗版对版权行业造成了几乎毁灭性的打击，随着打击盗版和网络管理趋严之后才逐渐复苏。而大卫·普尔曼却预言"知识产权最终成为（世上）最大的资产，而且会远远大于抵押资产"。[2]

二、喜剧之王周星驰的资产化之路

2017年1月3日晚间，上海新文化传媒集团股份有限公司（以下简称新文化）发布关于全资子公司与关联方共同对外投资暨关联交易的公告。公告显示，新文化之全资子公司新文化传媒香港有限公司与Young &Young International Corporation拟共同投资周星驰先生持有的PREMIUM DATA ASSOCIATES LIMITED（以下简称PDAL）。股权投资完成后，周星驰先生持有标的公司49%的股权。此次交易，PDAL估值达到26亿元。据了解，周星驰承诺2016财年（截至2017年3月）、2017财年、2018财年、2019财年公司的净利

---

[1] 邹小梵，骆晨，李鹏. 亟待关注的新动向：版权证券化案例解析[J]. 浙江金融，2008（7）.
[2] BUS. WIRE. Content Isn't King: New Media Luminaries Deliberates Business[J]. Modelsat Spotlight, July, 1997.

润分别不低于1.7亿元、2.21亿元、2.873亿元和3.617亿元。利润总承诺达10.4亿元。

公告中称，实际净利润数不足净利润承诺数的部分由原股东进行现金补偿及回购。也就是说，如果公司利润达不到承诺标准，将由周星驰自掏腰包补足差额或周星驰买回公司股份。虽然该表述比较婉转，但该协议实质上已构成对赌协议。新文化称，通过本次投资进一步对影视稀缺品牌和IP的挖掘与储备，完善产业链布局，与现有业务实现良好的协同效应，进一步增强影视剧投资制作能力并通过积累优质IP资源延伸产业链。可见此次交易，新文化的重心并非购买实质的内容产品，而是购买周星驰IP和周星驰作品的20%投资权。

喜剧之王周星驰，在电影界的影响举足轻重，从《七品芝麻官》《食神》《大话西游》《功夫》《少林足球》《长江七号》再到《美人鱼》《西游降魔篇》《西游伏妖篇》，周星驰不论是作为主角还是作为导演，都能够带来影响票房、影响时代的影片。坊间一直流传"欠周星驰一张电影票"，便是例证。

事实上，这已经不是周星驰第一次试水资本运作。周星驰在《西游降魔篇》就与华谊兄弟签订了票房保底协议。而在《美人鱼》上映之前，和和影业、光线传媒和龙腾艺都（北京）影视传媒股份有限公司共同为《美人鱼》承担保底发行，保底金额在16亿至18亿元，和和影业作为影片联合出品方，同时也是影片的主保底方，保底金额通过其发起成立的一个基金来运作，负责全部保底资金的筹划支付，而其他保底公司都是这只基金的认购方。和和影业背后正是和和（上海）股权投资基金管理有限公司、五矿信托有限公司，以及制片人张佳琨。

《美人鱼》的票房一路高歌猛进，最终达到33.9亿元，投资各方均赚得盆满钵满。作为《美人鱼》的发行方之一，光线传媒股价获得飙升，甚至一日就上涨了近20亿元市值。很多人说周星驰亏大了。实际上，电影票房是有风险的，影片质量、上映时间、营销方案、国内经济指数等都成为影响票房的因素，1963年《埃及艳后》共投资4 400万美元，也被称为电影史上耗资最多的影片之一，但最终票房只有2 600万美元。2013年，投资1.7亿元、主演包括大量偶像派演员的古装动作片《忠烈杨家将》，最终内地票房收益仅收回6 092万元。周星驰签订保底协议可以让他提前锁定至少1亿元的纯利润，不得不说，周星驰是知进退的高手。

此次周星驰将未来几年的版权打包出售，同时签订对赌协议，除了周星驰本人的品牌号召力、影片自身的口碑发酵、背后成功的营销策划，资本市场对于电影版权的关注起到了助推的作用，周星驰的这次对赌，是国内版权行业资产证券化的一次有益尝试。并且，这次尝试的形式不是以传统的债券方式，而是股权投资的方式。可以说，国内版权证券化起步虽晚，但一开始就是以迈克·杰克逊式的高阶的形式亮相。随着国内电影等版权业的高速发展，周星驰的尝试或许仅仅是开了个头。

三、版权证券化路径

了解了大卫·鲍伊和周星驰版权融资的秘密之后，来看一个版权企业将如何解决融资困境。甲企业的版权已经许可给很多企业使用，每个月都可以拿到许可使用费，突然有一天，甲企业基于发展之需要，需要一大笔资金，怎么办呢？

企业可能第一时间向银行借钱，而它的资信状况不是特别好，不符合银行借款条件。即使它的资信状况很好，抑或是它把自己的宝贝版权拿出来做担保也很难获取银行贷款，这也是担保模式的弊端：所有的风险都集中在银行一家。

于是，企业在这种困境下，就想到一个版权证券化的办法。

第一种路径是发一份公告：本公司有一个宝贝版权，这个版权能够产生稳定的现金流。企业决定以此为基础发行债券，债券期限是10年，债券年化利率8%。

一旦公众购买了债券，企业的融资就算成功了。公众为什么会购买债券呢？公众重点考虑两个要素：第一，收益大小。如果投资人购买债券的预期收益要比存到银行划算得多，那么投资人可能会考虑把钱从银行拿出来投资债券。第二，安全与否。现有的版权可以产生稳定的现金流，这就基本保证了投资人届期能收回投资。

投资人此时一定还会担心，一旦企业经营不善怎么办？能不能把版权拿出来，专门为此次债券发行提供担保。在这一方面，版权证券化是通过"真实出售"和"破产隔离"两项制度来解除投资人的后顾之忧。于是，版权证券化又是通过以下步骤来进行制度设计的。

（1）企业成立一个特殊目的机构spv（special purpose vehicle）是整个证券化融资过程中核心。常见的spv三大模式为有限合伙型spv、公司型spv以及信托型spv，三种模式有各自适应的国情与法律法规现状。在美国，spv的设立适用于公司、合伙、信托设立的法律；金融资产转让给特殊目的实体适用《美国统一商法典》或类似的法律；特殊目的实体发行证券的销售适用《美国证券法》。[①]

（2）企业把版权"真实出售给"特殊目的机构spv，即将版权未来一定期限的许可使用收费权通过契约的形式出售给专司知识产

---

① 塔玛·弗兰科. 证券化：美国结构融资的法律制度[M]. 潘攀，译. 北京：法律出版社，2009：16.

权证券化的特殊目的机构，形成该版权的真实出售。"真实出售"可以保证，用以融资的版权不再归企业所有，这样企业经营风险就不会波及版权所带来的现金流。该制度设计同时也完成了"破产隔离"，简言之，即使企业破产了，也不会影响到版权的现金流。这样，版权证券化既做到了"收益"，也归避了"风险"，公众购买证券也就有了可能性。版权作品涉及财产权利和人身权利两类，我国现行法律规定著作权中的署名权、发行权、修改权、保护作品完整权等权利属于人身权利，而人身权利按照其性质是不能转让的，因此，"真实出售"其实是存在障碍的。如果法律接受"二元保护理论"，将版权视为完全和纯粹的财产权，"真实出售"才能真正实现。

同时，版权真实出售会遇到"一权多卖"的问题。简言之，如果此前版权人已经将版权出售给他人，但由于没有强制登记要求，这种交易只限于买卖双方知道；而在证券化融资中，原有版权人又将其出售给spv（第二次出售），但此时的版权人已经没有了版权，此次"出售"也无法实现真正版权转让的目的。问题在于，因为没有登记公示，各方无法知晓第一次出售的事实，这会给证券化融资带来风险。为此，我国法律有必要确立版权登记公示的对抗效力，交易登记虽非强制，但不登记不能对抗善意第三人，在版权"一权二卖"的情况下，如果第一次交易没有登记，但第二次交易进行了登记，在发生纠纷的情况下，法律理应确认，版权归第二次交易的购买者；有可能该版权还存在第三次、第四次交易的情况，但法律首先应当保护第二次交易的购买者，由于他进行了版权登记，此次登记因具有对抗效力，其可以有效对抗其他交易的购买者。

（3）特殊目的机构向公众发行债券。在这个过程中，spv一般还需要聘请资信评级机构对资产进行信用评级，再由信用增级机构进行信用增级，然后再由评级机构给出资信评级，并对投资者公布。

（4）公众购买债券，由此特殊目的机构为企业筹措资金。债券的本质是未来收益权转让，投资者从spv处购买证券，并根据份额享有资产的未来收益权。spv从投资者处融到的资金，最终作为"资产"对价支付给发起人，融资目的实现。

在版权证券化的过程中，有几个关键环节需要注意，一是版权的评估和选择，这是将资产风险降到最低、追求资产价值最高的基础环节；二是信用评级及增级，选择信用评级机构对作为基础资产的版权进行内部评级，之后采用破产隔离、划分优先证券和次级证券、金融担保等信用增级技术，提高证券的信用级别，以实现最低成本发行最具经济价值的高信用级别证券；三是资产管理阶段，对证券化基础资产进行专业化运作，整合资源，保证基础资产的价值；四是防控法律风险，版权证券化过程中遇到的法律风险往往比较复杂，涉及权利归属、合同履行等等，只有法律风险防控到位，证券化才能顺利进行。

第二种路径是股权融资，这个方式的运作方式是：将版权资产包注入spv机构，或者专门成立的公司，按照版权资产包的估值吸收对公司的股权投资。这种方式跟第一种方式的债券化的方式大体一致，只是发行的产品不是债券，而是股票。相比较而言，这种方式的优点在于不像债券需要还本付息。

2005年4月，中国人民银行和中国银监会联合发布了《信贷资产证券化试点管理办法》，2005年5月，财政部发布《信贷资产证券化试点会计处理规定》，2005年6月，中国人民银行发布了《资产证券化信息披露规则》，2005年8月，全国银行间同业拆借中心发布《资产支持证券操作交易规则》，2005年11月，中国银监会发布《金融机构信贷产证券化试点监督管理办法》，2006年2月，财政部、国家税务总局发布《关于信贷资产证券化有关税收政策问题的通知》，2009年，中国证监会发布了《证券化公司企业资产证券化业务试点指引》，2013年3月，中国证监会发布实施《证券公司资产证券化业务管理规定》。我国已初步具备实行版权证券化的法治与政策监管环境，然而，对于资产证券化的关键环节，我国现在法律体系还没有特殊目的机构的法律地位，而特殊目的机构发行证券在我国亦缺少明确的制度参考，对于版权的估值体系也欠缺相应的规范体系。

同时，我国版权产业不断发展，形成了一批具有较高市场价值的影视、音乐、文学等版权，版权本身能够产生稳定现金流的条件已经具备。毫无疑问，版权证券化必将成为未来版权融资的一种重要方式。新浪微博公布的2017年一季度财报显示，当期，公司净营收较上年同期增长67%，至1.992亿美元；归属于微博的净利润较上年同期增长561%，至4 690万美元。我国影视版权生产数量更是直线上扬，电影市场已经进入"百亿时代"，也使我们看到了版权证券化发展的未来前景。法律制度和相关配套中介服务的跟进迫在眉睫。

未来已来！

第六节　版权众筹：《叶问》的烦恼

一、版权众筹来了

什么叫众筹？简单地说，为了一件事情，大家一起来投钱，你投100元，我投1 000元，他投1元，集跬步以至千里，积小流以成江河。众筹是伴随着互联网技术而产生的一种融资方式，没有互联网就不会有众筹这种方式，犹如没有互联网就没有团购这种营利模式一样。道理很简单，借助互联网，你可以快速投资，随时清晰看到你所占的股份比例，这一切都依赖于数字技术和互联网技术。

项目众筹上主要分为二种情况：一种是股权众筹，一种是借贷众筹。股权众筹，入股成为股东；一种是借贷众筹，借贷众筹是要还本付息的。

毫无疑问，众筹也成为版权产业发展中的重要融资方式。如果作者要写一本书或许不需要众筹亦可完成，但如果拍摄一部电影，恐怕就是个人力量难以企及的，时下不少电影拍摄就利用众筹方式获取资金来源。[1]

《大鱼海棠》是首批试水影视众筹的尝鲜者之一。2013年，主创人员将影片片段放到国内首家众筹平台点名时间上，获得了4 000多名投资者的支持，共筹到158万元，最少的出资10元，最多的50万元。按照众筹协议，出资人按照出资金额可以获得优先邀请、主创签名电影海报、电影票、DVD、笔记本等回报。《大鱼海棠》后来成功吸引了光线影业的青睐，最终，《大鱼海棠》的制作成本3 000万元，票房超过5亿元。众筹者如约收到了明信片、海报、工艺品、电影票等。片尾，4 000多名众筹者的姓名出现在银幕上的一刻，还是很有震撼效果的。

阿里娱乐宝是第一个开始尝试收益型影视众筹的产品，它是一

---

[1] 2013年全年新增5家影视众筹平台，其中2家为垂直型平台；全年筹资额达到1 000万元，其中包括3个百万级项目，分别是《十万个冷笑话》《大鱼海棠》、2013年快乐男声大电影《我就是我》，其中《十万个冷笑话》是首个通过众筹募集资金的院线电影。参见https://www.zczj.com/news/2016-06-12/content_7431.html。

款保险理财产品，7%的固定收益率并不跟票房直接挂钩。与票房挂钩的第一款影视众筹产品是百度的百发有戏，"消费众筹+电影+信托"模式，被投资者普遍看好。但是，百发有戏的第一部产品《黄金时代》票房失利，导致百发有戏后续乏力，但这并没有阻挡制片方和众筹者对影视众筹的热情。众筹产品仍然层出不穷。

但是，有一个最基本的问题仍然需要回答，也是当下众筹碰到的最尴尬的问题，就是众筹合法吗？尤其是在我国刑法上有一个罪名：非法吸收公众存款罪。根据最高人民法院的解释，如果你没有金融牌照，如果你又向社会不特定的公众筹集资金，将会构成"非法吸收公众存款罪"。当然这个罪和"集资诈骗"是有区别的，它不是"骗"，只是因为牌照，你就不能向不特定公众吸收存款，说白了只有符合条件的银行、证券公司、信托公司可以做这事，其他人不能做，这属于典型的特许经营。美微传媒2013年在淘宝网上众筹资金，后来被认定为"非法集资"被中国证监会紧急叫停。它搞的股权众筹，1元一股，100股起售，短短几天200多万元的资金到位。证监会叫停之后，让他把资金返还投资人，很多投资人开始质疑这是不是诈骗，公司的老总叫朱江，为了辟谣，把自己的电话号码、微博、家庭地址全部放在网上，表明自己不是骗子。

现在互联网众筹平台碰到的最突出的法律障碍就是这个。严格从刑法的意义上来讲，互联网上的这些众筹平台都涉嫌构成"非法吸收公众存款罪"。如果不解决这个法律障碍，众筹这种融资模式根本不可能得到大规模发展。

2014年12月，中国证券业协会发布了《私募股权众筹融资管理办法（试行）（征求意见稿）》，目前这只是一个讨论稿。但如果这个讨论稿能通过的话，众筹这种融资模式将真正突破现有的法律障碍。这个讨论稿包括以下几个要点：

（1）按照讨论稿，要成立一家网络众筹平台，只需要500万元人民币（净资产），用它来注册公司，就可以组建一个众筹平台。这比要拿到一个类似于"银行"的金融牌照，要容易很多。

（2）如果一个项目要众筹，投资人数不得超过200人。为什么最多是200人[①]，因为按照《证券法》规定，200人以下属于非公开发行，200人以上为公开发行，一旦公开发行就涉及核准的问题，所以限于《证券法》规定，限制在200人以下。但是现在很多互联网众筹平台完全不限人数，严格来说这是违规的。

（3）讨论稿对于众筹的投资者也进行了一定的限制。要参与众筹，得具备一定的经济条件，年收入不低于50万元，或者是拥有的金融资产在300万元以上。有人会说，年收入10万元钱，难道还不能参加众筹了吗？也可以，如果你没有那么高的资产证明，则需要单个项目投资100万元以上；如果一次性能拿出100万元以上，推定你是个有钱人。现在很多网站对于投资者的资产条件根本不审查，后期都是应该规范的。

相关法律的滞后性，带来众筹的乱象，电影《叶问3》是乱象中的典型。

二、《叶问3》的烦恼

2015年，A股上市公司神开股份发布公告称投资了4 900万元人民币认购一支标的为《叶问3》票房收益权的基金，神开股份的大股东快鹿集团买下了《叶问3》内地发行权，后又将其打包成多个票房资产证券化产品进行融资。根据公开的资料显示，2015年10月，苏

[①] 美国2012年奥巴马总统签署的JOBS法案为一个项目的众筹人数最多限制为1 200人。

宁众筹携手合禾影视、易联天下推出《叶问3》众筹项目，1 000元起筹，众筹期间为10月28日至11月8日，产品期限180天，参与众筹的投资者将获得8%的预期年化固定收益，如果票房超过5亿元，还将获得浮动收益。《叶问3》上映后不久，就爆出票房造假，参与众筹的诸多投资人的本息到期后不能兑付，引发投资者与众筹平台、众筹平台与快鹿集团之间的纷争，此次事件暴露出影视众筹中的诸多问题。

资金去哪儿了？快鹿集团对所筹资金全盘操控，众筹平台对于《叶问3》的资金需求、资金使用、营销、收入缺乏基本形式的监管与约束。

风险控制缺位。快鹿集团涉嫌利用众筹的方式进行股价运作，跨产品运作等，结构复杂，涉及公司众多，风险难以控制。

合规性受到质疑。众筹平台涉嫌以"众筹"之名向不特定投资者分拆了单一信托产品的收益权，尽管冠名"众筹"，但产品的背后都是信托产品。而相关的信托产品中，委托人、借款人以及担保人都是快鹿集团旗下公司，这些安排，都游走于法律的灰色地带。

投资者风险意识淡薄。对于投资者而言，出于对大平台和名片的信任，在投资时也丝毫没有关注众筹平台是否尽到了信息审核义务，对于电影所需资金是否有过评估，资金流向是否有相应的监督，对于电影投资的风险意识淡薄。

时至今日，《叶问3》引发的众筹问题仍然没有得到解决，这也给国内刚刚起步不久的众筹泼了一盆冷水。

当然，在影视众筹中也有成功的案例，例如《大圣归来》。但是，从《叶问3》暴露出来的问题反观国内的众筹案例，都无法回避前述资金使用、滥用信托、合格投资者、风险控制等问题，甚至可以说，《叶问3》的操作模式在影视众筹中相当普遍，如果不是票房事件引发，我们对于其背后的风险可能还无法看清，影视众筹可能一路高歌猛进，酝酿出更大的风险。出台相应的法律法规约束众筹行为，不仅能够降低相关风险，也能给刚刚起步的众筹指明一个方向。

第七节　版权保险：《人民的名义》泄露

　　反腐大剧《人民的名义》一经播出，便引发全民观剧热潮，但此剧播出不到30集时，全部55集的"送审样片"却被提前泄露上网，疑似遭遇盗版侵权。近年来，版权侵权的案件时有发生，光线传媒因创造当年票房奇迹的《人在囧途之泰囧》因侵犯《人在囧途》被北京市高院一审判决赔偿武汉华旗经济损失500万元；2014年，琼瑶起诉编剧于正，认为其作品《宫锁连城》侵犯《梅花烙》的改编权和摄制权，最终获赔500万元。

　　《人民的名义》被侵权，应该找谁赔偿？《泰囧》《梅花烙》除了上法院打官司，还有其他途径维护自己的经济利益吗？

　　答案是保险。

　　对于保险这个概念大家并不陌生。知识产权保险是近几年的产物，那么它到底是要保什么呢？《保险法》把保险划分为财产保险和人身保险，财产险保财产，人身险保人身，那么知识产权保险保什么呢？顾名思义，是保"知识产权"。著作权保险属于知识产权保险的一种，简单来说指的是投保人根据合同约定，向保险公司交钱，一旦相关利益遭受损失，由保险公司进行赔偿。和一般的财产保险无甚差别，只不过保险标的是一种无形财产。

　　有人说，我们企业的版权好好的，为什么要保它呢？这里的道理有两个方面：第一，如果有一天，你的企业一不小心侵犯了别人的知识产权，就有可能要赔偿别人一笔巨额资金。每每保险公司在推销知识产权保险的时候，都会把中国排名靠前的知识产权侵权诉讼案件拿出来说事，以说服你投保。第二，有人会说，我们企业掌握核心技术，我们从来不侵权，向来都是别人侵我们的权，知识产权保险中专门就设计了这样的险种（保原告的），原告要打官司维权，要请律师，聘请知识产权的专业律师是很昂贵的，你如果有了保险，这笔钱就由保险公司来出。因此，知识产权保险一个是保原告的，一个是保被告的。在英美国家，著作权保险的范围一般包括为被保险人的著作权诉讼辩护所发生的法律费用、强制执行被保险人的权利时所发生的法律费用、被保险人辩护失败而支付的损害赔偿、专家和证人的费用、海关监督检查进口盗版产品的费用等等，涵盖范围之广，超出你的想象。

现在像平安保险等很多保险公司都专门设计了知识产权保险。如何正确看待知识产权保险呢？对企业而言，是否意味着投完保之后，就可以大胆仿冒和侵权，反正有保险公司来赔偿。并非如此，第一，每个保险都有一定的限额；第二，知识产权保险主要解决无过错侵权的问题；第三，如果构成犯罪，这是保险保不了的。

那么目前中国知识产权保险的现状如何，未来又将如何呢？2014年苏州企业园区签出知识产权保险第一单，这个企业投的是被告险，如果在未来一年内发生知识产权诉讼，由此产生的侵权损害赔偿由保险公司来赔偿，限额为100万元。而首个版权保险则是信达财险在2010年推出的著作权交易保证保险，赔偿范围包括著作权交易合同的买方因所购著作权存在瑕疵被诉侵权索赔而遭受的损失。买方可以依据该保险合同，直接获得信达财险的赔偿，而不需要首先向卖方索赔。

知识产权保险的案例在中国是屈指可数的。这项制度在美国发展得很成熟，但在中国很少，为什么？一是由于著作权作为无形资产，价值不好评估，因此保险合同在设计上难度较大；二是在我国目前知识产权侵权平均成本不高。2001年之后在美国专利案件每笔专利赔偿金额是800万美元；但是在中国，根据2015年最新统计，专利案件平均赔偿额为8万元。[①]随着知识产权保护力度的不断加强，价值评估体系的不断完善，中国知识产权保险的未来可期。

　　回到《人民的名义》泄露事件，如果有相应的版权保险产品，而制片人又投了保，在影片被泄露的时候，他们就不用着急了，着急的应该是保险公司。

---

① 朱伟. 跨国时代的专利之战[J]. 世界博览，2011（13）.

第五章 独创性：版权必争之地

不管我们是否愿意承认，人工智能的时代来了，没有独创性的东西将一文不值。版权仿佛早就洞察了一切，早早地扛起了独创性大旗。

COPYRIGHT WAR

第一节 独创性：战争中的幽灵

高尔基说："书籍是人类进步的阶梯。"的确，伟大的作品塑造了伟大的人格。世界上任何战争都有它争夺的对象，版权战争中所要争夺的恰恰就是作品以及它所附载的利益。

一个基本的常识是，一本书、一幅画、一部电影、抑或是一个软件，它们都能够得到著作权法保护，甚至被保护得"无微不至"，但这一切并不是无条件的。在"星球大战"案例中，法官们会讨论，作品的标题有没有版权；在美国1911年"电话号码簿"案例中，法官们会讨论"电话号码簿"有没有版权。同样，对于原告方基于自己辛辛苦苦制作的电视节目单而要求版权保护时，法官们竟然坚定地回答"NO"；而在"花花公子"案件中，法官们针对色情作品是否享有版权的问题上，竟然回答"YES"，这一切到底是为什么？

对于上述所有问题的回答，离不开著作权法上一个核心概念"独创性"。各国著作权法大都规定了独创性概念，并规定它为版权保护的核心条件。缺少独创性，作品不会受到著作权法的保护，独创性越高，著作权法保护的程度也就越高。这一切可以在"火柴棍小人"的案件当中得到印证，这个案件也曾被评为2006年北京知识产权十大典型案件。原告方系朱志强，被告方为耐克公司，原告方的作品为"火柴棍小人"，被告方在其广告当中使用了"火柴棍小人"形象，于是原告起诉被告侵权。终审法院认为，原告方的"火柴棍小人"，已在现有的艺术创造中被习惯性使用，其独创性程度不高，所以，著作权法对它的保护程度也不能太高，与此同时，被告的"小人"与原告的"小人"还有一些区别，原告的诉请不能得到法律的支持。[①]

独创性，版权必争之地！那么，又应当如何理解作品的独创性呢？作品的独创性问题确是版权制度中的幽灵，因为这一概念宽泛、抽象和飘忽不定。[②]"独创性"，它有两个关键词，一个是"独"，顾名思义，为"独立"；另一个是"创"，为"创造"。因此，独创性既要求"独立性"，又要求"创造性"。凭借对"独创性"的文义解释，先来对如下几个棘手的问题进行判断。第一，剽窃、抄袭他人的文章有独创性吗？没有，因为它从一开始就不具备独立性要素；第二，马路边摄像头拍摄的影像有独创性吗？摄像头拍摄的影像无论内容有多精彩，都不可能作为作品获得版权的保护，道理在于，因为它只是客观记录事实，没有人的"创造性"，所以它们都没有办法获得著作权法的保护。

除了文义解释，还有必要对"独创性"概念作出更加深入的分析和诠释。

世界上第一部著作权法诞生在英国，即是1709年英国的《安娜女王法》，但这部法律并没有作出任何"独创性"规定。直至1900年Walter v. Lane案当中，才真正开始讨论"独创性"概念，这一案件甚至还确立了英美法系最初的有关"独创性"的评判标准："额头流汗原则"。在1900年的Walter案中，一名报社记者用速记法记录了政治家的演讲，而另一名报社未经记者的许可，就将记

---

① "火柴棍小人"著作权纠纷案[EB/OL]. http：//china. findlaw. cn/info/case/zscqal/101199. html.
② 吴伟光. 论作品的独创性——版权制度的本质与独创性要求的标准[EB/OL]. http：//www. iolaw. org. cn/showNews. aspx？id=48084；2017-03-30.

者记录的内容刊登，于是发生了纠纷。法院认为：记者虽然是记录他人的演讲，但记者为记录本身付出了劳动，所以应当受到著作权法的保护。

只要额头流汗就能受到著作权法的保护，在今天看来有一点滑稽。如果在今天，你对法官说，我要保护我的作品，因为我额头流汗了，法官就会继续追问，"你流的到底是什么汗，是体力之汗还是智力之汗？"今天著作权法更侧重于保护具有创造性的智力劳动。而在当时，法官却会仅仅因为作者流汗，而认定作品具有独创性，并受到著作权法的保护。英国法院所确立的"额头留汗原则"对于美国著作权法同样具有重要影响，以至于美国法院在1920年的Keystone Publishing Co案件中，法官在判决中援引了"额头流汗原则"：被告方在编辑图书的时候将原告的作品纳入其中，虽然编辑的是别人的作品，但编辑本身也付出了劳动，因此编辑对于其编辑的图书享有版权。

"额头流汗原则"，作为作品独创性的判断标准，曾一度在英美法系产生了深远影响。法官在考察作品是否应当受到保护时，其重心不在于这个作品有多精彩，而在于作者花费了多少心血，包括他投入了多少经济成本。因此，"额头流汗原则"侧重于创作过程，而非创作的结果。然而，著作权法要真正推动文学艺术的发展，还必须关注创作结果，只有那些真正体现作者创造性的智力成果才可能受到著作权法的保护。为此，美国著作权法在"额头流汗原则"的基础上，又提出更为科学的判断标准。为此，不得不提及1991年发生的Feist v. Rual案件，它在美国版权史上具有里程碑意义。

Feist v. Rual案件争议的是原告公司出版的电话号码簿是否具有独创性的问题。如果按照"额头流汗原则"，编辑电话号码本身是要"流汗"的，它理应获得著作权法的保护，然而美国联邦高等法院法官O'connor首次在判决中推翻了传统的"额头流汗原则",他认为,"仅仅付出劳动并不能使作品具有独创性",这种投入还必须使作品具备最低限度的创造性。他承认,原告方在整理编辑电话号码本时是要付出劳动的,但问题在于,它只是将电话号码进行了编辑,无法体现"创造性",哪怕是最低限度的创造性,因此不能受到著作权法的保护。[1]1991年美国的 Feist v. Rual 案件对后来案件审判发挥了巨大影响,它至少提示法官在判断作品是否应当受到保护时,不仅要关注作者的创作过程,还要关注作品的创造性,那些仅仅是资料汇编型的作品,虽然能够彰显作者的劳动,但会因为缺乏创造性而不受著作权法的保护。

总体而言,英美法系对独创性的认定标准经历了从"额头流汗原则",到最低创造性标准的演变,但相对于大陆法系有关作品"独创性"的认定,英美法系对独创性认定的标准相对较低,那么大陆法系又是如何认定作品"独创性"的呢?

黑格尔的人格财产学说,成为法国著作权法和德国著作权法的理论基础,因此法国或德国的著作权法上有关作品的"独创性"同样也与作者的人格紧密联系。为此,法国著作权法认为,独创性必须是作者个性的反映;德国著作权法甚至提出关于独创性的最高标准:作品不仅要体现作者的个性,而且还需要达到"一定创作高度",这是著作权法保护的下限。因此,德国著作权法所提出的"独创性"标准是全世界最高的。

从英美法系的"额头流汗"原则到"最低创造性"标准的演变,从法国著作权法上"作者个性"的要求,到德国著作权法上高

---

[1] Feist Publications, Inc, v. Rural Telephone Service Co. 499 U. S. 340(1991).

标准的独创性要求，两大法系将"独创性"作为版权保护的前提是达成共识的，与此同时，考察独创性的重点不在于劳动，而在于作品本身所体现的创造性。因此，在对于诸如电话号码本、菜单、学生名单等是否享有版权的问题上，二大法系基本达成了共识，并且将这种共识写进了著名的知识产权世界公约——TRIPS协议当中，这里引用TRIPS协议关于"独创性"的原文描述：

TRIPS：Article 10.2（Compilations of Data）

Compilations of data or other material, whether in machine readable or other form, which by reason of the selection or arrangement of their contents constitute intellectual creations shall be protected as such. Such protection, which shall not extend to the data or material itself, shall be without prejudice to any copyright subsisting in the data or material itself.

按照TRIPS协议，作品要获得版权的保护，需要体现智力创造性。以上是关于两大法系及国际公约关于独创性标准的界定，上述界定对于我国著作权法制定独创性标准，又具有怎样的参考价值呢？

第二节　独创性本土化

我国《著作权法实施条例》第2条，把"独创性"作为作品受保护的条件，但何为"独创性"并没有规定，相关判例也没有给予准确的阐释。首个独创性争议的案例是"广西广播电视报诉广西煤炭工人报社侵犯其刊登的电视节目预告表"一案，该案核心在于电视节目表是否具有独创性，法官判决认定电视节目表本身无法体现作者的思想观点,从而否认电视节目表的独创性。[①]法官也没能在判决中总结出一个为社会普遍认可的"独创性"标准,所以,至今我国有关"独创性"的标准依然是一个十分模糊的概念,众说纷纭,莫衷一是。

英美法系的"额头流汗原则"当下已经被普遍抛弃,法国的"作品应当体现作者的个性"的标准,可以适用法国,却无法适用我国,它会使我国的法官无所适从。法国著作权法深受黑格尔版权人格权学说的影响,以至于他们对"人格"、"个性"等概念的理解有着十分深厚的哲学基础。然而,我国著作权法的演进缺少"人格权"学说的理论基础,人格的概念对于法官们是一个更陌生的概念。由此衍生的什么是"个性",同样是一个复杂的问题,如果用"人格"与"个性"去解释"独创性",不会让问题更简单,反而会让问题更复杂。对于德国法上的"严格独创性"标准,最好也是避而远之,毕竟创造性只能以普通作者为视角,我们无法要求每一个人都是作家,甚至像作家那样"笔下生辉",所以"严格创造性"对于普通智力成果保护没有好处。

从实用主义的角度,我国著作权法上界定"独创性"标准,可以从以下几个方面考量:

1. 人的表达,而非机器的表达

独创性作品,只能是人的表达,而不能是机器的表达。因此,那些自动绘图工具,或者摄像头自动拍摄的画面,都不可能受到著作权法的保护。至于人与机器共同创作完成的作品是否具有独创性,还要充分考量人在这一过程中所发挥的作用。但是,前文中也提到,

---

[①] 广西壮族自治区柳州地区中级人民法院民事判决书(1994)柳地法民终字第127号。

由人设计的软件自动撰写的文章是否受到著作权法保护目前争议较大。

2. 有意识的表达，而非无意识的表达

张三在黑板上随意乱画，以及不小心打翻在纸上的墨水所形成的作品，都是缺少独创性的，因为这些都是无意识的创作。作品与专利不同，无论是睡梦中的发明还是无意识的意外收获，只要这个技术有价值，就可以获得专利法的保护，但版权所要保护的就是作者的有意识的表达，因此橡胶和硫黄无意掉入火中而形成的硫化橡胶可以获得专利的保护，但墨水无意掉入纸上而形成的画作却没有办法得到版权的保护。

文学创作中有一种流派——意识流小说，往往表现为时间、空间的跳跃、多变场景也缺乏逻辑联系，时间上常常是过去、现在、将来交叉。[①]毫无疑问，意识流小说是有意识的表达，而非无意识的表达，它应当受到著作权法的保护。

3. 独立的表达，而非"剽窃"

文学艺术创作需要站在巨人的肩膀上，对现有作品的借鉴，自然是不可或缺的。是借鉴还是"剽窃"，都需要理性把握。如果是借鉴，作品依然属于独立创作，会受到著作权法的保护；如果是"剽窃"，作品会失去独创性，而无法受到著作权法的保护。关于如何区分"独立"与"剽窃"，很多机构也提出量化标准，比如在学位管理当中，使用论文查重软件检索重复率，如果重复率超过20%，就视为论文缺少独创性。这种方法虽然相对简单，但却很难在司法实践中运用，因为查重是简单机械地比较重合度，并不对借鉴和剽窃作出区分。比如有些历史书籍，需要大量地援引借鉴历史

---

① 意识流小说代表作有普鲁斯特《追忆逝水年华》、安德烈·别雷的《彼德堡》。

素材来证明自己的观点，不能因为重复率高认定其抄袭，而有的学生论文为了避免被查重，仅是简单地将重合的文字稍加改动，查重软件便无法辨别。

4. 多样的表达，而非唯一的表达

如果一个作品，只能采用一种方式表达，那么它注定会失去独创性。1990年，美国第五巡回上诉法院终审判决了一起版权纠纷，判决中认定一幅加利福尼亚某居民区的天然气地下管道图不受版权保护。判决主要理由是：该图毫无差错地反映了该区地下管道的真实走向，任何人在任何情况下独立地绘制该区管道图也只能与这幅图一模一样，该图的绘制人只是将管道走向，毫无独创性地再现在纸上。在此案中，该管道图因为具有"惟一表达性"而不受著作权法的保护。①《著作权法》第5条第1款第2项规定，时事新闻不受版权保护。由于时事新闻具有相对惟一性，它只是对事件时间、地点、人物的表达，由此决定了它不受著作权法的保护。但如果是时事新闻的评论，多样的表达最终赋予它独创性，因此受到著作权法的保护。

关于如何判断作品的独创性，前面讲了一般的判断原则，下面讲两个具体的领域，这两个领域独创性的争议是最为突出和常见的：作品标题和色情作品是否有独创性。

第三节　作品标题与独创性

作品的标题有没有版权，这是不太明确的问题。随着越来越多

---

① 《美国专利季刊》第14卷2，第1898页。

的作品标题被抢注成商标，这一话题也越来越受到关注。近些年来，在知识产权界轰动一时的"非诚勿扰"商标纠纷案件，虽说它上演了一部商标战争，但起初却是因为一部作品的名称引发的。

2008年12月18日，华谊兄弟投资、冯小刚执导的贺岁片《非诚勿扰》开始在中国大陆热映。由于该影片讲述的是一个征婚故事，金某从中嗅出商机，于2009年2月16日申请注册商标"非誠勿擾"，适用服务包括"交友服务、婚姻介绍所"等，[①]金某还开设了一家名为"非诚勿扰"的婚介所。其间，江苏电视台婚恋交友节目《非诚勿扰》于2010年1月开播，据称事先获得华谊兄弟许可，并支付了"非诚勿扰"名称使用费。[②]2013年，金某称江苏电视台将"非诚勿扰"用作节目名称，侵犯了其"非誠勿擾"商标权，于是成讼。

关于节目名称被抢注成商标的案件早已有之，最早是在《五朵金花》案例中受到瞩目的。电影剧本《五朵金花》由长春电影制片厂拍成电影，1974年云南省曲靖卷烟厂受《五朵金花》电影启发，开始经营"五朵金花"牌香烟，并于1983年注册"五朵金花"商标，使用至今。《五朵金花》电影剧本的作者认为，曲靖卷烟厂未经允许使用并注册"五朵金花"商标侵犯了其版权，遂于2001年2月5日向法院起诉。一审法院认定《五朵金花》剧本名称不受著作权法保护。简言之，作为作品标题的"五朵金花"不受著作权法保护。原告方不服一审判决，上诉到二审法院。后双方在法院主持下调解结案。

---

① 该项申请于2010年6月6日初审公告，并于2010年9月7日获得核准，注册号为7199523。

② 非诚勿扰被判名称侵权后江苏卫视不改名照播最新一期[EB/OL]. http://www.guancha.cn/Celebrity/.

时至今日，节目名称被抢注商标的案例更是屡见不鲜。根据商标局统计，截至2016年1月5日，共有95件含"非诚勿扰"的商标申请，涉及56家机构或个人。从时间来看，申请时间横跨2008年至2014年，其中，2008年和2010年是两个高峰时段，正好分别对应同名影片拍摄、上映和节目开播的年份。电视剧《刘老根》播出之后，"刘老根"三个字就在几十种商品上被抢注商标，如"刘老根饭店""刘老根饭庄""刘老根辣酱"和"刘老根啤酒"等。那么，作品的标题有版权吗？如果有的话，那么接下来的绝大多数商标，则可能会因为侵犯在先权利而被宣告无效。

关于作品标题能否受著作权法保护，各国规定不尽相同。

第一，英美法的拒绝保护。在英美法系，作品标题一般不会受到著作权法的保护。电影《星球大战》的版权人诉里根政府的"星球大战"计划侵犯了其作品标题的版权而未能胜诉，即属此例。美国版权局的立场则更为鲜明，在一份公报中强调："标题……并非著作权法的保护对象"。"无论其多么新颖别致、与众不同或者语义双关、富于暗示，标题都不能为著作权法所保护。""作品必须达到一定的'原创性'标准，但是标题无论如何也达不到这一标准。""版权局在标题保护领域不扮演任何角色。"[1]与美国相仿，英国法亦认为，作品标题不受版权保护。[2]

---

[1] United States Copyright Office, circular 34 "Copyright Protection Not Available for Names, Titles, or Short Phrases", http://www.copyright.gov/circs/circ34.pdf, 2006 Feb 12.

[2] "英国法认为，与作品标题一样，文学、戏剧作品的角色不享有著作权。"吴汉东，等. 西方诸国著作权制度研究[M]. 北京：中国政法大学出版社，1998：256. 我国有学者认为，钱锺书的《围城》和贾平凹《废都》，其标题都具备作品要件，可受版权保护。参见：李扬. 知识产权法基本原理[M]. 北京：中国社会科学出版社，2010：249.

第二，法国法区分保护原则。法国著作权法上奉行区分保护原则，将作品标题划分为"有独创性的作品名称"和"不具有独创性的作品标题"。对于"具有独创性的作品标题"，著作权法予以保护。1957年法国著作权法第5条规定："智力作品的标题只要具有独创性，同作品一样受本法保护。"即使在作品保护期届满后，任何人也不得在可能引起混淆的情况下，以个人名义在同类作品上使用该标题。

按照法国版权的区分保护原则，作品的标题分为两种，一种是独创性的标题；另一种是非独创性的标题。对于那些不具有独创性的标题，诸如《著作权法》《知识产权法》等作品标题，显然很难受到专有保护。然而，像《狼图腾》《围城》《大雪无痕》《亮剑》等作品标题，具有一定的独创性，则可以受到著作权法的保护。

第三，德国法上商业标识保护原则。德国著作权法并未就标题本身是否构成作品做出规定。在司法判例中，无论是历史上的帝国法院，还是当今的联邦法院，均认可赋予标题版权保护的可能性，但在个案中，大都持一种保守的态度，拒绝给予这种保护。[1]实际上，对作品标题而言，相比于版权保护，标识权保护更为重要。德国在1994年利用改革商标法的契机，将本由反不正当竞争法第16条调整的企业名称权和作品标题权都纳入商标法的调整范围，这部法律的名称也相应地调整为德国商标与其他商业标识法。[2]一向注重标题保护的德国联邦立法机构甚至认为："作品标题并非版权领域的

---

[1] Manfred Rehbinder, Urheberrecht, 16. Auflage, Verlag C. H. Beck München 2010, S. 322.
[2] 德国商标法第5条第3款只是对作品标题做出了界定，至于其具体要件乃至这类权利如何产生以及谁才能有效行使该权利，并未给予明确规定。

概念，而是不依赖于版权、标识权意义上的专门术语。"[1]在国际上，"一些很有声望的专家主张，标题的使用应始终服从于反不正当竞争条例。"[2]在我国，国家版权局亦持类似主张，认为"对作品名称适用《反不正当竞争法》调整更为恰当"。[3]

回归到我国关于作品标题的制度解决中，到底要不要保护，如果要保护，又应当如何保护？是采用著作权法保护，还是采用商标法保护呢？

在回答这些问题之前，有必要先思考一下，由于作品标题发生争议的场景。首先，作品标题与作品标题对撞的情况其实是比较罕见的，比如有人写作品叫《亮剑》，他人也写一部作品也叫《亮剑》，这种情况会出现吗？不会的，因为这种情况对他人没有任何好处。一本书首先就是要千万百计体现自己的独创性，而首要的就是要起一个与众不同的名字。如果有人叫《亮剑》，他人也叫《亮剑》，后面这本书不管写得多精彩，就已经低人一等了。当然，有人会想我的这本书叫《亮剑》，是否会起到傍名牌的好处。普通商品会有傍名牌的现象，比如人家的商标比较知名，那我的商品上也打上这样的商标，可以滥竽充数。但书不行，书的价值体现在它的内容上，内容上的区别读者一看便知，无论如何也傍不上名牌。如果内容也和《亮剑》相同，那恐怕就是赤裸裸地盗版了，与这里讨论的作品标题保护之间有本质区别。

---

[1] AmtlicheBegründung, in: Deutsches Markenrecht, Texte und Materialien, 1995, S. 138.
[2] 德利娅·利普希克. 著作权与邻接权[M]. 北京：中国对外翻译出版公司，2000：88，注9.
[3] 国家版权局版权管理司[2001]65号《关于文学作品名称不宜受著作权法保护的答复》。

作品标题发生争议的第二个场景，即为作品名称抢注商标的情况。其实，这种情况也不必大惊小怪，《刘老根》是电视剧，"刘老根"辣酱是食品，二者分属不同领域，井水不犯河水，也没有本质上的利益冲突，自然也用不着通过著作权法抑或是商标法给予特别保护。所以，"非诚勿扰"商标侵权案件是一场江苏卫视和金某之间的商标战争，作为最早开播的《非诚勿扰》电影的制片方华谊兄弟，在整场诉讼上甚至没有出现，因为利益的纠葛与它毫无关系。

真实适用于作品标题法律争议的场景，主要存在于以下情况，比如金庸先生的小说《笑傲江湖》，某公司制作了一部游戏也叫《笑傲江湖》，或者拍了一部电影也叫《笑傲江湖》，在这里，我们先不管作品之间内容是否雷同（如果雷同，则是版权侵权的问题），仅作品名称上的雷同，它都会让消费者产生混淆，人们会自觉不自觉地认为，这部游戏抑或是电影，与金庸先生的作品之间会有着千丝万缕的联系，从而构成标题与标题之间的实质性利益冲突，法律只有在这个时候才有必要介入。

关于2007年《上班这点事》的经典判例，再一次印证了，作品标题实质性利益冲突的场景。原告方是一部畅销漫画书的作者，漫画书的名字叫《上班这点事》，被告方是上海第一财经频道，由于上海第一财经频道打造了一档节目，节目的名称恰好也是《上班这点事》。原告方认为自己的作品名称已在社会上具有一定的知名度，被告方的节目名称与之相同，属于一种不正当竞争行为。法院审判后认为，原被告的名称相似，节目的受众范围相近，可能会误导公众认为被告的节目与原告的作品之间具有某种关系，进而损害了原告的合法权益，法院由此认定构成不正当竞争行为。

在参考各国法律制度的基础上，基于对作品标题利益纷争场景的分析，德国通过不正当竞争法来规范作品标题更为合适。

第四节　色情作品，有独创性？

我国原《著作权法》第4条规定，违法作品不受法律保护。根据该条的规定，作品要获得版权保护，除了"独创性"外，还必须要"合法"。按照原《著作权法》第4条规定，一切违法作品显然都不可能获得版权保护。

何为"违法作品"？按照我国现行法律的规定，比如反动的、色情的作品即属于违法作品。如果违法作品不受著作权法保护，那是否意味着，一部色情作品就可以被随意转载，而不需要承担任何私法上的责任呢？

2009年的时候，我写过一篇文章《违法作品的版权保护问题》，[1]我在文章中着重讨论了违法作品的版权问题。认为作品获得版权的惟一条件就是"独创性"，除此之外别无其他，违法作品应当获得版权的保护。以色情作品为例，当色情作品被盗版的情况下，版权人甚至可以出来要求侵权者停止侵害。因此从这个意义上讲，承认违法作品的版权非但不会让其泛滥还会防止其随意传播。

2010年2月，全国人大常委会修改《著作权法》时，删掉了第4条的规定。这样，"违法作品不受著作权法保护"的规定便已成为历史，2010年修改《著作权法》彻底终结了这一规定。如果今天还在坚持违法作品不受著作权法保护，显然，你已经"out"了。其实，美国早在1997年"花花公子"案中就已承认色情作品受著作权

---

[1] 杨延超. 违法作品之著作权探讨——兼论我国《著作权法》第4条之修改[J]. 法学论坛，2010（3）（第25卷，总第129卷）.

法保护。

如果说色情作品都能受到著作权法保护，我相信，此时此刻，在很多人的内心一定会徘徊着这样的想法：管理部门，如公安部门、文化部门、工商部门等，他们不是在严厉打击色情作品吗？怎么能说它受到著作权法保护呢？其实，说色情作品会受到著作权法保护，与管理部门处罚色情作品，根本上就是两回事。

把色情作品的著作权法保护，与管理部门处罚色情作品的事实混同在一起的，都犯了一个"法律混淆"的错误。古罗马法学家乌尔比安将法律分为公法与私法，直至今天，公法与私法的标准仍然是法理学中划分法律的重要标准。古人讲"杀人偿命，欠债还钱"，这其中一个是公法的问题，一个是私法的问题。杀人偿命，说的就是公法的问题，或者说刑法的问题，无论受害者是否追诉，都是要给杀人者处罚的，因为这件事从一开始就侵犯了公共利益——杀人者对公共秩序造成了威胁，因此一定要处罚。至于说"欠债还钱"，则是一个私法领域的问题，在这一领域奉行不告不理、意思自由的原则，如果债权人不起诉，法律不能强制其还钱。因此，公法与私法是严格分离的。

同样，一部作品是否有版权，这也属于一个私权领域的问题。如果说它的内容不合法而受到公权力机关的处罚，这是一个公法领域的问题，两者是分离的，不能混淆。色情作品可以受到著作权法保护，与它是否应该被禁止传播，是否应该受到处罚之间毫无关系。之所以要强调"色情作品"也能受到著作权法保护，就是要厘清公法和私法的关系。为此，《著作权法》删除了第4条规定具有重要的意义！

你可以试图通过以下场景理解原有《著作权法》第4条的影响：在法庭上，原告诉被告侵权；被告却反驳说，原告方的作品属于色情作品，不受法律保护，因此自己的使用也不应当承担侵权责任。被告方抗辩的理由就是原《著作权法》第4条。

那么，被告的抗辩是否会受到法院的支持呢？在原《著作权法》第4条影响下，法院就会审查作品内容是否合法，并最终作出判断：合法抑或是不合法？而法院作出的合法还是不合法的判断也将最终影响判决。但是，《著作权法》第4条已被删除了，这也就意味着被告方不能再以所谓作品内容是否合法为由来为自己免责。法官只需要审查作品是否具有独创性进而判断作品是否受著作权法保护。

的确，著作权法所要解决的就是作品独创性的问题，这是一个纯粹的私法问题。至于是否是色情作品，那是《治安管理处罚法》要解决的问题，是一个纯粹的公法的问题。适用公私分离的思想，这样的场景便是再自然不过的事情了：原告起诉被告侵权，法院根据"独创性"原则认定原告作品受版权保护并判决原告胜诉。后来，公安机关又认定作品内容违法，依据《治安管理处罚法》对原告进行处罚。不能因为有后面公安机关的认定，就反推第一个诉讼中法院的判决错了，因为这从一开始就属于两个领域的问题，即一个私法问题，一个公法问题。

在公权力机关没有出手之前，公民的私权利依然应当受到保护，这一理念不仅适用于版权领域，在其他领域同样适用。还记得在读书时我曾撰文《违法建筑私法问题研究》，其中论述了违章建筑所有权、出租问题，同样，基于公私法分离的思路，违章建筑也有所有权，它的出租同样应当受到物权法保护等观点，当然，这并不妨碍公权力机关对它的惩罚甚至拆除。这篇文章对于指导"小产权房"的相关法律问题具有指导意义。把公私分离的思想，移植到著作权法领域，同样可以更好地解决违法作品的版权保护问题。

第六章 权利扩张：版权战争之矛

版权随着人的欲望膨胀也在悄悄延伸它的触角，一觉醒来，你会发现，版权的势力范围，无所不在。

COPYRIGHT WAR

> 在版权战争中，作者攻城略地的武器即是各种版权，随着技术的发展，版权领土也在不断扩张。

技术发展，版权扩张

人类社会自产生法律以来，在相当长的历史时间内是没有版权的。在那样的时代，任何人都不用担心因侵犯版权而受到惩罚。印刷术的产生催生了版权，因此它从一开始就是一项与复制有关的权利，从版权的英文名字"copyright"即可看出，复制是整个版权最核心的内容。然而科学技术的不断发展，也让版权的内容不断扩张。1895年的一天，意大利的马可尼和俄国的波波夫几乎同时发明无线电，这意味着人类社会对信息的传输进入了新的篇章，而版权的内容也由此扩张到了"广播权"范畴。

当卓别林的无声电影作为早期电影曾一度备受追捧时，它也同样预示着影像技术的发展将让版权内容更加丰富。果不其然，随着影像技术的发展，"放映权""表演权"这系列新的权利内容陆续出现在各国著作权法当中。互联网技术开启了人类社会的第三次技术革命，版权的内容也再次被突破，信息网络传播权也由此被提升到整个版权体系中至关重要的位置。因此，一部版权权利的扩张史，同样也是一部科技不断突破的历史。

版权扩张对于版权战争而言，是主动的进攻行为，它不停地扩大和捍卫自己的地盘。到目前为止，版权已经拥有了辽阔的版图，除了基础的复制权外，著作权法还规定了其他10余项权利。也有学者和教材将版权的10余项权利分为两大体系：人身权和财产权，即将署名权、发表权、修改权、保护作品完整权划入著作人身权范畴；而将其他著作权视为著作财产范畴。下面我们来一一认识这些权利。

第一节　署名权：彰显财产还是精神

一、署名还是姓名

署名权，它强调作者有权在作品上署名以及署什么样名字的权利，可以署自己真实姓名，当然也可以署笔名，这些都是作者的权利。署名权意味着作者宣誓对作品的"占有"，"占有"原本是物权法上"动产占有"当中的概念，著作权法中署名同样发生与动产占有类似的权利推定的效力，即在作品上署名的人被推定为作者，除非有反证推翻。

民法上有一个权利叫"姓名权"，署名权与姓名权有很大的区别。可以先尝试性回答这两个问题：第一，张三将李四的文章拿来，署上自己的名字发表，张三侵犯李四的署名权还是姓名权？第二，张三在发表文章时，将著名学者李四的名字一同署在文章上发表，试问，张三侵犯李四的姓名权还是署名权？

署名权是指，作者基于创作而享有的决定在自己在作品上是否署名，以及署什么样名字权利，同时也包括禁止他人署名的权利，因此只有作者才会有署名权。上述两个问题都是侵犯署名权的问题。至于姓名权是每一个公民都享有的权利，它与作品无关，仅关乎自身姓名的问题,任何公民都有权决定和使用自己的名字,修改自己的名字,以及禁止别人冒用自己的名字。典型的侵犯姓名权的例子是:A.干涉,即干涉公民决定和使用自己的姓名;B.篡改,不经本人同意篡改他人的姓名,如起外号;C.盗用,即不经本人同意而使用他人的姓名。

署名权与姓名权是有本质区别的:第一,产生的基础不同。署名权基于创作而产生,只有作者才享有署名权,而姓名权基于人格产生的,每个人都有姓名权。第二,追求的利益不同。姓名权用以标明身份,防止混淆,意在表明,我是谁;而署名权则在为标明作者对作品的占有,是一种特殊形式的占有,意在宣示,这部作品是我的。[1]

二、署名推定原则

在适用署名权时,有一个重要的法律原则,即署名推定原则。根据《著作权法》规定,"如无相反证明,在作品上署名的公民、法人或者其他组织为作者。"[2]因此,在诉讼中,原告主张保护自己的作品,如果作者在发表作品时署名清楚,法官可以直接认定作者就是原告,而无需原告再提出其他更多证据。当然,被告方也可以提出反证(这种情况比较少见),比如反证说,原告方的署名是假的等,除非反证充足,否则法官将直接根据署名推定原则认定作者身份。署名推定原则,是一个对作者有利的原则,因此在发表作品时尽可能署上真名,有人习惯用笔名,如果用笔名的话,在适用署

---

[1] 杨延超. 作品精神权利论[M]. 北京:法律出版社,2007:164.
[2] 《著作权法》第11条。

名推定时还有个麻烦的问题——如何证明笔名与你的真名为同一人。

署名推定原则起源于传统印刷时代，法官直接根据署名推定原则进行作者身份认定有其一定的道理，这与印刷出版流程有直接关系，出版社或报刊杂志社会对作者身份进行核实，之后才能在报纸、期刊上发表。所以，作品署名为作者也就不存在太多问题。然而，在互联网时代，署名推定原则却受到前所未有的挑战。

互联网时代，这是一个万人出版的时代。的确，互联网时代，任何人都可以在网上发表和传播作品，而作品上的署名是否一定是作者呢，这不再是一个确定的答案了。在一起名誉侵权案件中，张三起诉李四在网上发表文章抵毁自己的声誉，的确，网站上抵毁文章上的署名确为李四，但该文真的是李四撰写的吗？傻瓜都知道，公开抵毁他人是要承担法律责任的，如果再去机械适用"署名推定原则"让李四承担侵权责任，就可能造就一起冤案。因此，在互联网环境下，在确定作者身份时，除了署名还应综合各方证据综合考量，署名推定原则亦应当慎用。

三、署名权的本质

关于署名权到底是人身权还是财产权？这不仅是一个学术争论，同时它也关乎署名权受到侵害时，被告方是否要承担赔礼道歉，抑或是进行精神损害赔偿？

那么，法律上人身与财产的边界到底在哪里呢？人身属性，无论是人格还是身份，都是人作为人不可以缺少的要素，诸如身体、姓名、生命等，至于说财产，它则是人之外的东西。用最朴实的道理，人身是不能放弃的，否则人将无法成为法律意义上的人；而财产则是可以放弃的，它并不会影响到人的独立存在。那么署名权的客体是什么？是作品，作品可以放弃吗？当然可以，作品可以放弃，作品上的署名亦可以放弃，这一切都不会影响到作者作为法律意义上人的存在。所以，从这一意义上讲，署名权是财产权而并非是人身权。

当论及署名权为财产权时，它似乎会面临着一些常识性的挑战，其中典型的是如下两个。

第一，当作者署名权受到侵犯时，作者会感到人格受损、精神痛苦，甚至会导致名誉下降，难道这不正说明署名权属于人身权吗？

第二，如果署名权是财产权的话，那也就意味着署名权是可以作为财产转让，这不就等同于公然作假吗，张三写的书，通过转让署名，堂而皇之变成李四的书了，此等署名转让无异于公然做假。

我先解释第二种情况，署名权转让与公然做假的关系。谁创作了作品，与谁享有署名权，这是两个概念，前者是事实问题，后者是法律问题。谁创作了这部作品，这是一个事实，这是任何法律制度都无法改变的事实，而署名权它是一个法律问题，它关注的是作者是否有权在作品中署上自己的名字。基于自由市场的规则，市场鼓励交易，法律保护交易。由此，根据《计算机软件保护条例》规定，甲公司可以将计算机软件的署名权一并转让给乙公司。①计算机软件之外的其他作品的署名权，同样是可以转让的，如在《著作权法》所规定的委托创作协议中，委托人与受托人也可以自由约定版权的归属，委托人给了钱之后就可以将自己的名字写在作品上，这同样为法律所允许的。

作为第一种情况，侵犯署名权可能会导致精神痛苦，这是否能

---

① 《计算机软件保护条例》第20条。

作为它是人格权的例证呢？事实上，不仅是侵犯人格权会让人感到精神痛苦，侵犯财产权同样也会让人感受到精神痛苦。这里有一个很说服力的例子——最高人民法院关于精神损害赔偿的司法解释中的例子——被告方对于原告方具有纪念价值物品的损害，如损害了母亲去世时留下的照片，原告方有权主张精神损害赔偿[1]，然而这一切都只能说明，对财产的损害同样也会导致精神痛苦，但这并不能否认对照片的所有权属于财产权。

揭示署名权的财产本质，绝非仅仅是一个概念之争，它可以有效地解释很多现象，尤其是以下三个为众人关注的问题：第一，为什么法人可以享有署名权？第二，为什么在版权贸易中允许包含署名权在内的版权绝卖？第三，为什么原告方的署名权受到侵害，法官并不是"一刀切"式支持精神损害赔偿？明晰了署名权的财产本质，这一切将不再困惑，这一切也将得到有效的解释。

法人为什么可以享有署名权，因为它本身就是一种财产，法人享有财产权，这是再正常不过的现象了。至于版权绝卖，同样的道理在于它本身就是署名权，而非人格权，所以理应允许其自由转让。尤其是在当今的信息化时代，作品来也匆匆，去也匆匆，谁是作者也不再重要，只要不违反法律和公序良俗，允许版权绝卖将极大促进版权贸易的发展。最后，署名权受到侵害的时候，原告方是否有权主张精神损害的问题。当公民的人格权，如姓名、名誉等权利受到损害的时候，法官一般应当支持精神损害赔偿，然而当作者的署名权受到侵害的时候，法官却未必会必然支持精神损害赔偿，其中道理仍然是署名权同样被作为一项财产权来对待，就像母亲去

---

[1] 《最高人民法院关于确定民事侵权精神损害赔偿责任若干问题的解释》第4条。

世时留下的照片一样，法官更需要评价侵权行为到底给受害人带来了多大的精神痛苦，而并非是把署名权混同为人格来看待。

四、署名争议不见得动用署名权："韩寒代笔"案件分析

有一个很有意思的案子，2012年，"韩寒代笔门"一度引发网络骂战，这场大战由博主麦田的《人造韩寒》的博客引发，之后"打假名士"方舟子加入战局，在自己的微博上发表一系列文章，指出韩寒作品有"代笔""水军""包装"的嫌疑。支持韩寒和方舟子的在网上形成两派，范冰冰、姚晨等明星也加入战队。韩寒委托律师在上海提起诉讼，诉由包括署名权问题及名誉权问题，后经撤诉之后，公开的资料显示后续没有进展。

事实真相暂且不论，猜测其撤诉背后的法律原因，署名权作为诉讼理由本身就让案件难以立案和进行。其代理律师微博称，韩寒最重要的一个诉讼点是争取法庭对争议作品进行认定。假如法庭没有进行认定，即使方舟子败诉，韩寒的声誉也难以挽回。韩寒主张对方侵犯署名权，法院估计一脸蒙圈，你是原告啊，按照《著作权法》第11条的署名权推定原则，你署名就推定是你的，不需要告啊。你让我认定，我没法认定啊。估计法院想，你要告，你换个路子来啊，不要打署名权诉讼啊。

这个案子应该怎样打，应该在评估证据和事实后再做战略规划，一涉及版权、署名就上署名权，其实是深受署名权是精神权利概念的混淆，把名誉、精神受到的伤害到署名权里去找安慰，难怪很难有进展和下文。版权战争，如果战略战术制定不好，不仅可能被打败，还可能面对无仗可打，无处发力的局面。

第二节　发表权：一稿能否多投

一、发表权与发行权

作者有发表权，是指作者有决定将作品是否公之于众的权利。任何一种将作品公之于众的方式都可以视为发表。

先看这样一个例子：张三同学对外投稿，数次投稿而不中，于是他将作品张贴在寝室之楼道显眼处，任何人从此经过，均能看到这篇文章，这是发行，还是发表呢？再来看第二个例子：诺贝尔奖获得者莫言在图书大厦签名售书，这是发表还是发行呢？

发表与发行是两个完全不同的概念。著作权法上既有发表权，又有发行权。用前面两个例子可以较好地理解发表权和发行权。第一个例子显然属于发表，因为不涉及出售或赠与文章（原件或复制件）的情况，故而不属于发行。第二个例子则为发行，即出售书籍、赠与书籍属于典型的发行，因此，书店卖书，或者是作家的签名售（赠）书都属于发行。①问题是，作家签名售书，是发行，这又是否属于发表呢？

发表权有一个重要的原则——"一次用尽原则"，即发表权一次使用即用尽，此后作者再无发表权。如果书籍在出售之前曾在网上刊载过，或者以其他方式公开过，那么出版书籍就不属于发表，只能视为发行了。因此，如果书籍内容此前曾公开过，后某出版社

---

① 《著作权法》第10条第1款第6项。

未经允许出版发行，那么作者在主张侵权诉讼时只能主张侵犯发行权，而不能再主张侵犯发表权了。

这样，发表权与发行权关注的重点是有区别的：发表强调作品内容公之于众，其关键词在于"公"字，至于受众是否真正了解作品内容在所不问，发行强调的是出售或者赠与作品的原作或者复制件。在某些特殊情况下也会出现发行与发表竞合的情况，这是一种什么样的情况呢？同样以书店卖书为例，当第一本书从书店销售出去的那一瞬间，如果该书此前未被公开，这一瞬间便是发表与发行竞合的过程。发表权奉行"一次用尽原则"，因此，当第二本书从书店销售的时候，便只有发行，再无发表的问题了，而此后的一系列法律问题也随之围绕发行权展开。

二、一稿能否多投

作者一稿多投的现象很普遍，如此投稿，命中的概率最大，因此很多作者完稿后都会选择一稿多投。然而，《著作权法》却禁止"一稿多投"。根据《著作权法》的规定，"版权人向报社、期刊社投稿的，自稿件发出之日起十五日内未收到报社通知决定刊登的，或者自稿件发出之日起三十日内未收到期刊社通知决定刊登的，可以将同一作品向其他报社、期刊社投稿。双方另有约定的除外。"[①]《著作权法》之所以禁止一稿多投，正是基于发表权的"一次用尽原则"，考虑到作者投稿后作品可能被发表，此后作者再无发表权，因此禁止其投稿之后再向别的媒体投稿。

《著作权法》禁止一稿多投，着实违反投稿习惯，尤其是现在

---

① 《著作权法》第33条。

网络媒体时代，传统的纸质媒体也在向数字媒体转化，如各大报纸都开通了网络媒体功能，信息的传递十分迅速，一篇文章可能在几秒钟之内刷爆网络，这对稿件的时效性提出了严峻要求。作者每投一次稿，一定要等15天或者30天后才能投稿，稿件还没等刊登可能就已失去价值了。所以，当下允许一稿多投，才可能及时有效地利用稿件，并最大化程度实现稿件资源优化配置。立法者可能也考虑到这一点，《著作权法》虽然禁止一稿多投，却没有为"一稿多投"设定法律责任。

其实，采稿过程在本质上是作者与出版单位之间一项版权契约，既为契约，理应奉行意思自由原则，作者是否投稿，投给谁，如何使用，这一切理应由作者与出版单位之间协议确定。一稿多投，这完全是契约双方来决定的事情，而不应由法律来强硬作出规定。立法的难处在于原有版权理论将发表权归为人格权范畴，而人格权是不能随意约定的。放弃对发表权的人格化，回归其财产属性是从根本上解决这个问题的基础。

对于一稿多投，惟一一个需要考虑的问题，就是关于独占许可使用的问题。如果出版单位希望排他使用，即不希望其他单位使用该稿件时，一稿多投是否会造成这种独占许可使用方面的冲突。事实上不会，即便是一稿多投，出版单位在用稿前一定会与作者电话协商的，表明愿意用稿以及何时用稿等。即便是在多个单位都表示愿意刊登稿件时，作者也可以自由决定，是由一家单位来独占使用，还是由多个单位共同使用，所以一切，都取决于意思自治。有关禁止一稿多投的规定，着实没有必要。

对于媒体而言，在内容为王的互联网时代，更多更快地抢占资源是王道，对于作者而言，将其作品在更好的平台、更多的渠道展示才能让作品有充分的露脸机会，不至于瞬间湮没在汪洋大海里，一稿多投的限制于双方都不是最好的选择，版权大战，本质上是经济利益之战，对于经济利益而言，双方的合意才是最重要的。

第三节　修改权与改编权的困惑

一、修改权与改编权的区别

长期以来，著作权法设置了与修改有关的两项权利，"修改权""改编权"，以至于很多人长期将这两权利混淆。

很多人都会困惑，修改权与改编权的区别。先来看几张图片：

图3是达·芬奇的画作《蒙娜丽莎》，之后的几张图片纷纷在原作的基础上进行了修改。这里的问题是，哪一个是修改，哪一个是改编呢？

修改权，它强调对作品的修改，但不会产生新的作品。改编权，它强调的是产生了一部新的作品。这里很难有量化的标准，只能通过"独创性"概念去把握。改编后的作品是否具有新的独创性，如果它还没有产生新的独创性，那么它与原作相比还只能视为同一作品，如果它具备了新的独创性，它也就从"量变"转化为"质变"，从而演

图3　《蒙娜丽莎》

变成一部新的作品。由此，它也就转归"改编"的范畴。

所以，图4中的图片（抱了只猫）是对原作一定程度的修改，可以理解为修改权的范畴；至于图5、图6中的图片，倒是与原作有着重大的区别，如果它的独创性足以支撑它成为一部新的作品，那么，它便划入"改编权"的范畴。

如果要对原作行使改编权，就需要得到原作作者的同意。当然，改编势必意味着改编者又成为新的作者，改编后的作品又成为一部新的作品。新作品与老作品相比，既可以是同一类型，也可以是不同类型。

试判断这是修改还是改编？

A．将小说的最后一章删掉

B．将小说改成剧本

C．将小说拍成电影

D．将小说从中文翻译成英文

任何对作品文字和结构的改变，都可以视为修改。根据修改程度的不同，可以把修改分为"重大修改""普通修改""轻微修改"，但无论是哪一种修改，修改后的作品不能独立形成一部新的作品，即便是"重大修改"，包括将作品大段地删除或是前后结构的大幅调整，修改后的作品无法独立于原有作品形成一部新的作品。改编与修改不

图4 抱了只猫

图5 长了胡子

图6 变小黄人

| 第六章 | 权利扩张：版权战争之矛

同，改编后的作品能够形成一部独立的新作品。

A中"将小说最后一章删掉"，属于修改而非改编。

B中"将小说改成剧本"，小说与剧本则属于两个独立的作品，这属于改编，而非修改。

C中"将小说拍成电影"，按道理讲也应当属于改编，只不过著作权法专门为其命名为"摄制"行为而已，因此它同样排除在改编权之外。因此，《著作权法》上的改编权，是指将作品改变成视听作品以外的不同体裁、种类或者形式的新作品。这样，将小说改成"剧本"为"改编"，因为小说就属于"视听作品"之外的作品；如果将小说改成"电影"则属于摄制权的范畴。

D中"将小说从中文翻译成英文"，则属于著作权法所言之"翻译"，法律为上述行为设立特有的称谓，既不属于"修改"，亦不属于"改编"。

二、《芈月传》编剧之争案

作为热播大剧《甄嬛传》的姐妹篇，《芈月传》自开机之日起就吸引了观众的眼球。关于本案的编剧到底是谁的争议也逐步发酵，逐步走向白热化。2015年4月，《芈月传》编剧蒋胜男向温州市鹿城区人民法院提起诉讼，提出要求被告王小平和东阳市乐视花儿影视文化有限公司（以下简称花儿影视）停止在电视剧、微博等处署名"总编剧：王小平"，以及"编剧：王小平 蒋胜男"等诉求。2016年7月18日，该案开庭审理。双方的争议焦点是，蒋胜男认为，交付剧本后，花儿影视并未提出对剧本不满意及修改意见，聘请新的编剧前提不存在。花儿影视则认为，蒋胜男的剧本未能达到剧组要求，王小平极大提升了蒋胜男的剧本质量。鉴于王小平的重大贡献，决定将王小平署名为"总编剧"。法院判决认为，"总编剧"强调的是指导性、全局性，而原创编剧强调本源性、开创性，并未贬损蒋胜男作为原创编剧的身份和贡献。对剧本质量的认定权在影视公司，其有权自主判定剧本是否符合要求。法院最终判决蒋胜男败诉。《芈月传》案件的争议表面上看是关于署名的争议，背后其实是关于修改权和改编权的争议，蒋胜男没有厘清所涉纠纷的本质和实质，提起了署名权诉讼，指出对方不应署名"总编剧"，正如法院判决所述，"总编剧"不是一个著作权法上的概念，没有构成侵权，蒋胜男的诉求无法得到满足，因此败诉。

我们再来还原一下该案的事实，根据双方在网路上的争论，大体可以看出这样一个脉络：双方签订协议，蒋胜男将《芈月传》原著创意（大约7 000字）的改编权、摄制权等权利授予花儿影视一方，蒋胜男受托创作《芈月传》电视剧剧本。蒋胜男交付《芈月传》剧本后，按照蒋胜男的说法，剧本是她独立完成的作品，王小平只是起到了辅助修改完善的作用。而花儿影视一方则认为，蒋胜男的剧本不符合要求，王小平进行了大幅度、实质性的改变。尽管双方一直没有找准分歧焦点，处于混乱的纷争之中，但是梳理该案的内核实质，分歧的焦点在于蒋胜男认为王小平是修改作品，而花儿影视一方认为王小平是改编作品。

修改权是量的变化，不会产生新的作品，因此不会有新的作者，也不会产生修改者署名的问题；而改编是量的变化，会产生一部新的作品，改编者当然可以署名。如果双方的纠纷上升到这个层面，法院的审查重点将会不同，对于署名与否的判断也会更加有针对性。如果王小平的修改没有改编剧本的实质内容，哪怕动的篇幅比较大，其也只是修改，无权署名，如果王小平的改动让原剧本面目全非，有了实质变化，那么她理所当然可以署名。

遗憾的是该案从起诉开始就没有找准诉由，由于原告没有主张改编和修改的问题，法院也就没有对改动情况进行审查，进而作出判断。这场纠纷结果就是打了一场热闹的嘴仗，却没有抓准版权纠纷的实质。

更有意思的是，根据北京市朝阳区法院的微博@北京朝阳法院，花儿影视一方后在北京市朝阳区法院将蒋胜男告上了法院，理由是蒋胜男违反协议，蒋胜男一审败诉后上诉，北京知识产权法院终审判决蒋胜男败诉。

蒋胜男可能根本就没有弄清楚修改、改编、署名的真正含义，所以从签订合约的那一刻开始，她已经输掉了这场战争。

第四节　发行权：包括电子发行

一、什么是发行权

著作权法上是这样界定发行权的，即以出售、赠与或者其他方式向公众提供作品原件或者复制件的权利。[1]这样的例子很多，书店卖书、画廊卖画，这些都属于发行。无论向公众提供的是作品的原件还是复制件，都属于发行权的范畴。因此，无论是书店还是画廊在发行前，都需要获得作者的授权。

与书籍和画作不同，电影作品有其独特的商业模式：常见的方法包括：第一，电影院公映；第二，在网上交费点播电影；第三，

---

[1]　《著作权法》第10条第1款第6项。

出售光碟。

在著作权法的范畴内，哪种商业模式属于发行呢？事实上，上述三种不同的电影商业模式中，涉及发行权问题的只有最后一种情况，即属于向公众提供原件或者复制件。第一种情况"在电影院放映的情况"属于版权中放映权的范畴，第二种情况"在网上交费点播电影的情况"，属于版权中信息网络传播权的范畴。放映权与信息网络传播权同样也是有区别的，放映权讲的是单向传播，如电影院放映，观众收看，但观众只能按照指定的时间和地点去看电影，无法选择随时随地观看。然而，信息网络传播权却是双向的，交互式的，公众可以选择在自己指定的时间和地点收看节目，因此网上交费点播属于信息网络传播权的范畴。因此一部电影的商业模式中，可能会涉及放映权、互联网传播权、发行权等问题。

二、发行权与所有权的关系

书店对外卖书，属于典型的发行。书店为什么会有卖书的权利呢？大多数人可能首先想到的是所有权的问题，首先书店从出版社买来图书并出售，从所有权的角度，书店对这些书是有所有权的。

与其他销售不同的是，如果只解决了所有权问题，那么书店售书就一定合法了吗？还不一定，书店还必须解决"发行权"问题，向公众提供原件或者复制件属于发行权的范畴，书店还必须得到作者发行权的授权才可以合法售书。如果书店只解决了所有权问题，而没有得到作者发行权的授权，售书仍然是侵权的。

在准确理解发行权问题时，著作权法上的"权利穷竭原则"至关重要。仍然回到书店售书的例子中，依然要关注一个书店的现实，如何从著作权法上去解释这一现象呢？你可以想想这些书商们，他从不同渠道获取书籍，然后再转卖出去，所有权是没有问题的，但他们无论如何也不可能获得作者发行权的授权。二手书店更是如此。那么，在这种情况下，书籍销售是否侵犯了作者的发行权呢？在回答这一问题之前，不妨先做一个假设，如果每一次书籍销售都需要获得作者的授权，那么高的交易成本也就意味着书籍永远都无法再销售出去。

于是，"发行权穷竭原则"应运而生。这一原则讲的是，一本书一旦售出之后，针对这本特定的书，作者便不再拥有发行权了，故为"发行权穷竭原则"。所以，一本新书在首次销售的时候，出版商需要获得作者发行权授权，然而，当这本书一旦流入市场后，转为再次销售的时候，针对这本书的发行权便已穷竭了，所以书商和二手书商们无需再去征得作者的同意，也可以销售图书。

以前在很多场合下听过有人对发行权穷竭的误解，甚至有人错误地主张，图书首次销售后，作者的发行权就没有了。其实，作者的发行权一直都在，只是针对这本已经卖出去的书而言，发行权已经没有了；但针对该作品的其他复制件而言，发行权依然是有的。这也就是为什么图书脱销之后需要增印的时候一般都要再次签订协议的道理。

许多国家的著作权立法都明确规定了"发行权权利穷竭"原则。美国著作权法第109（a）条对此进行了规定；欧盟国家则将"发行权用尽"的范围扩大到欧盟领域之内，例如英国、德国、西班牙、瑞典、匈牙利、波兰等国。《著作权法》规定发行权"一次用尽原则"。北京市高级人民法院《关于审理著作权纠纷案件若干问题的解答》第18条也规定，"经著作权人许可发行了作品的复制件后，著作权人对该批作品复制件的出售权便一次用尽，不能再行使了。他人购买著作权人许可发行的作品复制件后再次出售的，不用经著作权人同意。"①

三、电子发行算发行？

时下，电子书的发展迅速，大有取代纸质书的趋势。并且随着技术的发展，电子书商不断推出阅读器，如亚马逊推出Kindle阅读器，让阅读变得很方便，视觉很舒服，可以随时记录读书笔记，甚至还可以带来与真书一样的翻书的感觉。当当也推出了自己的电子阅读器"都看"。电子阅读器让阅读变得更容易，你可以随时在阅读器上购买你喜欢的图书。

出售电子书，是否属于发行权的范畴呢？根据《著作权法》关于发行权的定义，它强调以转移所有权的方式向公众提供作品原件或者复制件。按照传统发行的方式，这里的原件或者复制件指的是有形物品，书籍或者软件光盘，电子图书不同于传统书籍，它是无形的，这似乎与著作权法上关于发行权的界定不符。

亚马逊或者当当网网上出售电子图书，应划归发行范畴还是信息网络传播范畴呢？这也决定了，电子书商们在出售电子图书时，应当购买的是发行权还是信息网络传播权。

关于这一问题，世界各国有两种立法例：第一，将发行权与信息网络传播权分开规定，WCT②在规定发行权时，就在该条的议定声明中阐述，这里的原件或复制件，是指有形物品，世界上大多数国家采用的都是这种立法例，我国采用的也是这种立法例。第二，大而全的立法例，美国人采用的是第二种立法例，没有将网络发行

---

① 北京市高级人民法院《关于审理著作权纠纷案件若干问题的解答》第18条。
② World Intellelectual Property Organization Copyright Treaty（《世界知识产权组织版权条约》），简称WCT。

第六章　权利扩张：版权战争之矛　119

单独设立权利，而是统一纳入"发行权"的范畴，因此美国著作权法中发行权则是一个广义的范畴，其原件或复制件不仅包括有形物品，同样还包括电子形式。

关于美国发行权的扩大解释，要从1995年美国信息基础设施知识产权工作组发布白皮书说起，白皮书建议对发行权进行修改，明确将网络发行纳入到发行权范畴，[①]但是1998年美国通过的"千禧年数字化著作权法案"完全没有涉及对"发行权"的修改。因此在法律上"发行权"是否适用网络环境并没有定论，但在实践操作中却得到法院的认可。如美国最高法院在2001年对NEW YORK Tmiesco. v. Tasini案的判决中，就确认了未经许可将作者的文章置于Lexis数据库中，使公众能够在线浏览或下载的行为构成为对作品的"发行"，侵犯了作者的发行权。[②]

美国人这种大而全的"发行权"立法模式，在解释"网络发行"时也会遇到障碍，尤其是只是把作品放在网上，但公众还没有下载的时候，这种行为算侵权吗？2006年4月19日，原告Capitol Records对被告Jammie Thomas提出诉讼，认为被告在网上非法上传了自己的唱片，原告主张被告侵犯发行权，被告则认为，我只是将作品上传到了网上，使公告有可能获得作品的复制件，但还没有下载，然而，发行权要求移转复制件（无论是物理还是电子的），因此不构成侵权。法院也根据被告方的抗辩，最终作出了对其有利的

[①] 白皮书建议将美国著作权法第1条第3款发行权作如下修改："著作权所有者享有通过出售或所有权转移的其他方式，或者通过出租，或出借或者通过网络传输向公众发行有著作权作品的复制件或录音制品"。

[②] 米哈依·菲彻尔. 著作权法与因特网（上）[M]. 郭寿康，万勇，相靖，译. 北京：中国大百科全书出版社，2009：268.

判决。①

　　我国将发行权与信息网络传播权分开规定，如果是所谓的电子发行的话，它是由信息网络传播权来解释。然而，我国立法上也有缺陷，既然将二项权利分别规定了，理应明确两个权利的适用范畴，发行权针对的应当是有形物品，而信息网络传播权针对的应当是所谓电子复制，所谓网络发行的概念理应属于"信息网络传播权"范畴。然而，《著作权法》并没有就发行权中"原件或复制件"的物理表现形式作出清晰界定。

　　发行权与网络传播权的关系，在电影《终结者3》的版权侵权案件中被各方论证。原告方华厦电影依法取得了美国电影《终结者3》在中国地区的"独家发行权"，被告方公司未经许可即将《终结者3》上传到网站上供用户有偿下载。于是华夏公司就将被告方公司起诉到法院，主张发行权侵权。法院审理后认为，华夏公司购买的是影片的发行权，只能就发行权提出主张；然而被告方是通过互联网络的方式向公众提供电影下载，这不属于发行权的权利范畴，而属于信息网络传播权的权利范畴，所以驳回了原告方的诉讼请求。

---

① Capitol Records Inc. v. Thomas, 2008 U. S. Disl. LEXIS 106225（D. Minn., Dec, 23, 2008）.

第五节　出租权：有别于物权法上的出租权

一、著作权法上为何会有出租权

出租权原本是一个物权法上的概念。直至今天，房屋租赁、汽车租赁、设备出租都十分繁荣。所有权人有四项权能——占有、使用、收益和处分，而出租权实质上是所有权人行使使用权和收益权的一种表现形式。

出租权这个概念是从何时跑到著作权法当中了呢？说到底，还是科技发展推动的结果。20世纪80年代，数字化复制技术迅猛发展，光盘成为生活当中的一个时尚品。突然之间，各种信息，如电影、音乐、游戏、软件等等，都可以附载在光盘之上。与此前的磁带只能听声相比，光盘不但可以听声音，还可以看图像，甚至负载计算机软件程序。在信息技术发展的历程中，光盘具有里程碑的意义。直至今天，光盘这个词依然没有完全落伍，很多电脑上依然还有一个设备叫光驱。当然，随着网络信息技术的发展，光盘正在逐渐走向衰亡，取而代之的是网络资源，网速越来越快，上网越来越方便，原来光盘上附带的电影，都跑到了网上，人们不用随身携带着光盘，只需要轻轻点击鼠标，或者扒拉一下手机。

20世纪80年代，光盘一度成为日本、美国等国家的时尚产品，这也催生了20世纪80年代的日本的音像制品出租业务。就像你手里拿着两样东西，左手有一本书，右手有一个电影光盘。无论是左手边的书，还是右手边的光盘，你是愿意去买它，还是愿意去租赁它呢？对于左手边的书，你可能更愿去买它，尤其是你想反复阅读和学习的书籍，买下来才有利于更加充分地利用它。而且，从用户体验上，购买书籍可以保证你能买到一本新书，而租书你所拿到的只是旧书。对于右边的光盘，可能绝大多数人都会选择出租，首先出租的价格会很低，更为重要的是，出租可以达到与购买相同的效果，出租后我可以把它安装或者拷贝到自己的电脑上，慢慢欣赏。

正是基于上述原因，20世纪80年代，形成了这样的市场格局：图书，以销售为主；电影、游戏、计算机程序，却以光盘出租为主。传统的发行权，针对的是光盘的销售，即转移作品复制件的所有，而对于出租这种情况，著作权法中则缺少对应的权利予以规范。作者只能眼巴巴看着商人们在光盘出租行业大赚特赚，而自己却得不到任何好处。正是在这样的历史背景下，在1993年12月15日通过的TRIPS协议中设立了出租权，1996年通过的WCT（《世界知识产权组织版权公约》）和WPPT（《世界知识产权组织表演和录音制品条约》）也对出租权作出了明确规定。在此之后，很多国家的国内法也相继把出租权写入了著作权法的条文。

各国著作权法中出租权所保护客体不尽相同，有两种立法模式：第一，出租权只保护特定作品。第二，出租权保护所有作品。美国著作权法、法国著作权法属于第一类，美国1976年著作权法及其1990年修正案规定的出租权适用的是计算机软件与录音制品。法国1992年知识产权法典将计算机软件、录音制品、录像制品、传播企业节目作为出租权客体。德国、日本、俄罗斯等著作权法属于第二种立法模式，著作权法上的出租权保护所有作品。《著作权法》属于第一类，出租权只保护电影、计算机软件等特定作品。[1]

出租权到底是适用于所有作品还是只保护特定作品，本无优劣之分，实质为作者利益与社会公众利益范围大与小之间的博弈。相

---

[1] 《著作权法》第10条第1款第7项。

比较而言，出租权保护特定作品的必要性更大，毕竟像电影作品、计算机软件作品，出租权对于作者利益的影响是决定性的，赋予作者出租权，可以达到保护作者利益的目的。至于像图书作品，关键在于发行，而非出租。所以，从这一角度上讲，在我国当前，保护特定作品的立法更为合适。

二、有别于物权法上的出租权

我国在2001年修订《著作权法》时，在第10条第1款第7项中作出关于出租权的规定："出租权，即有偿许可他人临时使用电影作品和以类似摄制电影的方法创作的作品、计算机软件的权利，计算机不是出租主要标的的除外"。

并不是所有的作品都会有出租权，需要关注的仅有两类作品：一是视听作品，如电影作品和类似摄制电影方法创作的作品（如MTV）；二是软件作品，如杀毒软件或游戏软件等计算机程序。由此也就形成了这样一种奇怪的现象：学校里有二个小店，一个是图书出租店，另一个是电影光盘出租店。哪个小店的行为是合法的？从出租权的角度出发，租书的是合法的，因为书籍不涉及出租权问题；出租电影是违法的，因为电影作品涉及出租权问题。

著作权法有出租权，物权法上也有出租权，不过，这两个出租权却有着不同的含义。电影作品的出租，从物权法的角度，小店对所出租的电影光盘是有所有权的，所以说，他的出租是合法的；但他还必须解决著作权法上的出租权问题，著作权法上的出租权与光盘的所有无关，著作权法上的出租权归作者所有，所以小店还需要征得作者的同意才可以出租。

当实物与计算机软件一并出租的情况，并且计算机软件不是出租的主要标的时候，小店则无需征得软件版权人的人同意。①

三、电子出租，属于出租权？

类似的电子租赁业务首先是在电影作品领域十分盛行。搜狐视频就推出了这样的业务，一部电影交费5元，网站就会生一个账号和密码给客户，客户有权在48小时内随意观看，超过时间后，你便不能再观看电影。歌华有线也有类似的服务。

图书类也产生了一种新的阅读形式，电子租赁（Textbook Rental）。2011年，亚马逊公司向学生推出了电子书租赁业务，学生们可以定制30～360日的租赁期间，按时间长短付费，如购买一本会计学的教科书需要花费109.20美元，但其Kindle租借价格，仅仅需要花费38.29美元。而后又将Kindle租书服务从教科书扩展到一般书籍，如《有效思维的5个习惯》，Kindle的销售价为9.99美元，而该书的Kindle租书服务底价为5.5美元，每过一天就增加几美分，直至租价升至与销售价相同。②

电子出租与传统出租调整的对象是不同的。传统的出租对象是作品原件或者复制件（物理形式）；电子出租是不存在实物的，消费者只能在有限时间内获取作品复制件的电子版。由此所产生的问题是，电子出租是否属于出租权的调整范畴呢？

由于出租权主要涉及的是电影作品，所以，电子出租是否属于出租范畴，这一问题为电影产业各方所关注。如果电子出租属于出租权的范畴，这也就意味着作者又多了一个向搜狐网站要钱的理由。

---

① 《著作权法》第10条第1款第7项。
② 2013年1月20日腾讯科技，http://tech.qq.com/a/20130120/000021.htm。

搜狐网站在购买版权的时候，还需要同时购买作者的出租权，否则网站以这种出租的方式向消费者收钱的经营方式，将被视为侵权。

不仅电影产业关注这一问题，图书产业各方同样也关注这一问题。尽管现有的出租权一般不涉及图书，放眼未来，如果电子出租取代发行而成为图书销售中最重要的方式，图书出租权问题的重要性也会立刻凸显。

电子出租，到底归出租权管，还是归信息网络传播权管，这是一个必须回答的问题。根据WCT与WPPT的规定，出租权仅限于有形物品，不包括电子出租。根据WCT第7条以及WPPT第10条的规定，作者有权将电影作品、计算机软件、录音制品的原件或者复制件向公众进行商业性出租，至于这里的"原件"和"复制件"是物理形式，还是电子形式？WCT和WPPT在议定声明中明确强调，这里的出租仅限于有形物品。显然，WCT和WPPT是把出租权与信息网络传播权进行严格分离的，复制品的有形物品的出租，属于出租权的调整范畴；而电子图书的出租，则划归信息网络传播权来解决。

《著作权法》也规定了出租权和信息网络传播权，从这两项权利的调整范畴来看，电子出租划入信息网络传播权范畴更符合立法本意。为了能够更好发挥法律的指引功能，著作权法中有必要针对出租权中原件或复制件的物理形式作出明确界定，将出租权与信息网络传播权严格分离立法。

第六节　展览权与追续权：美术作品的"特"权

一、美术作品的展览权

(一) 展览权

画作的展览权，是一个极特殊问题。著作权法上有展览权的规定，即公开陈列美术作品、摄影作品的原件或者复制件的权利。①还记得有一次，在一个图书博览会上，有一位作者向我述说其痛苦，他说展览方未按规定展览图书，侵犯了他的展览权，但仔细想想，著作权法上的展览权只保护美术作品和摄影作品，而不包括图书类作品，所以，这个作者所提及的图书展览权只是一个伪命题，哪门子的展览权啊。当然，主办方如果未按约定展出，他可以通过合同法来维权。

著作权法上的展览权仅限于美术作品和摄影作品。因此，美术作品或摄影作品展览的，必须通过原作者的同意，否则将被视为侵权。展览权保护的范围决定了在图书展览和美术展览时会出现完全不同的情况。文字作品的作者没有展览权，因此图书的购买者当然有权展览图书，在这一问题上，展览仅是物权当中的使用权能而已，因此谁有图书，谁就可以展览；但对于美术作品和摄影作品而言，即便拥有它的复制件，也无权展览，因为拥有物权，却没有版权。可见对于美术作品和摄影作品展览权是一项特殊的权利。

为何著作权法上的展览权偏偏会垂青美术作品和摄影作品呢？

---

① 《著作权法》第10条第1款第8项。

法律上几乎所有的问题，都可以用利益和利益平衡来解释。这里的问题在于文字作品的作者主要是通过发行来获利的，而美术作品和摄影作品的作品性质决定了作者恰恰又很难通过发行的方式获利，展览却是一种很好的获利方法，因此如果不单独授予美术作品和摄影作品展览权的话，作者或将无利可图。

在画作转让的情况下，美术作品的展览权到底归谁？这时作者和所有者便已不是同一人。比如买了达·芬奇的画，展览权归达·芬奇还是买画的富豪？根据著作权法规定，美术作品的展览权归美术作品原件所有人所有，这是由美术作品展览的性质所决定的，假如要召开一个美术作品的展览会，如果展览会上的所有展品都是复制件，估计没有人来观看展览，但如果展品都是原件，展览才会有意义。并且掏钱买画的人买的除了画的美感，还有画的稀缺性和显摆的权利，因此，画作原件一旦转让给他人，让作者再去拥有展览权，将会极大降低购买者的购买意愿，这对于画家而言反而是不利的。只有让画作的原件所有权人拥有展览权，才可能让画作作为稀缺产品获得它的稀缺价值，画家才能真正受益，展览权才能真正适用起来。

（二）展览权之权利冲突

在美术作品领域，展览权归原件所有人，美术作品的其他版权仍然归作者所有，这是否会导致美术作品版权行使之间的冲突呢？因此，有必要梳理展览权与其他版权的关系，尤其是展览权与发表权的关系。

在美术作品原件没有转让的情况下，作者既享有展览权，又享有发表权。当作者举行展览会的时候，就需要思考，展览权与发表权的关系。如甲画了一幅《五牛图》，甲举行展览会，如果这是一部没有发表的作品，画作展览意味着，作者在同时行使发表权与展览权，由于发表权奉行"一次用尽原则"，所以发表权一次用尽，展览之后，作者再无发表权，但此后作者依然享有展览权。如果作品是已经发表过的，展览只意味着作者在行使展览权，因为此时作者已没有发表权。

在美术作品原件转让的情况下，展览权与发表权的关系则更有必要梳理。如作者甲画了一幅《五牛图》，后将画作送给了乙，乙为画的所有权人，有该画的展览权，于是乙准备办一个画展，展览该画。毫无疑问，乙是享有展览权的，他可以展览画作，但发表权又是作者的，即甲的。甲有发表权，乙有展览权。这个展会到底该怎么办呢？两项权利的冲突，又应当如何处理呢？

对此，可以借鉴日本著作权法的规定，美术作品原件转移的情况下，可以视为作者放弃发表权，即乙有权将该作品进行展览。这倒是一个解决问题的好办法：第一，从鼓励文化传播的角度，应侧重保护展览权；第二，发表权侧重保护作者隐私，而美术作品并不涉及隐私问题，放弃发表权对作者并无影响。

二、美术作品的追续权

对于一般的作品，原作与复制件或许没有太大的区别，因为人们主要关注的是作品的内容，但美术作品不一样，它的价值主要取决于原件，比如齐白石老先生的代表作品《墨虾》，在拍卖市场可能会拍出几千万甚至上亿元的价格，但前提是它一定要是原件，而不是赝品。

这里有一个问题，当商家把齐白石老先生的画《墨虾》在拍卖行拍卖后，它的所有权理应属于新的买家。从所有权的角度，它与作者或者作者的继承人已经没有任何关系了，因为画一旦被卖出或者赠与后，它就有了新的所有者，与原来的所有者就没有任何关系了。于是，关于画家与炒作它的商人之间的关系便开始引发人们的讨论。画家在创作时往往很清苦，画作成名一般也在其死后，而画作的升值如果与画家或者他的继承人没有任何关系，这会让人感到不那么公平。

马克·吐温在其小说《他是否还在人间？》（1898）中更是将这种对画家的不公平描绘到极至：在这部小说中，小说的主人公是法国著名画家米勒，他年青时穷困潦倒，他的名画《晚祷》连8法郎都卖不出去，但米勒发现了一个重要规律，艺术家只有在其死后，他的画作才会迅速升值，这种规律甚至没有例外。于是，他开始装死，果然他装死后，他的艺术品开始迅速升值，画作价值飙升百倍，米勒也变得很富有，但他不得不隐姓埋名度过孤独的后半生。马克·吐温在其小说结尾的时候，曾感叹道："装死让一个天才没有被饿死，获得了他应得的收入"。

正是在这样的历史背景下，在1920年的法国诞生了一项法案——追续权法案。简言之，让画家或者他的继承人，在画作每一次升值转让中能够获得提成，至于提成的比例，各个国家规定不尽相同，法国规定为增值部分的3%，如果一幅画在拍卖中升值100万元，作者或者他的继承人可以拿到3万元的提成；德国规定为5%；英国甚至还规定了上限，不得超12 500英镑。

我国现有著作权法中并没有规定美术作品的追续权，但在著作权法修改的过程中很多学者建议增加有关"追续权"的内容："美术、摄影作品的原件或者文字、音乐作品的手搞首次转让后，作者或者其继承人、受遗赠人对原件或者手稿的所有人通过拍卖方式转售该原件或者手稿所获得的增值部分，享有分享收益的权利，该权利专属于作者或者其继承人、受遗赠人。"

追续权在法律上有必要回答如下问题：

（1）什么样的作品有追续权？美术、摄影作品的原件或者文学、音乐作品的手稿。

（2）谁来行使权利？作者或者其继承人、受遗赠人。①

（3）怎样行使权利？通过拍卖方式转售原件按比例提成。

至于说追续权，能否真正发挥作用呢？有两种声音：①支持追续权的，他们认为，追续权的本质是让利益的天平倾向艺术家，从而激励艺术家们创作，并且有助于实现公平正义；②反对追续权的，他们认为，设立追续权制度会打击艺术品投资的积极性，更为重要是，追续权制度还会极大增加艺术品拍卖的社会成本，反对者们还设想了这样的场景：画家或者他们的子女每日蹲守在拍卖行，盯着他们或者他们父辈的作品的拍卖，并试图从中获得提成。拍卖行还需要鉴别来者是否是作者本人或是他们的子女，DNA鉴定也将成为不可或缺的程序。

我在中国社科院的同事周林教授曾对画家、画廊、拍卖行进行过专门的调研，调研的主题包括两个，一个是大家是否了解追续权，另一个是追续权到底能发挥多大作用。这里，我引用他在实际调研中获得的数据。

在调研中，绝大多数的人不了解追续权（见图7），不赞成、非常不赞成追续权的也占有相当比例（见图8）②。人们对追续权问题的淡漠，也反映出我国缺少追续权生存的土壤。其实，追续权关注

---

① 《著作权法（修改草案送审稿）》第14条。
② 周林. 追续权立法及实施可行性调研报告[J]. 中国知识产权，2014（3）（总第85期）：50-60.

的主要是名作和具有较大升值空间的画作，普通的画作很难在日后交易中升值，追续权对于普通画作没有太大意义。然而在中国的艺术品交易过程中，真正的大作或者具有升值空间的作品不多，这与法国等欧洲国家是不可比拟的，法国被称为艺术之国，所以追续权能够在法国产生也是有其历史原因的。此外，中国的艺术品市场交易并不成熟，追续权实现成本太高，在作品辗转交易后，作者如何证明他是作者或者继承人，这都需要花费巨额成本。原本它并不复

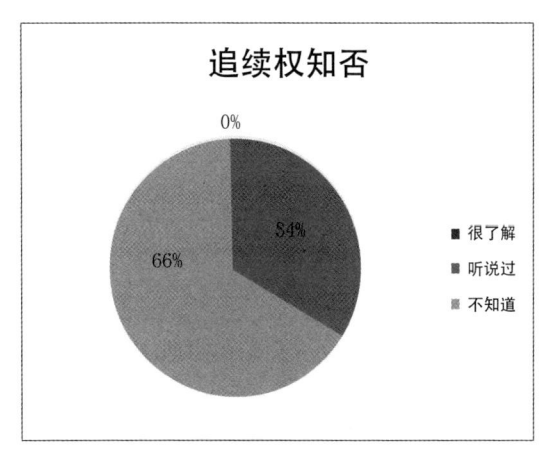

图7 对追续权的了解

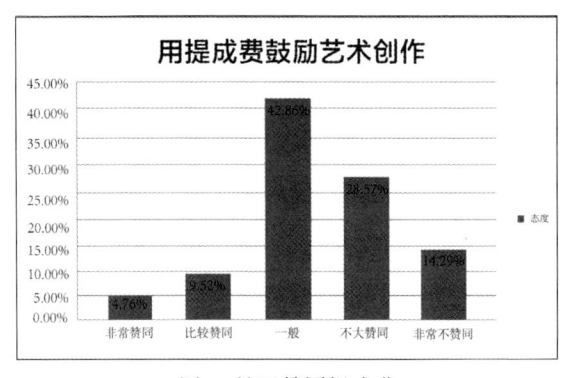

图8 是否赞同提成费

杂，转让交税，受让人开有发票，这些足可以证明谁是画作的作者，然而中国艺术品市场，不开票，不交税，一手交钱，一手交货的转让模式十分普遍，这一切都会让追续权的行使变得十分困难。

第七节　表演权：KTV收费，钱去哪了

一、表演权与表演者权

　　金庸先生的作品《笑傲江湖》有人物，有故事情节，因此这是可以表演的作品。作者有权自己表演，也有权授权他人表演。比如金庸先生可以表演其中的主人公令狐冲，当然他也可以授权他人表演。因此，表演权针对的作品应当是故事情节的文字作品或者音乐作品，而像著作权法上的特殊作品，如工程设计图、地图、计算机软件等这些是不存在所谓表演权的问题。

　　著作权法中的表演权又包括两种形式：现场表演和机械表演。所谓现场表演，如我们去话剧院看话剧，演员们现场栩栩如生地表演，这属于典型的现场表演。如果我们坐在家里看话剧表演，这就属于机械表演，它不是现场表演，而是通过机械设备公开播放作品的表演。因此，表演权包括两种：现场表演权和机械表演权。无论哪一种形式的表演权，其权利人都是作者。无论哪一种形式的表演，都应当征得作者的同意，否则这种表演就涉嫌侵权。

　　在著作权法上还有一项权利，它叫表演者权，表演者权与表演权，只有一字之差，却有本质区别。表演权属于版权的范畴，它归作者所有；而表演者权则属于邻接权的范畴，它属于表演者。一部话剧《笑傲江湖》正在上演，它的表演权属于作者金庸，而表演者

权则属于那个在舞台上活蹦乱跳的演员。在文学艺术领域，有一类人，我们称为作家，还有一类人，我们称为艺术家。作家重在创作作品，他们享有版权（含表演权）；艺术家们重在传播作品，他们享有表演者权。

二、是表演权，不是放映权

根据《伯尔尼公约》的规定，表演权所适用的作品主要包括戏剧作品、音乐作品、文学作品。德国著作权法和英国著作权法都作了上述规定。现有著作权法中并没有规定表演权中表演的具体的艺术形式，通过上述表演权适用的作品类型：文字作品、音乐作品、戏剧作品，我们可以大致判断出表演权中表演的艺术形式，"演唱、演奏、舞蹈、朗诵"等为常见的表演形式。

对于那些将剧本拍摄成电影电视剧的情况，则不属于表演权的范畴，而应划归摄制权或者改编权的范畴，按照现有著作权法属于摄制权的范畴，但按照修改草案，已删除了摄制权，将其纳入改编权的范畴，但它无论如何都不属于表演权的范畴。

著作权法上的表演包括两种形式：现场表演与机械表演。电影作品，虽然不涉及现场表演，却可能会涉及机械表演的问题，如通过机械设备公开播放电影作品，因为在一些国家，将播放电影作为机械表演的一种形式，如美国、法国、意大利等国家将电影作品纳入表演权的范畴当中。然而，《著作权法》专门针对电影作品规定了放映权，因此根据现行著作权法的规定，电影作品的公开放映，不属于表演权适用的范畴，而是划归放映权的范畴。但是从电影公开放映的性质看与机械表演是无异的。在《著作权法》完善的过程中，也可以将放映权并入表演权当中一并规定。

一旦放映权被表演权吸收，《著作权法》也将重构表演权的内涵，新的"表演权"不仅包括"通过技术设备向公众传播作品的表演"，还应当涵盖"通过技术设备向公众传播作品（非作品的表演）"。这样，播放电影的情形就落入机械表演权的范畴。在未来的著作权法权利体系当中，极有可能形成的格局是表演权扩张，而放映权消失。[①]

三、KTV收费与表演权

关于KTV点唱收费以及饭店背景音乐收费，一直以来都是社会热点话题。这里的问题是，为什么要向KTV或者向饭店收取费用？

考察KTV的运营模式，KTV经营者购买音乐点播设备，还需要下载正版音乐或歌曲，消费者可通过点播歌曲进行演唱。前提是，KTV所购买的音乐都是正版的，那么整个演唱行为似乎没有违反著作权法规定，那么集体管理组织又凭什么向它们收取费用呢？

类似的问题，还包括饭店播放背景音乐，饭店自己合法购买正版音乐光碟，然后播放，版权集体管理组织又凭什么向其收费呢？

这里所有的收费，都与机械表演权存在紧密联系。固然，KTV所使用的所有音乐都是正版的，但如果是放在家里自娱自乐，没有任何问题，但如果作为经营使用，一定会存在向公众播放作品的表演的问题，而这正是机械表演权的范畴。机械表演权归作者所有，作为音乐作品则属于作词作曲人，理应征得作者的同意并向其交付费用，因此这里的KTV收费实质就是音乐作品的机械表演权的费用。

因此，在KTV演唱庞龙的《两只蝴蝶》时，有权收取机械表演

---

① 《著作权法（修订草案送审稿）》第13条第3款第5项。

权费用，应当归《两只蝴蝶》的作者，即词曲作者；至于演唱者庞龙，他没有机械表演权，自然也就没有权利收取费用。实践中，词曲作者自然不会亲自向KTV厅收取费用的，这一过程是由版权集体管理组织完成的，而这收费的依据就是著作权法中的机械表演权。

在KTV中，MTV作品也被广泛应用。MTV融合了音乐、文字、画面为一体的类似电影作品，MTV作者对MTV享有版权，其中有一项重要的权利为放映权。在涉及MTV作品时，向KTV收费的依据便是著作权法上的放映权了。

KTV收费过程中，一方是作者，另一方面是KTV经营者。作者想要钱，KTV又不愿意给钱。因为经营者已经习惯了不给钱。2010年的时候终于上演了关于机械表演权的战役。2010年，身为作者代言人的的中国音乐著作权协会（以下简称"音著协"），就将北京某娱乐公司告上法院，主张58万元的赔偿。这也是音著协起诉KTV主张表演权收费的首个案例，此战之后便一发不可收拾。为此，音著协还专门出台了《收费标准》，根据这个收费标准，收费多少主要取决于两个因素：一是单位面积的收费；二是经营场所的总面积。这里单位面积的收费，与经营场所的性质是有一定关系的，咖啡厅类的经营场所，其单位面积收费要高一些，像商场这样的经营场所收费要低一点。总的算下来，一个不足百平方米的咖啡厅每年至少近千元，一个大的商场算下来可能达百万元。当然对于收费标准是否科学、有效，这些问题有待讨论。

与此同时，收费的流程管理同样值得完善。这里真正有权收费的，是音乐作品的作者或者电影作品制片人，著作权集体管理组织，仅仅是作者的代言人而已，如何能够保障最终的收益到了作者的口袋，也是一个特别值得关注和研究的问题。

第八节　广播权与信息网络传播权：两权混战

一、广播权

广播，这个概念，大家一定不会陌生。1906年，在美国的马萨诸塞州，人们第一次听到了无线电台广播的声音。在我们小的时候，听广播可能是生活中的极其重要的乐趣之一了。即便今天在那些偏远山区，广播依然在人们生活中占有重要地位，在城市汽车驾驶时广播依然成为人们接收信息的重要方式（见图9）。

图9　收音机

理解了广播之后，你也就基本了解了"广播权"。广播权从本质上属于传播作品的一项权利，但它的传播方式是极其特殊的，即通过无线电波的方式传播作品，如果这样做就需获得作者的授权。

最早的广播权的概念，出现在1948年签订《伯尔尼公约》的布鲁塞尔会议。其实"广播权"属于传播作品的一项权利。它有两项特征：第一，它的传播方式是"电磁波"；第二，信号发射方与接收方之间没有任何介质。根据《伯尔尼公约》及《指南》对广播权的解释，广播涉及通过电磁波发送信号，并包括所有类似的发送方法，要点是发射天线和接收天线之间没有任何介质。因此，"无线""电磁波""没有介质"这些关键词也就成为诠释"广播权"最好的名词，而它与其他的传播方式相比较，区别也在于此。那种在信息发射方与信息接收方加上一根电线的有线传输方式被完全排除在广播权的范围。

当然，还可以从更加广泛的意义上理解广播权。它不仅包括广播传输，还包括电视传播。如果说1948年"电磁波"还只能传输广播信号，但随着科技的发展，电视走进了千家万户，电视信号也是通过"电磁波"的方式传输。所以，当你通过电台收听评书《鬼吹灯》的时候，涉及广播权的问题，而当你通过电视收看《鬼吹灯》电视节目的时候，同样涉及广播权的问题。因为这种传输方式同样符合《伯尔尼公约》中"广播权"概念：第一，采用无线电磁波的信号传输；第二，发射方与接收方之间没有任何介质。因此，电视的出现并不影响对广播权界定，因为它从本质上依然是一种无线传输方式。

在无线传输初期，信号发送方与接收方不能太远，否则信号很弱。但卫星的出现彻底解决了这一问题，中央电视台将信息发送后由卫星接收信号，然后再由卫星发射出去由接收方接收。有了卫星的参与，信号的传输更远、更强大！卫星的出现，引发了对"广播权"概念的讨论和争议。对广播权最初的解释是，它是一种无线传输，并且在发送装置与接收装置之间没有任何介质。而卫星的参与，这中间产生了所谓的"介质"，那么传统的广播权概念是否需要修正呢？包括世界知识产权组织总干事在内大部分专家认为，卫星广播只是让电磁波的传输更加广泛和方便，并没有改变广播的方式，因此，这仍然属于广播权的范畴。WPPT（《世界知识产组织版权公约》）更是对广播权做出明确的规定，并将卫星广播纳入到广播权的范围。

在版权体系中，很多权利都涉及作品的传播，包括表演权（现场表演与机械表演）、放映权（放映电影）、展览权（展览美术作品）等，都属于传播作品的权利。但是，这些权利与广播权的本质区别就体现在"电磁波的无线传输"这一点上。首先，表演权，无论是现场表演还是机械表演，都不存在"电磁波无线传输"的问题；其次，放映权不存在"电磁波无线传输"的问题；再次，展览权也不存在电磁波无线传输的问题。上述权利从本质上让受众在现场感受作品，但广播权是让受众在现场之外感受作品。因此，在学理上，也把"表演权""放映权""展览权"归属于现场传播作品的权利，而把广播权称为非现场传播作品的权利。

因此，"电磁波的无线传输"也就成为广播权的本质所在。所以，可以明白，如果在电影院播放电影的情况下，它所涉及的是放映权的问题；如果当它在中央电视台《电视频道》播放的时候，它所涉及的便是"广播权"的问题。

这里有一个奇怪的现象，既然"电磁波的无线传输"是广播权的本质，为何在"广播权"概念中还有关于"有线传播"的概念，这到底是怎么回事？甚至在家里收看有线电视的时候，其所涉及的依然是广播权的问题，这让很多人有些搞不清楚了。

要真正了解广播权中"无线传输"与有线传输的关系，有必要梳理一下信号传输流程。举个例子，现在家里大多安装了"有线电视"，你会发现装了"有线电视"，电视特别清楚，而且还能多看好多电视台，如果没有装有线电视，也能看，但节目不多而且信号不好，这是为什么呢？中央电视台发送了信号之后，当地的电视台接收装置接收到信号，这还主要是无线传输的方式，但为了更好地传输信号，地方电视台在接收到信号后，再通过有线的方式（主要是光缆）入户到家，将信号以有线方式传输到每家每户，准确地说，当下我们收看电视机，它所采用的传输方式为无线加有线的方式。无线传输依然是其本质特征，有线传输只是将接收到的信号更好地传输给家庭使用。

因此，紧紧把握"广播权"无线传输的特征，你可以理解，在只有信号无线传输的情况下，这属于广播权的范畴；在无线传输外加有线传输的情况下，这依然是广播权的范畴。但如果缺少了无线传输，只有有线传输，这无论如何不属于广播权的范畴，比如有些校园广播，在广播室里播放音乐，然而通过大扩音器响彻整个校园，整个过程完全是有线方式完成，不属于广播权的范畴，而应划归机械表演权的范畴。

二、信息网络传播权

当你在互联网上查阅文章或者观看电影的时候，会涉及"信息网络传播权"问题，即以无线或者有线方式向公众提供作品，使公众可以在其个人选定的时间和地点获得作品。[1]

互联网络传播信息的方式通常存在两种方式：一个是无线方式；另一个是有线方式。"有线"或"无线"这也符合你上网的特点：每到一个地方，时常会问有WiFi吗？这是一种无线的方式；而坐在家里（当光纤电缆将信号入户）将水晶头插入电脑上网时，所采用的就是有线的方式。

前面提到广播权，它以一种"无线传输"的方式传播作品，而

---

[1] 《著作权法》第10条第1款第12项。

这里的信息网络传播权，也有可能是通过"无线方式"来传输的，二者之间会有怎样的区别呢？一个直觉的认识是，如果一部电影在电视上播放，就涉及广播权；但如果在互联网上传播，则涉及"信息网络传播权"。

那么广播权与信息网络传播权的本质区别又在哪呢？电视本身又可以上网，网络上又可以看电视，那么，是不是广播权与信息网络传播权不再有区别了呢？当然不是，二者的区别在于"单向式"传播还是"交互式"传播，广播权属于单向式传播，受众只能按照播放的时间接收信息；但信息网络传播权属于交互式传播，公众可以随时在网上点播作品内容。

三、网络电影：广播权还是信息网络传播权

《奋斗》影片的版权纠纷就体现了广播权与信息网络传播的重大区别。[1]该案中，原告宁波成功多媒体通信有限公司（以下简称宁波成功）买断了影片《奋斗》的信息网络传播权，被告北京时越网络技术有限公司（以下简称北京时越）在互联网上播放该影片，但规定用户只能在特定的时间观看。后来，原告方以侵犯信息网络传播权为由将被告方诉至北京市海淀区人民法院。海淀区人民法院认为，互联网用户通过被告方网络能够观看该电视剧的内容，即使被告方播放方式系定时定集播放，未经许可的在线播放行为亦侵犯了宁波成功享有的信息网络传播权。北京时越不服一审判决向北京市第一中级人民法院提起上诉，二审判决维持了一审判决。未经授权的情况下，被告方将电影放在互联网上供用户观看，这的确有侵权

---

[1] 北京市海淀区人民法院民事判决书（2008）海民初字第4015号。

之嫌，只不过，需要分析被告播放的形式，到底是广播，还是互联网络传播？事实上，在该案中，被告系采用广播的形式，即让用户在指定的时间观看电影；而并非是随时点播观看电影，因此被告行为并不属于信息网络传播权的范畴。该案中的原告只是买断了信息网络传播权，并未买断广播权，所以原告方也就不具有诉讼主体资格，但法院在这一案件中混淆了广播权和信息网络传播权，判决原告胜诉。在另一起北京时越因《霍元甲》被诉的案件中，法院则没有直接认定北京时越侵犯了原告方的信息网络传播权，而是以北京时越侵犯了原告方"通过有线或无线的方式按照事先安排之时间表向公众传播、提供作品的定时在线播放的权利"判决北京时越败诉。两种不同的判决方式从一个角度折射了关于信息网络传播权的争议。

四、避风港规则：从疯狂的石头说起

当一部作品（电影或图书）被非法上传到网络的时候，这属于信息网络传播权侵权，上传者要承担侵权责任，问题在于，原告方一般难以找到上传者。于是，原告方就把目光转向网络服务提供商，如视频网站抑或是提供搜索服务的搜索引擎，如百度。问题就在于，在这种情况下，网络服务提供商[①]是否要承担"信息网络传播权"的侵权责任呢？

这里，不妨通过《疯狂的石头》这一信息网络传播权的侵权案

---

① ISP的英文是Internet Service Provider，翻译为互联网服务提供商，即向广大用户综合提供互联网接入业务和增值业务的电信运营商。一般而言，ISP并不向用户提供内容服务。ICP的英文是Internet Content Provider，翻译为互联网内容提供商，即向广大用户综合提供互联网信息业务和增值业务的电信运营商。国内知名ICP有新浪、搜狐、163等。

件来解析网络服务提供商的法律责任。2007年4月,原告方新传在线信息技术公司将土豆网告上法庭。原告称被告在未经原告许可且未支付报酬的情况下,通过"土豆网"向用户提供电影《疯狂的石头》的在线播放,侵害了原告《疯狂的石头》的信息网络传播权。故请求法院判令被告停止侵权行为、赔偿原告经济损失人民币15万元。

作为土豆网,它的抗辩理由是,内容是由用户提供的,它本身并不提供内容服务,即使涉及侵权问题,自己也应免责。在百度作为侵权被告的诸多案件中,类似的抗辩也被反复适用,百度习惯于主张自己仅是一个搜索引擎,搜索到被告上传的侵权作品,这纯粹是一个技术算法的问题,而自己是没有过错的。的确,在互联网海量信息下,让网络服务商去审核所有网络信息,这是不现实的,也是不可能的,网络服务提供商是否可以据此抗辩而完全免责呢?

于是,在这种情况下,著名的解决网络服务提供商侵权问题的重要原则——避风港原则应运而生。避风港原则让网络服务商在一定程度上可以引用该原则为自己免责,故而称为"避风港原则"。然而这一原则强调,网络服务商需要对于侵权内容勤勉审核才可免责,如果有证据表明,网络服务商能够审核却视而不见,仍然应当承担侵权责任,因此这一原则又被称为"红旗原则"或"鸵鸟原则"。简言之,如果侵权行为像"红旗"一样迎风飘扬,而网络服务商却像"鸵鸟"一样把脑袋深深扎入沙中视而不见,则需要承担侵权责任。

我国2006年7月1日颁布实施的《信息网络传播权保护条例》(以下简称《条例》)第22条和第23条也明确规定了信息网络传播权领域的"避风港原则",并且对于网络服务提供商适用"避风港原则"设立了更加明确的条件。适用避风港原则,应遵循"四不条件",即"不收费""不改变""不知道""不消极"。①

1. 不收费

未从上传作品中直接获得经济利益；这里的核心关键词在于"直接获得"经济利益。

如果网站从上传的作品中直接获得经济利益，便无法再主张"避风港原则"。"豆丁网"最开始的营利模式就是由公众自己上传各种文章，用户可以免费观看，如果下载就需要支付10元钱。这就属于直接获得经济利益。如果文章侵权，原告方将"豆丁网"一并起诉的话，它便无法主张避风港原则为自己免责。

这里的"不得直接获得经济利益"，关键还在于"直接"二字。其实，网站上的任何作品都或多或少会与经济利益有关，但避风港原则要求的是不得"直接"获得经济利益，如果不是直接，而是间接地，或者变相地获得经济利益不阻碍避风港原则适用。

以"土豆网"为例，公众可以在上面上传视频，用户在观看视频时会有广告，显然视频网站不是直接通过作品收费，而是通过广告收费，这也是当前视频网站主要的营利模式，这属于间接获得经济利益，并不属于直接获得经济利益，这种情况下，视频网站仍然可以主张避风港原则。

这里的"从作品中直接获得经济利益"，主要包括两种情况，一是直接从作品提供者那里收费，如果某视频网站接受某视频广告发布，并收取广告费用，这属于直接获利。二是从观众那里收费。如果某网站视频是收费观看的，网站属于直接从观众获利。

2. 不改变

所谓不改变，是指网站没有改变公众提供的作品；如果网站修改

---

① 《信息网络传播权保护条例》第22条、第23条。

了作品本身，并且还对其进行了加工，就足以表明网站知道这部作品，如果作品涉及侵权，网站无法再适用避风港原则为自己免责。

3. 不知道

所谓不知道，是指网站不知道也不应当知道作品系侵权作品。这里的"不知道"，是适用避风港原则的关键所在，网站一般可以举证自己"不收费"，也可以举证"不改变"，但最难的是，它要举证自己不知道也不应当知道其网站上的作品系侵权作品，一般情况下，法院也会综合各种因素作出最终判断。

我们来看一个案例，以理解怎么判断是否"知道"。POCO电影网站引导用户下载电影《七剑》，从而引发版权纠纷。该案中，被告方POCO电影网站主张其为善意的，不知道用户上传了盗版影片，自己作为网络服务商，应当根据避风港原则，获得免责。法院审理后则认为，当影片热播期间，作为热播影片上传到网站，理应意识到这是一个盗版影片，道理容易理解，作为热播影片，制片人无论如何也不可能将其放在网站上。不仅如此，网站还专门制作了广告吸引用户下载，存在明显过错，不能认定为主观善意。POCO电影网站无法适用避风港原则让自己免责。

4. 不消极

网站在接到权利人的举报通知后，应当及时删除权利人认为侵权的作品。这也是适用避风港原则的一个重要条件。如果网站收到了权利人的举报通知，举报其网站上的某个电影或者文章系侵权作品，网站应当及时删除，如果网站怠于删除义务，不得适用避风港原则。

在删除举报问题上，还存在恶意举报的问题。张三系一名作家，他向某网站投稿，刊发网络文章，后来他发现每次在网上发表文章后都被删除，后来才知道，他的一位仇家向该网站投诉，说张三的文章涉嫌侵权，要求网站删除其文章，显然这属于恶意删除。但为了适用避风港原则，网站只有删除，因此，在"删除"问题上，一方面要保障举报人的利益，另一方面也要防止恶意删除的情况。

所以，在删除问题上，《条例》第14条、第15条、第16条还制定了相对完善的删除程序，以尽可能避免"恶意删除"。当网站接到了侵权投诉者的举报，说张三的文章涉及侵权的时候，根据《条例》，网站应当立即删除，但网站应当将删除通知转发给张三，如果找不到张三的，就需要在网站上将删除通知进行公示。张三在收到删除通知后，他也有一个权利，那就是提交不侵权证据，如果张三一旦提交了不侵权的主张和初步证据，网站必须恢复被删除的内容。此时，举报者不得再要求网站删除，而只能是向法院提起诉讼。

第九节　翻译权：信奉信、达、雅

翻译，作为大家看世界的眼睛，让丰富多彩的思想和文化在全世界范围内流动和分享成为可能。想必大家都通过翻译读过很多名著，看过很多电影。法学研究的早期工作也是把别国的法律和法学研究书籍翻译过来，当然咱们已经过了主要翻译国外作品的阶段，现在也有很多将国内作品翻译成外语的情况。比如《甄嬛传》，就被翻译成英文在国外播出。那么如果将中文小说翻译成英文小说，或者中文电影翻译成英文电影，是否应该征得作者的同意呢？答案是肯定的，其原因就在于作者享有翻译权。翻译别人的东西，除了外语好，还需要得作者的授权。如何理解翻译权中的"翻译"？

有人说翻译类似于改编，但改编需要改变原作内容、体裁、作品类型，但翻译后的作品，它与原作内容是相同的，只是文字不同而已，如一个是中文，一个是英文或者其他语言，因此翻译不同于改编。

有人说翻译类似于修改，修改体现的是对作品内容的改变，固然这种改变不会产生的新作品，而翻译并不改变作品的内容，并且翻译奉行的"信、达、雅"的翻译准则首要的就是"信"，即忠实原文，所以翻译不等于修改。

翻译不同于改编，翻译不同于修改。有人说，翻译类似于一种复制，一种语言与语言之间的复制。复制品是没有任何独创性的，但翻译过程中，不同译者对同一作品的翻译是不同的，因此翻译过程中是有独创性的，所以它也不等同于简单的复制。复制者对复制品是不可能有版权的，因为没有独创性，但译者对翻译作品却有版权，因为这一过程体现出独创性。

翻译就是翻译。它不是改编，不是修改，不是复制，它是就同一作品内容在不同语言之间进行转换。这种转换彰显译者的独创性，因此翻译后的作品可独立享有版权。

翻译是不同语言之间的转换。这里的不同语言包括盲文吗？

在一个盲人学校，一位老师把文字版的《故事会》改写成盲文版的《故事会》，让盲人学生也能"阅读"到《故事会》中的内容。后来，其他学校也将盲文版故事会大量制作和复印，这是否侵犯了那位盲人老师的权利呢？这里需要讨论的问题有两个：第一，老师制作盲文版的《故事会》，这算什么？翻译，还是复制？第二，未经同意，其他学校复制这位老师的盲文《故事会》算侵权吗？

如果这里不是制作盲文，而是其他任何一种外文，一切都会变得简单。毫无疑问，如汉语转化为外文，这属于翻译。翻译作品就需要征得原作作者的同意，否则视为侵权。翻译后的作品也具有版权，使用翻译作品，需要征得翻译者的同意。然而，这里不是普通的翻译，而是将汉语转化为盲文，它算翻译吗？

盲文或称点字、凸字，是专为盲人设计、靠触觉感知的文字。透过点字板、点字机、点字打印机等在纸张上制作出不同组合的凸点而成。[①]它是由法国盲人路易·布莱尔于1824年创造的，故国际上通称为"布莱尔（Braille）"。

图10　盲文

因此，将汉字转化为盲文，这是具有一一对应关系的，这并不需要转换人员的创造性，在这一点上，它与机械复制无异。

老师将汉字的《故事会》转化为盲文，在本质上属于一种复制，它本身是没有独立版权的，也就不存在别人侵犯他版权的问题。但汉字版的《故事会》却是有版权的，若将汉字版的故事会转

---

① 一般每一个方块的点字是由六点组成，左侧从上到下为123，右侧为456，叫一方。

化为盲文，原则上讲还需征得原作者的同意。当然，对于像《故事会》这样的公开出版物，将它制作成盲文，可以主张著作权法上的合理使用。①

第十节　或将消亡的版权

前面讲了版权中比较重要的几项权利，事实上，一个版权有多达16项权利，权利与权利之间又有交叉，事实上，无论是对权利人、利益相对方还是监管者、裁判者，都面临着困惑。着眼于著作权法长远发展，权利的整合又是大势所趋。

一、表演权涵盖放映权

还记得小的时候村里面总是组织活动公映电影，没有其他的文娱活动，看电影也就成为童年最有趣的事情了。从来没有想过，电影公映还会存在法律问题，这里要说的就是著作权法中的放映权问题。

长大了坐在飞机或者长途汽车的时候，同样也会碰到飞机上或者车上会播放电影的情形，这里依然涉及著作权法上的放映权问题。

根据著作权法的规定，利用技术设备再现电影作品，这属于放映权的范畴。放映权与机械表演权很像，事实上，除了电影作品之外的其他作品，如果采用类似的方法播放的话，其实就是机械表演权的问题，只不过，著作权法为电影作品设置了一个专门的权利，即放映权。

---

① 《著作权法》第22条第1款第12项。

为电影作品设置放映权，这不是《著作权法》的专利，许多国家和地区的著作权法都有类似规定，如日本著作权法[①]、英国著作权法[②]、中国台湾省"著作权法"[③]等。此外，美国、法国、意大利等国从表演权的角度规定了电影作品的放映问题。除了电影作品，我国著作权法中的放映权还保护美术作品和摄影作品。[④]德国著作权法也有类似规定。

这样，放映权保护的作品仅限于美术作品、摄影作品和电影作品三种类型。所以，在我国，当电影被公开放映后，权利人可以主张放映权保护；当美术作品被公开放映后，权利人可以主张放映权保护；同样，当摄影作品被公开放映后，权利人也可以主张放映权保护。然而与这些例子相类似的其他例子出现时，权利人却无法再主张放映权保护，如当歌曲通过放映公映在屏幕上的时候，作者无法主张放映权保护。

虽然《著作权法》规定了放映权保护三种类型的作品，显而易见的是，电影作品的放映权，保护价值最大，因为这是电影作品营利的主要方式，至于美术作品和摄影作品的放映权，一般应用和争议较少。

但是从电影公开放映的性质看与机械表演是无异的。将这三类作品的机械表演单独界定为放映，容易和机械表演混淆，产生法律

---

① 日本著作权法第26条之一中规定："著作人享有公开上映其电影著作物或颁布其复制品的专有权"。
② 英国著作权法第19条中规定："公开播放或放映作品是录音、影片、广播或电缆节目之版权所禁止的行为。"
③ 中国台湾省"著作权法"第25条规定："著作人专有公开上映其视听著作之权利。"这里的"视听著作"一般指电影类作品。
④ 《著作权法》第10条第1款第10项："放映权指通过技术设备使公众感知到美术著作、摄影著作、电影著作或科学技术种类的各种表现形式的权利。放映权不包括使公众感知到电台播放的这类著作的权利。"

适用的困惑与混淆。借鉴美国、法国、意大利的实用主义做法，在著作权法完善的过程中，也可以将放映权并入表演权当中一并规定。

一旦放映权被表演权吸收，著作权法也将重构表演权的内涵和格局，表演权扩张放映权消失或许是版权未来的变革方向。[1]

放映权或将成为历史，但并不意味着这项权利的内容真的消亡了，这更不意味着电影可以肆无忌惮地公映。将放映权的权利内容并入"表演权"后，类似情况将由表演权予以规范。

二、改编权涵盖摄制权

说到著作权法上的摄制权，典型的是摄制电影，把一部小说拍成电影，这就是典型的摄制。引用著作权法上的话，所谓摄制权是指导采用摄制电影的方法把作品固定在载体上，[2]至于何为"载体"？在传统条件下指的应当是胶片，数字化时代它指的应当是数字存储设备。

摄制权也带来了这样一个问题，电影投资方或者说制片人，要把莫言的小说《红高粱》拍摄成一部电影，他至少要从作者那里拿到几项权利？

第一，改编权，即把小说改编成剧本。没有这项权利，就不能把小说改成剧本。

第二，摄制权，把剧本拍成电影。没有这项权利，就不能把剧本拍成电影。

---

[1] 《著作权法（修订草案送审稿）》第13条第3款第5项。
[2] 《著作权法》第10条第1款第13项。

第三，放映权，将拍好的电影通过设备公开播放。放映权的应用场景是现场放映，典型的就是在电影院看电影，所以这项权利是每个影院最关注的权利，没有它，现场放映或将违法。

第四，播放权，通过无线方式播放。典型的就是电视播放，电视台最关注这项权利，没有它，电视播放或将违法。

第五，信息网络传播权，通过互联网进行传播。如果说播放权是单向的，比如电视播放，用户观看是不能选择时间的；那么，信息网络传播权则是双向互动的，用户可以选择时间观看节目，典型的像优酷、土豆等视频网站，它们最关注信息网络传播权，没有它，网络播放或将违法。

第三、第四、第五项权利真的很重要，但作为电影投资方却不需要单独购买。为什么？在回答这个问题之前，需要先厘清一个关系：放映权、播放权、信息网络传播权，这几项权利到底是谁的？是作家莫言的，还是电影版权人的？显然，是电影版权人的。莫言虽然是《红高粱》的作者，但他并非电影作品的版权人，所以，电影投资方无需从作家手中购买上述权利。

电影投资方只要购买了改编权和摄制权，当电影拍摄完成后，电影投资方自然也就拥有了放映权、播放权、信息网络传播权。接下来的事情便是影院、电视台、网站等机构要与电影投资方之间签订协议了，而他们需要从电影投资方那里购买的恰恰就是放映权、播放权、信息网络传播权。

事实上，这里的摄制权其实就是改编权，摄制也是改编的一种方式，只不过著作权法为了强调从文字到影像的过程单独将其列为一项权利而已。这个强调却经常带来困惑，很多电影投资方都抱怨弄不清改编和摄制的区别，他们说拍电影不就是改编吗？前面也讲到，《芈月传》等案件的争议也是聚焦在改编权上，从简化权利的角度，完全可以将其纳入改编权范畴，这样，电影投资方只需要购买改编权即可。在著作权法完善的过程中摄制权或将消亡。

三、复制权涵盖汇编权

著作权法上的汇编权，是将作品汇编到一起的权利。我们所看到的报纸、阅读的期刊，都属于汇编作品，报纸中的每一篇文章都有独立的作者。每一篇文章的作者对自己的作品享有版权，其中就包括汇编权，即允许报刊、杂志社将他（她）的作品与其他作品汇编到一起的权利。

显然，这里的汇编权显得有些多余，汇编权的问题完全可以通过复制权和发表权解决。汇编权单独于复印权和发表权，容易产生混淆。

2017年3月，关于《傅雷家书》的版权争议一案在北京市海淀区人民法院开庭审理。傅雷之子傅敏认为，台海出版社擅自出版《傅雷家书》，并通过中关村图书大厦销售，严重侵犯其著作权，因此将出版社和图书大厦告上法庭，要求停止侵权、赔礼道歉，并赔偿经济损失近40万元人民币。傅雷是中国当代著名翻译家，《傅雷家书》是傅雷夫妇自1954年至1966年期间写给儿子傅聪和儿媳的家信，由次子傅敏编辑而成。

傅敏诉称，他是傅雷著作财产权的合法继承人，台海出版社未经许可擅自出版《傅雷家书》，内容和编排上与傅敏汇编的《傅雷家书》版本高度相似，侵犯了傅敏汇编作品及傅雷书信的著作权。

法院判决认为，台海出版社侵犯了傅敏对原告图书汇编作品享有的署名权、复制权、发行权，对其撰写的《编后记》享有的复制权、发行权，对傅雷书信享有的复制权、发行权等权利。

这份诉讼没有从汇编权的角度来提起，判决亦是从复制权、发行权的角度来分析侵权与否。事实上，报社或出版社要出版作者的文章，只需要得到作者复制权和发表权的授权即可。这种处理方式逻辑更简单、清楚，诉争也会更加聚焦和直接。有了复制权和发表权，汇编权其实形同虚设。

四、整合修改权与保护作品完整权

现有著作权法设立了修改权，即修改作品的权利；同时，著作权法还设立了保护作品完整权，即保护作品不受歪曲、篡改的权利。《著作权法》所规定的保护作品完整权来源于《伯尔尼公约》第6条之二的规定，即作者享有"反对任何曲解、割裂或以其他方式窜改该作品，或与该作品有关的可能损害其荣誉或名誉的其他毁损行为。一般认为，修改权与保护作品完整权说的是同一回事，只不过是角度不同，修改权是正向规定，说的是作者可以修改的权利；保护作品完整权是反向规定，说的是作者可以禁止他人进行修改的权利。所以，两个权利留一个，同样可以达到规范的目的。[①]

根据学者何隽做的一份统计分析，166个案例中，88位原告提出被告侵犯其修改权，同时提出侵犯保护作品完整权和修改权的为87件，即99%的权利人在认为被侵犯修改权时都会同时认为其保护作品完整权也被侵犯。[②]也可以看出在权利人的心中修改权和保护作品完整权是紧密关联的。当然也有观点认为侵犯修改权不一定侵犯了保护作品完整权，此观点嵌套的逻辑是保护作品完整权是以毁损名

---

① 《著作权法（修订草案第3稿）》。
② 何隽. 166个保护作品完整权案例的实证评析[J]. 中国版权，2008（4）.

誉、曲解直接相关的。事实上，侵犯修改权也可能导致这些后果。

把修改权和保护作品完整权区分开来，一是和一般的立法逻辑不一致，权利通常正向描述，少见从正反两个方面同时赋权，你说有名誉权，还会规定保护名誉不受损权吗？二是从实务来看，对权利人而言，需要从正反两个角度主张自己的权利，举出自己的证据，逻辑上经常陷入混乱，他主张两种权利的证据和论理通常都是一致的。为了从立法上和实务上解决这种混乱，也有必要整合两种权利。

第七章 合理使用与法定许可：版权战争之盾

你想不惹上官司，不沾上麻烦，那么好好运用合理使用和法定许可这两种制度吧！否则，随手发个朋友圈可能就要吃上官司。

COPYRIGHT WAR

> 在版权战争中，权利人可以以一系列权利为武器攻城略地，获取自己的利益。而使用作品的人通常会拿合理使用和法定许可来捍卫自己的利益。

第一节 合理使用

在整个著作权法中，合理使用制度举足轻重。构成合理使用的，使用作品就可以不经过作者的同意，而且不需要支付任何报酬。在版权战争中，原告方总是会慷慨陈词，诉说被告方如何侵权。守方呢？它会千方百计寻找合理使用条款来为自己免责。如果说，版权保护为版权战争之矛，那么合理使用即为版权战争之盾。

关于合理使用，英美法系和大陆法系的立法模式不同。在英美法系国家，尤其是在美国，法律条文只是列举性地提到一些合理使用的情形，如评论、批评、教学、学术、研究等，至于具体的合理使用情形则交由法院在司法实践中界定。大陆法系国家，一般会在法律条文中尽可能全面地规定合理使用情形，法院只是在法律规定的范围之内予以解释，法院不能在法律之外创设合理使用的特例。这里，就以《著作权法》为蓝本来说明版权战争之盾。

一、非商用与合理使用

合理使用的概念虽然已包括在多个国际公约如《伯尔尼公约》《与贸易有关的知识产权协议》《世界知识产权组织版权条约》内，但公约中对适用特定情形并未作出界定，而交由成员国自行规定。学界对此也有争议。

根据《著作权法》规定，为个人学习、研究或者欣赏，使用他人已经发表的作品，可以主张合理使用。[①]该条的立法目的，显然是为了促进文化传播。比如，为了考研目的，复印某位教授的书籍；或者为了自娱自乐，在自己家中演唱歌曲都属于典型的合理使用。

理解该条要把握两点：（1）非商用目的，并且限于为了个人学习、研究或者欣赏的目的；（2）已发表的作品，一部手稿《新天龙八部》尚未发表，不得主张合理使用。

在《著作权法》修改的过程中这一条被修改为："为个人学习、研究，复制他人已经发表的文字作品的片段。"[②]与此前相比，可以看出有两点显著变化：第一，去掉了"欣赏"的合理使用，目的仅限于"学习"和"研究"。对于除了学术目的之外的娱乐目的或将无法主张合理使用。第二，仅限于"文字作品的片段"，那除了文字作品之外的其他作品呢？或将无法主张合理使用。比如，在音乐会上用手机录制音乐，或者用录音笔录制老师授课内容，以及在电影院录制电影的行为，都将难以主张合理使用，因为上述作品都不属于文字作品。当然，针对文字作品还是可以合理使用的，但仅限于"片断"，如为了学习目的复印资料，如果仅仅是复印片段是可以的，但如果整本复印仍可能被视为侵权。这一点也是和英美国家接轨的。之前有朋友跟我抱怨，出国留学的时候书太贵，于是借了几本书去复印社复印，老板告知不能整本复印，否则构成侵权。大家在考司考等很多考试的时候经常使用复印教材，要是《著作权法》修改后，整本复印可能就不大好操作。

显然，按照调整之后的著作权法，合理使用的范畴将被极大缩

---

① 《著作权法》第22条第1款第1项。
② 《著作权法（修订草案送审稿）》第43条第1款第1项。

| 第七章 | 合理使用与法定许可：版权战争之盾

小。关于合理使用的概念，由于没有绝对共识和统一规定，所以其实是与一个国家的经济、文化、社会等多种因素决定的。之所以要调整合理使用的范围，也是我国经济文化水平及知识产权保护水平不断提高的结果。以前你拿本书去复印，法律就睁只眼闭只眼了；你拿蒙娜丽莎的复制件去开个品鉴会，法律也拿你没办法。以后就可能不行了。

是否属于合理使用，判断起来有时候是很困难的。美国法院曾指合理使用是"整个著作权法领域最大之麻烦"。

再以短信（微信）转发是否属于合理使用为例，每逢春节都会收到朋友们的信息，遇到好的，再转发出去，这似乎已是司空见惯，这是侵权还是合理使用呢？

首先，手机短信、微信有没有版权呢？这是讨论侵权问题的前提。不可否认，很多短信、微信是没有版权的，如"你吃饭了吗？"等诸如此类的短信、微信都不属于我们讨论的范畴。其实，像这一类的短信、微信，因为欠缺独创性，不仅没有版权，一般也不存在转发、刷屏的问题。这里要讨论的是，那些有版权的短信、微信。

有人会想到合理使用的问题。根据规定，基于"学习、研究、欣赏"的目的，复制他人作品为合理使用。如果是公众微信号等平台转发，逃不脱商用的嫌疑，主张合理使用困难。问题是，即便是个人的短信、微信转发，也似乎很难和"学习""研究""欣赏"联系在一起，所以，也很难用合理使用来作出有效解释。那是否意味着这种转发是一种侵权行为呢？也不尽然，默示许可的理论可以作出有效解释。比如，转发春节祝福短信、微信时，发送者编辑好后发送给他人，其虽未注明此转信可以转，基于默示许可理论，可以推断出，发送者允许接收者再将信息发送出去。故而，该行为不属于侵权。

二、借鉴与剽窃

根据《著作权法》规定，"为介绍、评论某一作品或者说明某一问题，在作品中适当引用他人已经发表的作品"，属于合理使用。[1]其实，在写文章时经常会引用别人的著作或者文章，这种引用大都属于合理引用，这是著作权法允许的，它属于合理借鉴的范畴。

某些特殊的情况下，我也曾看到，有些文章通篇"引用"他人文章，这就需要在抄袭和借鉴之间进行区分了，像那种没有自己观点和独创性，完全是"引用"别人的内容的文章，怕是属于抄袭了。

至于说，引用多少，10%还是30%，才算是合理引用？法律上很难有一个清晰的量化标准。文化部曾试图作出量化，曾于1985年1月1日颁发的《图书、期刊版权保护试行条例实施细则》指出，"凡引用一人或多人的作品，所引用的总量不得超过本人创作作品总量的十分之一"。不过，该规定已被废止了。的确，判断一部作品的独创性是一个十分复杂的工作，引用部分是服务于作者独创性的，是为了观点更加鲜明，更加有说服力，至于说引用多少才算合理，只能是个案分析了。

法官会在个案中自由裁量，对合理使用的边界作出判断。为了能让这种裁量更具指导意义，还有必要进一步规范，"引用部分不得构成引用人作品的主要或者实质部分"[2]。

2014年至2015年一度沸沸扬扬的琼瑶诉于正案是一个区分剽

---

[1] 《著作权法》第22条第1款第2项。
[2] 《著作权法（修订草案送审稿）》第43条第1款第2项。

窃与借鉴的较好案例。2014年5月28日，琼瑶向北京市三中院提起诉讼称，于正未经她的许可，擅自采用《梅花烙》的核心独创情节，改编创作电视剧本，并联合其他4方被告共同摄制了电视连续剧《宫锁连城》并播出，严重侵犯了她的改编权、摄制权。诉由是改编权和摄制权，核心却在于于正是否抄袭。琼瑶方出示了《梅花烙》原著、剧本摘录、权利声明书、《宫锁连城》的剧本、完整样片、《梅花烙》的人物关系图谱，又将《宫锁连城》的人物关系图谱、故事情节与《梅花烙》相比较，以证明《宫锁连城》抄袭了《梅花烙》。于正方则辩称，于正借鉴的是公有领域的一个材料，相关情节在很多作品中都存在的，绝非仅仅是《梅花烙》所有。琼瑶所主张的21个桥段，在包括《雍正王朝》《红楼梦》《京华烟云》等作品里都出现过。北京市第三中级人民法院一审判决琼瑶胜诉，于正方不服提起上诉，2015年12月18日，北京市高级法院作出二审判决，驳回于正方上诉，维持原判。判决书详细论述了借鉴和抄袭的关系：在侵害改编权的案件中，认定是否侵权的基础前提是判断改编行为、改编来源关系是否存在。为查证这一基础事实，可以选用的方法通常是前后两作品进行内容比对，基于相似的表达性元素来判断两部作品是否存在著作权法意义上的关联性，这一关联性是指，在作品表达层面，在先作品与在后作品之间是否存在着创作来源与再创作的关系。同时，就受众的欣赏体验而言，如果构成改编，则往往能够产生"两部作品近似或在后作品来源于在先作品的"的感知。而借鉴既可能是指单纯利用思想而非表达的行为，也可能是指合理使用。至于何种行为是侵权，何种行为是指合理借鉴，实际上首先涉及的还是思想与表达的借鉴。思想上的借鉴并未涉及侵害原创作者的独创成果，通常不涉及侵害著作权的情形；而具体表达上的借鉴，则需考量借鉴内容所占的比例，这包括借鉴内容在原创作者作品中的所占比例，及借鉴部分内容在新作品中的比例。而这个比例的衡量，毕竟要进行量化考虑，也要从借鉴内容的重要性、表达独创性角度，即质的维度上考量。①

三、新闻特权

某一位文学家获得诺贝尔奖，一时之间对他的新闻报道铺天盖地。新闻媒体为了报道这一消息，在报道中引用了相关著作的内容，这属于合理使用。根据《著作权法》的规定，"为了报道时事新闻，在报纸、期刊、广播电台、电视台等媒体中不可避免地再现或者引用已经发表的作品"，这属于合理使用。

因此，新闻媒体在报道时事新闻时，也就有了一个"特权"，可以合理使用他人的作品，不用经过作者的同意，也不需要支付任何报酬，但是行使这种特权的前提一定是"为了报道时事新闻"。

一次，碰到一位中央电视台的朋友向我咨询，他们要制作一个纪录片，其中用到他人作品，他担心会涉及侵权问题。的确，即便国家级媒体，也需要尊重他人的知识产权。电视台部门很多，除了新闻频道，还有生活、娱乐、经济、法律等各种频道，然而，在合理使用问题上，仅限于"新闻报道"，至于其他节目则无法主张合理使用。做娱乐的，会使用他人的音乐作品；做广告的，会使用他人的影视作品。这一切都不属于合理使用的范畴。

即便是新闻报道，主张合理使用，也要求"不可避免地再现"他人作品。还记得有一位地方电视台新闻部朋友就曾认为新闻报道有特权，主张合理使用这张王牌，曾经打算把《哈里波特与混血王

---

① 北京市第三中级人民法院民事判决书（2014）三中民初字第07916号。

|第七章|合理使用与法定许可：版权战争之盾

子》"彻底"地报道一遍,彻底到什么程度,据说涉及很多故事情节,如此"彻底"地报道,极有可能越过合理使用的界线而构成侵权。

　　法律之所以给新闻媒体这样的特权,完全是基于新闻事业发展的考虑,也是基于新闻的特性考虑。时效性对于新闻而言,尤为重要,如果还需要著作权人同意,那新闻早就变成了旧闻。还有一点需要提及的是,《著作权法》中提及的新闻媒体包括报纸、期刊、广播电台、电视台等媒体。在网络媒体占据新闻主导地位的情况下,有必要将网络媒体纳入新闻媒体的范畴。①

四、媒体之间

　　如果你是媒体,我也是媒体。彼此之间,可以主张合理使用。比如,《人民日报》发表了一篇时事文章,其他报纸、期刊、广播电台、电视台可以主张合理使用。需要注意的是媒体之间的合理使用,限于政治、经济、宗教问题的时事性文章。请注意这里的关键词,它只能是文章,不包括影视作品等其他作品。比如,某电视台购买电视剧《三国演义》的版权,其他电视台可以主张合理使用吗?显然不可以。虽然都属于媒体,但这里的作品是影视作品,而并非文章,一个媒体播放了,其他媒体不可以主张合理使用,或者说,如果其他媒体要播出《三国演义》,只有一个办法,即获得版权人的授权。之所以限制合理使用的范围,也是由相关媒体性质以及经济价值决定的,特别是经济价值。一部热播的片子电视台可能要付出上亿元的播出成本,让其他电视台合理使用!热播的《人民的名义》是湖南电视台冒着风险买下了独家播放权,其他电视台想

---

① 《著作权法(修订草案送审稿)》第43条第1款第3～5项。

买第二轮播放权，不好意思，请乖乖向湖南电视台交钱。

所以，媒体之间可以合理使用的仅限于文章，而且还要求是"政治、经济、宗教问题的时事性文章"。如果是娱乐、生活乃至学术等与时事无关的文章，也不属于合理使用的范畴。还记得，我曾在某期刊上发表了一篇学术论文，后来，某一天，我突然发现有其他期刊也转载了该篇文章。事实上，这种转载也是无法主张合理使用的，要知道，这是一篇学术论文，不属于时事性文章，即使是媒体之间，也无法主张合理使用。

媒体之间使用作品主张合理使用，还需要注意媒体的范畴，尤其需要关注的是，这里的媒体是否包括网络媒体？现行《著作权法》中没有涉及网络媒体，但可以预见未来著作权法会将网络媒体纳入新闻媒体的范畴。最后，需要指出，即便是媒体之间主张合理使用，也需要考虑特别声明的情况，但如果作者声明不许其他媒体刊发呢？媒体之间，还可以再主张合理使用吗？事实上，一旦作者在刊发时作出了特别声明，其他媒体便无权再主张合理使用了。

五、公众讲话

时下，各大学开学典礼上的讲话，曾一次次刷爆朋友圈。对于这些煽情的老师、同学的演讲，媒体又是否可以刊登呢？事实上，针对公众集会上的讲话，《著作权法》也特别纳入合理使用范围："报纸、期刊、广播电台、电视台等媒体刊登或者播放在公众集会上发表的讲话，但作者声明不许刊登、播放的除外。"[①]

该条并没有限制讲话的主体，因此它不仅包括政治人物公众集

---

① 《著作权法》第22条第1款第5项。

会上的讲话，也包括普通人公众集会上的讲话。该条也没有限制讲话的主题，因此普通话题也属于合理使用的范畴。

我有一位同学在某校任教授，一次他在开学典礼上的讲话因言论出格而红极一时，后来某网站转载了该篇文章，他曾咨询我，网站未经其许可，转载该文章是否合法？

事实上，他的讲话属于在公众集会上的讲话，媒体是有权合理使用的。这里的问题是，该网站是否属于媒体的范畴。现行《著作权法》并没有包含网络媒体。[①]即便是增加了网络媒体的情况下，也不意味着任何网站都可以站出来主张合理使用，网络媒体与网站本身绝非同一概念，尤其是在我国媒体受到严格管控的体制之下，只有那些被赋予牌照的网络媒体，才可能属于《著作权法》中网络媒体概念。

可见，开学典礼上的讲话，虽为公众集会上的讲话，但一般网站要使用它，就需要征得作者的同意。除非，它属于《著作权法》中所说的"媒体"。

六、科研教学

我曾在一次讲课时，将某位著名学者的文章复印给大家使用，有同学就曾问到，这是否涉及侵权问题呢？事实上，著作权法允许为科研究教学目的的合理使用。根据规定，"为学校课堂教学或者科学研究，翻译或者少量复制已经发表的作品，供教学或者科研人员使用"，属于合理使用，但不得出版发行。[②]

这里的"课堂教学"一词是有严格限制的。举例：为教学目

[①] 著作权法修改草案中已经增加了网络媒体。
[②] 《著作权法》第22条第1款第（6）项。

的，印发文章或者资料，系合理使用，但商业性教育机构，未经许可印刷资料，侵权否？这种情况比较普遍，包括考研辅导班、托福、GRE培训班等在教学中都涉及大量使用资料的情况。

在美国教育考试中心（Educational Testing Service，ETS）诉"新东方"侵犯TOEFL试题著作权一案中，新东方在诉讼中主张合理使用事由以期为自己免责。法院审理后认为，新东方学校未经著作权人ETS许可，以商业经营为目的，以公开销售的方式复制发行了TOEFL试题，其使用作品的方式已超出了课堂教学合理使用的范围，故对新东方学校合理使用TOEFL试题的抗辩理由不予采信。有意思的是，新东方学校还在诉讼中主张，其系社会力量办学，根据《民办教育促进法》的规定，它属于非营利机构。最后，北京市高级人民法院终审判决新东方败诉。[1]前文还提到，《著作权法》的修改可能将教学科研的合理使用范围进一步缩小到片段，如果这个写进法律，那么在课堂上也不能再全文复印别人的文章，而是只能选取片段了。

七、执行公务

根据规定，国家机关为执行公务在合理范围内使用已经发表的作品。[2]事实上，国家机关执行公务时需要用到他人作品的情况并不少见，很多行政处罚决定、判决书中都可以见到。2007年高考试卷引发的版纠纷涉及执行公务的问题引发了社会的广泛关注。

胡浩波在网上发现2003年高考全国语文考卷的现代文阅读第二

---

[1] 北京市高级人民法院审理新东方学校侵犯著作权和商标专用权纠纷上诉案民事判决（2003）高民终字第1393号。
[2] 参见《著作权法》第22条第1款第（7）项。

大题，引用了他在1996年《中国科技画报》上发表的文章《全球变暖——目前和未来的灾难》。没有任何单位通知他，更让他气愤的是，试题使用文章时还没有给他署名。为此，胡浩波以侵犯著作权为由将教育部考试中心告上法院，索赔经济损失2 000元。

被告则主张系合理使用，其理由是执行公务。高考出题算执行公务吗？法院认为，执行公务存在两种情况，一种是国家机关自行执行公务，另一种则是国家机关授权或委托其他单位执行公务。国家考试中心虽不属于国家机关，但其组织高考出题则属于授权执行公务，故它使用胡浩波文章为合理使用，不属于侵权。至于署名问题，法院以为，在高考过程中，对于一道阅读题目，应当尽可能简化没有必要的信息，以减少对考生造成的不必要的干扰，所以不署名的方式也并无不当。

从这个案例可以看出，执行公务合理使用的主体为国家机关或被授权组织，在某些情况下是可以不署名的。同样的事情如果发生在某教育公司，印着大量试卷兜售给学员，则不能再主张合理使用。

八、馆藏图书

国家图书馆基于保存版本的需要，将图书再复制一本，这不属于侵权，属于合理使用。道理在于，图书馆拥有对馆藏图书主张合理使用的权利。根据《著作权法》规定，"图书馆、档案馆、纪念馆、博物馆、美术馆等为陈列或者保存版本的需要，复制本馆收藏的作品"，属于合理使用。[①]

馆藏图书的复制，是否包括数字化的复制呢？《著作权法》并

---

① 《著作权法》第22条第1款第（8）项。

没有限制复制的形式，从道理上讲，它应当包括数字化复制。从长久保存以及节约存储空间的角度来说，数字化复制也成为馆藏复制的主要形式。

《著作权法》虽然没有严格禁止复制的形式，却严格限制为"本馆收藏的作品"，言外之意，对于其他馆所收藏的作品，是不能主张合理复制的。但为了有效保存作品，应当允许馆与馆之间的复制行为，国外著作权法也有相关规定，例如日本著作权法就规定，"应其他图书馆等的请求，提供因绝版或与此同类理由，而一般难于到手的图书馆的复制品，"属于合理使用。[1]意大利著作权法也规定，图书馆可为读者个人使用或本馆服务业务，自由影印馆藏作品。[2]

时下，数字图书馆的发展十分迅速。自2004年起，谷歌公司扫描了全世界近千万种图书，欲打造世界上最大的数字图书馆，使用户可以利用"谷歌图书搜索"功能在线浏览图书或获取图书相关信息。谷歌的行为曾引发争议：支持者认为这是合理使用，而反对者认为这是侵权行为。

尽管谷歌的这种做法让广大读者们欢欣鼓舞，但谷歌的做法却难以得到合理使用制度的支持。按照馆藏作品的合理使用，它至少要符合两个基本条件：其一，复制本馆收藏的作品；其二，为了收藏之需要，而非赢利之需要。谷歌数字图书馆的目的显然超越了本馆收藏的范畴。尽管它宣传免费阅读，但天下没有免费的午餐，搜索引擎有着无数收钱的方法，所以，这种行为无论如何不能纳入合理使用的范畴。

---

[1] 日本著作权法第31条。
[2] 意大利著作权法第68条。

对于数字图书馆的建设,又有学者主张法定许可,即无需征得作者同意,只需事后向作者支持报酬即可。一部作品是否允许其被数字图书馆收录,这并不是一个用钱就可以解决的问题,著作权法赋予作者的权利,除了经济权利,还有允许他人使用的意愿,那种事后给钱的方式无疑是会为很多作者所无法容忍,因为它剥夺了作者选择是否选择作品被收录的权利,剥夺了作者议价的权利。

九、免费表演

根据《著作权法》规定,"免费表演已经发表的作品",为合理使用。[①]所谓免费表演,即该表演未向公众收取费用,也未向表演者支付报酬。免费表演的情况在现实中并不少见,如在联欢会上,某同学的独唱歌曲等。要构成著作权法上的免费表演,两个条件缺一不可:第一,未向公众收费;第二,也未向表演者支付报酬,两者缺一不可。

关于免费表演的合理使用,演员、歌手们最乐衷于这一条款,因为这一条款可以让他们大胆的演唱,而无需担心承担侵权责任,更不需要向任何人支付费用。

各大电视台的选秀节目中总能看到歌手们演唱他人的歌曲,他们总是喜欢主张免费表演。为什么节目中会出现这么多的免费表演呢?又真的一句免费表演可以了事吗?歌手们为什么要免费表演,出名便是合理的解释。在演艺产业中,处在上升期的演员们,只要有出镜的机会,他们并不在意出场的报酬。如果说歌手们为了出名而免费,组织者又为什么免费呢?有些让人匪夷所思。尽管组织者

---

① 《著作权法》第22条第1款第9项。

并不直接向观众收取费用，但组织者们赚钱的方法千奇百怪，有的通过广告收费，有的通过观众参与活动收费，还有的通过出售版权收费。因此，表面上免费的表演，并非真正的免费表演。因此，在所有主张免费表演的合理使用中，版权人总是会千方百计找到组织者的营利性，而最终戳破它所谓免费表演的谎言。

"赈灾义演"则是另外一个特殊问题。组织者们是要向公众收费的，但他们最终把收来的钱全部捐献给灾区，这属于免费表演吗？或者说，表演者们演唱歌曲，可以主张合理使用吗？要知道，免费表演最重要的一个条件，就是不向公众收取任何费用，而赈灾义演却是向公众收费的，这已不再符合免费表演的条件，不能被视为合理使用。因此作者有权收费。当然很多人会指责赈灾为什么还要收费，太冷血没有人情味云云。这种指责无疑是一种道德绑架，有时是被组织者利用的一种绑架，捐献本身是一种对财产的处分，义演既然产生收益，作者就有权收费，组织者可以捐献自己的收益，为此获得名或者更长远更宏大的利，但他无权捐献作者的应得收益，因此，作者有权收费。至于收到的费用如何处置，则是作者的权利。组织者不能为了达到自己的目的随意处置作者的权利。

十、室外临摹

天气晴朗的时候，总能看到有人蹲坐在公园的雕塑旁临摹作品，这种临摹就属于合理使用；室外艺术品还是很多摄影爱好者的最爱，这种拍摄同样也属于合理使用。根据《著作权法》规定，"对设置或者陈列在室外公共场所的艺术作品进行临摹、绘画、摄影、录像"，属于合理使用。①

这里有一个关键词"室外公共场所的艺术品"。艺术品放置在室外公共场所，从作品创作初衷来看，该作品就具有一定的公益性，如果公众对其临摹、绘画、摄影、录像，还需要征得版权人同意，或者还需要支付报酬，这就会与作品创作的初衷相违背。公共场所原本就是公有的，人的自由不应受到限制，如果对艺术品的临摹、绘画等还需要征得作者同意，便是对人的自由权利的限制。

合理使用的方式仅限于"临摹、绘画、摄影、录像"等方式。这里有两个例子：第一，将公共场所墙壁上的一幅画拿下来，然而通过复印机上复印，这是合理使用吗？从《著作权法》的角度来看，该行为是涉嫌侵犯版权的。要知道，《著作权法》在此处所规定的合理使用方式包括"临摹、绘画、摄影、录像"等，显然这些都是不能触碰到作品的。第二，将公共场所的一幅雕像，扩大了三倍，形态与原有的一模一样的，这是合理使用吗？这同样是侵权行为，因为它超越了"临摹、绘画、摄影、录像"的范围。因此，对公共场所的艺术品合理使用，需要严格注意其使用范围。

如果说对室外艺术品的"临摹、绘画、摄影、录像"，这属于合理使用，那么，对合理使用的成果进行再利用呢，它还算合理使用吗？这里有三个例子：

例1：青岛的风版权纠纷案。"青岛的风"雕塑作品位于青岛市五四广场，是原告接受他人委托创作的委托作品，因被告青岛海信通信有限公司未经许可，擅自将其图案设置在其生产的手机显示屏中。原告以被告侵害了其版权为由诉至法院，请求判令被告停止侵

---

① 《著作权法》第22条第1款第10项。

权、赔礼道歉、赔偿经济损失30万元，并承担诉讼费。

例2：天坛大佛版权纠纷案。吉通广东公司将天坛大佛摄影成照片，并将照片复制到IP电话卡上发行。天坛大佛的设计者原告方主张侵权。①

例3：董勇与七仙女版权纠纷案。原告方为董勇和七仙女雕像的设计者，被告方将这一雕像拍摄后复制在麻糖产品包装上。②

在"青岛的风"案例中，最高人民法院关于对山东省高级人民法院《关于山东天笠广告有限责任公司与青岛海信通信有限公司侵犯著作权纠纷一案的请示报告》的复函中称，"上述'以合理的方式和范围再行使用'，应包括以营利为目的的'再行使用'，这是制定该司法解释的本意。司法解释的这一规定既符合《伯尔尼公约》的规定，也与世界大多数国家的立法例相吻合。根据上述司法解释的规定，你院审判委员会对此案的倾向性处理意见是正确的"。

最高人民法院《关于审理著作权民事纠纷案件适用法律若干问题的解释》第18条规定："著作权法第二十二条第（十）项规定的室外公共场所的艺术作品，是指设置在室外社会公共活动处所的雕塑、绘画、书法等艺术作品。对前款规定艺术作品的临摹、绘画、摄影、录像人，可以对其成果以合理的方式和范围再行使用，不构成侵权。"为此，未来著作权法有必要进一步规定，"对设置或者陈列在室外公共场所的艺术作品进行临摹、绘画、摄影、录像并向公众提供"，属于合理使用。

---

① 二审广东省高级人民法院（2004）粤高法民三终字第74号判决。
② 武汉市中级人民法院（2006）武知初字第120号判决。

十一、翻译使用

翻译权是版权的重要内容。如果将作品翻译成外文，或者将外文作品翻译成中文，这些都不属于合理使用。然而，如果将汉语作品翻译成少数民族语言文字，则属于合理使用。

根据《著作权法》的规定，"将中国公民、法人或者其他组织（中国作者）已经发表的以汉语言文字创作的作品翻译成少数民族语言文字作品在国内出版发行"，属于合理使用。[1]因此，将小说《围城》翻译成少数民族语言在国内出版发行，属于合理使用。《伯尔尼公约》、TRIPS协议中都没有这项规定，它属于我国特有的条款，其立法目的在于繁荣少数民族文化，实现文化融合，促进民族团结。

需要注意的是，将汉语言文字翻译成少数民族语言文字，才能构成合理使用，反之则不可以。例如，一位少数民族朋友用少数民族语言撰写了一本书《我的家乡》，如有人将其翻译成汉语出版发行，不能主张合理使用，应当经过其同意，并向其支付报酬。

还需要注意，将中国人写的书翻译成少数民族语言文字，可以主张合理使用，但对于外国人的作品则无法主张合理使用。比如，一个老外来到中国，用汉语写了一本书《我爱中国》，将其翻译成少数民族语言在中国出版发行，可否主张合理使用？显然，这是不可以的。这里合理使用的对象仅限于中国作者，要知道，关于本条的规定在国际条约中原本就没有，属于纯粹的"中国制造"。

---

[1] 《著作权法》第22条第1款第11项。

十二、盲文出版

根据著作权法规定，将已经发表的作品改成盲文出版，为合理使用。[①]这条完全是基于公益的目的，前文也已经有过涉及，此处不再赘述。

第二节　合理使用的挑战：何去何从？

一、二元保护理论对合理使用制度的挑战

合理使用制度仅针对财产权，而对于"署名权""发表权""修改权"等著作人格权没有规定合理使用制度。为什么没有规定合理使用呢？是因为传统理论将其视为人格权，既为人格，又怎能主张合理使用呢？但在二元保护理论体系中，所谓的著作人格权实为财产权，可以主张合理使用。

（一）署名权之合理使用

对于一般作品，署名权正常行使，如在引用他人文章时，需要注明作者姓名。然而，对于特殊作品，署名权有必要给予必要的限制。联合国教科文组织和世界知识产权组织1986年10月的一份文件中特别强调："署名权只能善意行使。"实践中，多数用户不希望设计者在建筑物的显眼位置标示"××设计"字样，理由是这可能

---

① 《著作权法》第22条第1款第（12）项。

破坏整个建筑物的美观。各国通常做法是建筑者在建筑过程中忽略了设计师的署名权。更深层次的原因可能还跟建筑物所有者对所有物的控制欲及主权宣示有关。有一部描写美国金融大鳄与检察官斗争的美剧，Billions，第一季里面有个剧情描写了顶级富豪Bobby想在一栋楼上刻上自己的名字，于是和原主人家族展开了谈判，卖家以为Bobby在意的是大楼，其实他只是想满足把名字刻上大楼的愿望，谈判最终成功。从这个剧情可以看出，建筑物的所有者对名字非常在意，这也决定了他们不愿意设计者随随便便署名。有些设计者会动一点小心思，在某块砖头背面或者其他不显眼的地方留下名字。允许署名权的合理使用其实也是为了激励投资人建设大楼，毕竟没有投资人投资，图纸永远没有办法变成大楼。这种基于利益考虑限制署名权的做法也进一步印证了二元保护理论的核心：署名权是一种财产权，既然是财产权，自然可以有合理使用的情况。

（二）修改权之合理使用

在传统的版权理论中，将修改权划为精神权利，无法合理使用，给作品的发表、传播带来诸多不便，因此有必要规定修改权的合理使用，举几个例子。

（1）基于发行目的，是否可以主张修改权的合理使用。一次，某报纸编辑谈到其曾收到一篇文章，文章有一些错别字和个别病句。这位编辑咨询，他直接修改是否会涉及侵权。对作品的修改包括轻微修改、部分修改和根本修改等，部分修改和根本修改都需要征得作者的同意，但是如果轻微修改如果不被视为合理使用，编辑与作者可能都会为被无休止的沟通头疼。

（2）基于拍摄的目的，是否可以主张修改权的合理使用。在将他人作品拍摄电影作品时，由于电影作品与原作表现形式差异较大，如果不能主张修改权的合理使用，估计制片方不用干别的，天天和原作者沟通就得花上数月或者上年的时间。因此在拍摄过程中的修改理应是允许的。①

（3）影片恶搞是否可以主张修改权的合理使用。恶搞作品，一般是通过对作品的修改完成，如果恶搞本身没有歪曲原作内容或者贬损原作者声誉，也没有影响到原作的市场价值，恶搞作品除了给大家带来欢乐和思考，在一定程度上也会增加对于原作品的关注度，因此，本着繁荣文化的目的，允许恶搞作品对原作进行必要的修改对于原作者、观众都是有益的事情。

（三）发表权之合理使用

对于发表权的合理使用问题，这里的讨论仅限于已经发表的作品。根据"发表权一次用尽原则"，已经发表的作品已经不再拥有发表权，也就不存在对发表权再合理使用的问题。

对于没有发表的作品，是否适用合理使用制度呢？

讨论这一问题的场景仅存在于，针对未发表作品，他人是否可以在某种场合下擅自将其发表。在一般情况下，显然是不允许的。然而在某些特殊情况下却可能发生类似的合理使用，如张三委托李四创作作品；双方在合同中约定有关该作品的版权中的财产权约归张三所有，但没有约定有关发表权的归属。那么该作品创作完成后，张三能否发表该作品呢？

发表权是其他财产权行使的前提，禁止作品发表无疑抹杀了张三享有的一切著作财产权，这对于张三而言显然是极不公平的。当

---

① 《著作权法实施条例》第10条：著作权人许可他人将其作品摄制成电影作品和以类似摄制电影的方法创作的作品的，视为已同意对其作品进行必要的改动，但是这种改动不得歪曲篡改原作品。

然，也有国家是通过默示许可理论来解决这一问题的，即依据双方的委托合同，可以认为李四已经默示许可张三享有发表权；除此之外，解决这一问题的另一个思路就是为委托人张三设立发表权之合理使用制度，基于版权交易的需要，理应允许张三有权对发表权合理使用。

无论是"合理使用制度"，还是"默示许可制度"，都在于实现交易目的，不过，两者的思路有所不同，在默示许可思路下，基于默示许可理论，法律直接推定发表权归委托人所有（因为委托人出钱了），这样委托人行使其他财产权也就有了合法的前提。然而，在"合理使用"思路下，发表权是受托人所有，只是基于交易目的，委托人有权对发表权合理使用，从而为委托人行使其他财产权扫清障碍。在实现作品交易目的上，二者殊途同归。

二、技术发展对"合理使用"的挑战

通过技术手段保护版权，导致其不能被任意复制、下载和传播，在这方面技术保护措施比法律保护更有优势。大家都有使用知网、万方等数据库的经历，普通客户只能检索文章标题，而不能下载文章。当然，用户可以主张，"为了学习的目的"，可以合理使用。然而，这种主张在技术保护措施面前完全没有任何申辩的机会，一句话，付费者可以下载，不付费者由于技术保护而无法下载。

用户会提出，为了学习和研究的目的，我原本是可以合理使用的呀！然而，技术保护措施让合理使用的权利几乎"名存实亡"。那么，这里的技术措施算什么？是版权保护，还是"技术滥用"呢？

为了厘清技术保护措施与合理使用之间的关系，1998年美国通过的一个重要法案数字千年著作权法《数字千年版权法》（*Digital*

Millennium Copyright Act）给出了十分明确的答案，该法案明确了权利人有权采用技术措施保护作品不被访问、复制和传播；同时还有权禁止他人对技术措施进行规避。

关于技术保护措施，《著作权法》也有相关规定：

第一，《著作权法》在2001年修改时增加了技术保护措施的规定，即"未经著作权人或者与著作权有关的权利人许可，故意避开或者破坏权利人为其作品、录音录像制品等采取的保护著作权或者与著作权有关的权利的技术措施的"，属于违法行为。[①]

第二，2006年《信息网络传播权保护条例》还专门规定了技术保护措施：[②]（1）任何组织或者个人不得故意避开或者破坏技术措施。（2）不得故意制造、进口或者向公众提供主要用于避开或者破坏技术措施的装置或者部件，不得故意为他人避开或者破坏技术措施提供技术服务。

显然，技术保护措施是受法律保护的，故意避开或者破坏技术保护措施反倒是违法的！作品作为一种非物质性的信息，它与有形财产相比在保护手段上是有本质区别的。对于有形财产，锁头和栅栏可以发挥重要作用。对于作品而言，技术保护措施相当于锁头和栅栏。

按照《著作权法》的规定，破坏技术保护措施也属于违法行为。这里有一个问题，如果这种破解并没有损害作者的利益，难道这种破解也属于违法行为吗？如基于科学研究的目的，破解软件的保密措施，这显然不应被视为违法行为。我国法律也同样规定了有关技术保护措施的几种例外情况。

---

① 《著作权法》第48条第6项。
② 《信息网络传播权保护条例》第4条第2款。

| 第七章 | 合理使用与法定许可：版权战争之盾

（一）为科研教学目的破解软件保密措施

在教学科研过程中，在网上找到了相关资料，但该网站对其进行技术保护措施，为了在科学科研中使用，最终破解了技术保护措施获取了资料，在这种情况下就可以主张合理使用。在这种情况下，破解一方还需要说明，这份资料只能通过互联网络获得。一旦原告方举证，该资料除了可以在互联网上获得，还可以轻而易举地在某些教材或图书中获得，那么破坏技术保护措施的行为将被视为侵权。①

（二）为盲人破解

为了能够让盲人感知到作品内容，而对软件进行破解，同样不视为违法。例如，盲人读屏软件的设计，它可以让盲人能够读到屏幕上文字，但不少网站通过技术保护措施对读屏软件进行限制，在这种情况下可以避开技术保护措施，这不属于违法。当然，这里依然有一个重要的前提，就是该作品只能通过信息网络获取。如果相关作品可以轻而易举地从其他方式获取，这种破解也将被视为违法。②

除了上述两种情况，《信息网络传播权保护条例》第12条第（3）项、第（4）项还规定在如下情况下，破解技术保护措施也不视为违法行为：（1）国家机关依照行政、司法程序执行公务；（2）在信息网络上对计算机及其系统或者网络的安全性能进行测试。

---

① 《信息网络传播权保护条例》第6条第3项：为学校课堂教学或者科学研究，通过信息网络向少数教学、科研人员提供已经发表的作品、表演、录音录像制品，而该作品、表演、录音录像制品只能通过信息网络获取。

② 《信息网络传播权保护条例》第6条第6项：不以营利为目的，通过信息网络以盲人能够感知的独特方式向盲人提供已经发表的文字作品，而该作品只能通过信息网络获取。

前文提到美国《数字千年著作权法》规定了一系列破坏技术措施的例外情况，在2010年7月26日，还进一步修改了著作权法，甚至允许破解iPhone智能手机，以更换运营商或者安装第三方软件，属于违法之例外。①虽然苹果公司强烈反对，但美国版权局7月26日仍通过了《数字千年版权法》的修订版。法案修改承认了破解手机的合法性，使得iPhone手机用户可以安装未经苹果批准的第三方软件，也可以变更手机运营商。据电子前沿基金会调查，有超过100万名iPhone用户破解了他们的手机，否则用户只能使用通过Appstore购买的软件。

苹果公司之所以会限制用户的使用第三方软件的权利，绝非像苹果抗辩的那样，是基于防止病毒的必要，而是基于一个巨大的产业链的需要，Appstore，是苹果公司打造的网络商城——游戏下载、图书阅读、音乐下载应用尽有，而且这里面很多软件是需要付费，苹果公司与软件经营者按照3∶7的原则进行分配，为此苹果公司通过操作系统进行程序限制，只允许用户从Appstore里下载相关软件，这也就意味着将用户捆绑在它所经营的商城里，这也可以视为对消费者选择权的剥夺。版权局对《数字千年版权法》的修改，实质上是赋予用户选择权，除Appstore软件，还可以下载其他软件，这会影响到苹果公司的商业利益，所以，这一合理使用的规则，实质上是利益的博弈，尽管如此，我以为，它并不会真正影响

---

① 2010年7月26日，美国《数字千年版权法》，进行了修改：（1）允许手机用户破解访问控制来转换手机运营商，即SIM卡解锁，以及在没有获得供应商同意的情况下安装iPhone的应用程序。（2）允许大学教授、电影专业学生、记录片拍摄者及非营利性影视制片人破解DVD版权保护措施，在教育用、记录片或非营利性使用其片段。（3）允许用户破解视频游戏的技术保护措施，用以检查或修正安全漏洞。（4）允许用户破解受过期或停产的加密狗保护的计算机软件。（5）允许盲人破解电子书产品，以使其能够使用读屏软件或其他类似辅助工具。

第七章 | 合理使用与法定许可：版权战争之盾

到Appstore的商业利益，因为大多数用户并不具备破解苹果手机软件的能力。

第三节　法定许可：版权战争的最后盾牌

与合理使用制度类似，法定许可制度同样是版权战争中被告方用来抵御攻击者的一块盾牌。只不过，与合理使用制度不同的是，这块盾牌虽可以让使用方免责，但仍要支付费用。

因此，在版权战争中，合理使用与法定许可两项制度，是守方最擅长使用的两块盾牌，尤其是当合理使用的坚守被攻破后，他们往往会退守到法定许可，如果法定许可的主张能够成功的话，守方至少不需要再承担侵权责任。在构成法定许可的情况下，使用者还是要向版权人支付费用的。既然都要支付费用，那么，在使用者使用他人作品的时候，到底是侵权还是法定许可的区别，还有那么重要吗？

当然，法定许可为兵家最后的必争之地，它的意义十分重要。众所周知，侵权一词是法律上对一个行为的否定性评价，为此法律上会规定一系列的侵权责任。同样，在版权领域，如果构成侵权，侵权人往往需要支付高额的侵权赔偿费用。著作权法在计算侵权赔偿时也会考虑侵权的收益数额，或者受害方的损失数额，并根据这些数额让侵权人承担全部责任。然而，法定许可与侵权不同，它从一开始就不存否定性评价的问题，即使用者是可以用的，只不过，这种使用是"法律规定"的，而不是协议约定的。而且，使用者所需要支付的费用仅仅只是相关部门的法定许可收费标准，这个标准与侵权相比那是极低的。

另外，法定许可最重要的不是交费低的问题，而是它可以保证使用者有权使用作品。在侵权的情况下，使用者往往会被禁止使用。商家的商业活动一经推出，尤其是进行一系列推广活动之后，如果由于作品侵权而被停止使用，这对于商家而言无疑是灭顶之灾。一旦构成侵权，商家往往会面临被停止使用的法律责任，所以，法定许可是兵家必争之地。

一、教科与教辅：法定许可的正确适用

在法定许可盾牌下，使用者可免受侵权责任。一说到法定许可，内行人士首先想到的就是编辑教科书的强制许可。我国实行九年制义务教育，学生的教科书对于实施义务教育具有重大意义，在编写教科书的过程中就涉及使用现有作品的问题，金庸先生的小说《天龙八部》的片段就曾入选中学语文教科书。

当然，对于绝大多数作者而言，他的小说、音乐抑或是美术作品，如能入选学生教材，便已是对他艺术水平的最好肯定，任何人都不会拒绝此事，自然也不会提及所谓费用一事，因此，"入选"本身也就代表着莫大的殊荣。既如此，还有必要规定法定许可吗？有强制的必要吗？

事实上，这里的法定许可，旨在于让教科书的编写没有版权之障碍。试想，在缺少法定许可制度环境下，编写者在编写的过程中，仍然需要与作者协商使用事宜，这本身就会极大降低编写的效率。法定许可则省略了与作者协商的过程，这种协商在一般作品使用时是不可或缺的，但义务教育下编写教科书，则可以省略这种协商而径直使用作品。

另外，你也不能否认有些作者可能并不想作品被编进教材，毕竟大千世界无奇不有，人的想法也是多样化的，不能用一般人的标准去看待所有人。

无论如何，对于教材编写者而言，法定许可都是一项权利。不过，这项权利的行使也有明确的法律界线，它所针对的仅限于九年义务教育（中小学）的教科书和国家教育规划的教材。至于中小学之外的教材，如大学教材，对相关作品的使用原则上不支持法定许可的。

当下，各类中小学教学辅导资料在市场上争相PK，我在参与一起教辅版权侵权的案件中就曾发现，很多教辅在编写过程中也以公益教育为名，"大胆"使用各类作品。在该案中原告方是编写英文教材的，被告方根据原告方出版的教材编写教学辅导用书，在编写教辅时大量使用了原告方的内容，后被原告方诉至法院，被告方在诉讼中主张法定许可，以期逃避侵权责任。只不过，这里的法定许可只适用于教材而不适用于教学辅导材料。因此，编写教辅而使用他人作品必须征得原有作者的同意，不得主张法定许可。版权局和新闻出版总署还专门出台了《关于进一步加强中小学教辅材料出版发行管理的通知》，明确规定，根据他人教材编写教辅资料的，需征得著作权人同意。

编写教科书的法定许可，主要针对是中小学的教材，这极大提升了编写者选择素材的广度，也提升了编写的效率。但编写者仍然是需要向作者支付费用的，到这个钱到底是给多少，又怎么给呢？国家版权局在2013年专门制定了《教科书法定许可使用作品支付报酬办法》，其中就规定了费用计算的标准以及支付方法。以文字作品为例，按每千字300元的标准向作者支付报酬，如果不能直接支付给作者的，应当支付给著作权集体管理组织（见图11）。①

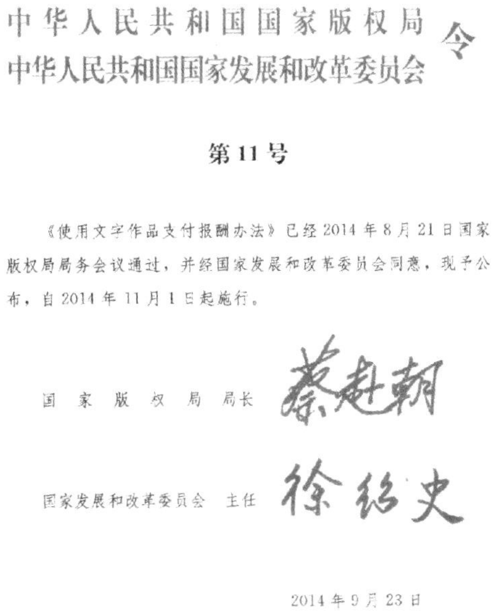

中华人民共和国国家版权局
中华人民共和国国家发展和改革委员会
令

第 11 号

《使用文字作品支付报酬办法》已经2014年8月21日国家版权局局务会议通过，并经国家发展和改革委员会同意，现予公布，自2014年11月1日起施行。

国家版权局局长　蔡赴朝

国家发展和改革委员会　主任　徐绍史

2014年9月23日

图11　出版发行管理的通知

二、报刊转载之法定许可

除了教科书之外，使用法定许可较为常见的情况当属报刊转载了。张三在某报上发表文章《地震能否预测》，后被其他报纸转载，转载报纸是否侵权呢？事实上，在合理使用部分中，曾专门论述过媒体之间转载的法律问题，基于广泛传播的需要，媒体之间甚至可以主张合理使用，只不过它对文章的题材有严格的限制，即政

---

① 《教科书法定许可使用作品支付报酬办法》已经2013年9月2日国家版权局局务会议通过，并经国家发展和改革委员会同意，现予公布，自2013年12月1日起施行。

治、经济、宗教问题的时事性文章。

然而，报刊发行的作品题材是十分广泛的，而且绝大多数题材，如专业的学术论文并不属于所谓"政治、经济、宗教问题的时事性文章"，那么，如何能做到广泛传播的目的呢？于是，《著作权法》又规定了法定许可制度。

在前面的例子中，张三在某报上发表文章《地震能否预测》，后被其他报纸转载，就属于这里的法定许可，转载本身并不需要征得作者的同意。这里的转载仅限于报纸和期刊，并不包括其他电台、电视台等媒体。

报刊转载，固然可以主张法定许可，但同样是需要向作者支付报酬的。2014年，国家版权局出台了《使用文字作品支付报酬办法》，对于原创类作品，按照每千字80~300元的标准向作者支付报酬。

以一篇5 000字的文章为例，如果其他报刊转载，则需要向作者支付400~1 500元的报酬，即便是按最高的报酬1 500元计算，去掉作者需要交纳的100多元的所得税，最后只有1 000多元。①

一篇5 000字的文章，作者从构思到搜集资料，再到成文一般需要一周左右的时间，即便如此，能够被转载的也并不常见，被转载一次，作者可能获得1 000余元的收入，但有的转载者未必会向作者慷慨地支付相关报酬。

事实上，绝大多数的法定许可中，作者并没有得到相应的报酬，当然，从法律意义上讲，作者有权起诉使用者并主张获取报

---

① 《使用文字作品支付报酬办法》第5条。参见《中华人民共和国个人所得税法》（主席令第48号）第3条第3款规定："稿酬所得，适用比例税率，税率为百分之二十，并按应纳税额减征百分之三十。第六条第四款规定应纳税所得额的计算：劳务报酬所得、稿酬所得、特许权使用费所得、财产租赁所得，每次收入不超过四千元的，减除费用八百元；四千元以上的，减除百分之二十的费用，其余额为应纳税所得额。"

酬，但真正起诉的人并不多见，毕竟诉讼成本早已高于收益。因此，法定许可中的支付费用长期以来并没有得到落实。

即便是在收益较高的音乐产业中，也鲜有权利人向法院提起诉讼主张法定许可收费。使用者甚至完全不担心原告方提起诉讼，届时他们完全可以主张法定许可，并借此来归避侵权责任，反正大不了最终就是支付许可使用费。从经济学意义上讲，使用者一定是会想办法拖延支付的，权利人如果不起诉，拖延支付将达到无偿使用的目的；权利人即便提起诉讼，使用者也可以主张法定许可而规避侵权责任，只需交纳法定许可费用，总之，积极交费没有任何好处。

为此，有必要完善构成法定许可的条件：第一，申请报备，即在首次使用前需要向著作权集体管理组织申请备案；第二，即时付费，即在使用特定作品后一个月内按照版权局制定的标准直接向权利人或者通过著作权集体管理组织向权利人支付使用费，同时提供使用作品的作品名称、作者姓名和作品出处等相关信息。[1]

与此前相比，如果使用者未能及时支付法定许可费用，那么将面临侵权责任。之所以有必要完善上述条件，旨在强化使用者的付费意识。如果使用者不及时付费，将意味着其行为或将构成侵权。类似于《打起手鼓唱起歌》案件，如果使用者未能及时支付法定许可费用而被起诉到法院，恐怕不再是交付费用那样简单了，由于其未能及时交费，其行为将不再构成法定许可，法院将据此判断被告方承担侵权责任，被告方由此需要付出的成本将远远大于法定许可费用。这样，使用者便有了积极支付法定许可费用的动力了。

---

[1] 《著作权法（修订草案送审稿）》第50条第1款第（1）项、第（3）项。

三、录音制品之法定许可

先来分析这样一种现象：一首歌曲，我们会听到几个版本的演唱？我国有一首名歌《茉莉花》，有邓丽君版的，有蔡琴版的，还有梁静茹版的。一首歌曲会有多位演唱者来演唱，这并不奇怪。从著作权法的角度，每一个演唱者是否都要征得版权人（词曲作者）的同意呢？答案是未必。

一首歌曲的首位演唱者的确是要获得词曲作者授权的，但此后的演唱者却可能按照《著作权法》上的法定许可制度径直使用。当然，演唱者主张法定许可也是有条件的。首先是一个音乐作品（如歌曲）已经被制作录音制品，即该音乐作品已经被商业性使用。对于还没有进行商业性使用的音乐作品是不能被法定许可使用的，道理很简单，因为在这种情况下，作者是否愿意将作品制作成音乐制品的意愿还不明确，自然也就不允许他人对该音乐作品法定许可了。因此，一首歌曲的首位演唱者是无法主张法定许可的，而他演唱之后，其他演唱者则可以主张法定许可。[1]

然而在现实中还会有这样一种情况，某些歌星会有自己的"御用"词曲作者，这些词曲作者是专门为某歌星撰写歌曲的，那么在演唱一旦推出之后，其他演唱者还可以主张法定许可吗？这似乎与词曲作者的创作初衷又不太符合了。事实上，如果作者从一开始就声明该作品只能由谁来使用的情况下，其他人便不再享有法定许可的权利了。

韩伟和洪如丁分别是《打起手鼓唱起歌》的词曲作者。后来，

---

[1] 《著作权法》第40条第3款规定，"录音制作者使用他人已经合法录制为录音制品的音乐作品制作录音制品，可以不经著作权人许可，但应当按照规定支付报酬；著作权人声明不许使用的不得使用"。

歌手刀郎、大圣公司与广州音像出版社共同约定发行专辑《喀尔噶尔胡扬》专辑，其中使用了歌曲《打起手鼓唱起歌》，于是，韩伟和洪如丁向法院提起诉讼，主张广州音像出版社侵权。

被告方是否侵权呢？这里的关键依然是被告方是否构成法定许可？如果构成法定许可，被告方显然就可以免除侵权责任。审理过程中，被告方一再强调自己是法定许可。然而，原告方却认为其不构成法定许可。原告方的理由有点奇怪，韩伟和洪如丁认为，著作权法上法定许可的范畴仅限于录音制品的"制作"，并不包括后续的"复制""发行"等。显然，原告的说法有些牵强，如果法律不允许复制、发行，那么"制作"还有什么意义吗？法院也认为录音制品的法定许可应包含"复制""发行"含义。[1]类似这样的案件就是词曲作者与演唱者之间的博弈，然而，法定许可的确给了演唱者一个可以自由、合法使用他人作品的机会。

《著作权法》上音乐制品的法定许可，让很多词曲作者不悦。此次《著作权法》修改的过程中，关于该条也是一波多折。《著作权法》修改草案先是给这一条加上了期限："录音制品首次出版三个月后，其他录音制作者可以依照法律规定的条件，不经著作权人许可，使用其音乐作品制作录音制品。"[2]与现有《著作权法》相比，该条增加了"三个月"的规定，即法定许可的期限被限制在录音制品首次出版"三个月"之后。尽管加了这样的限制，该条仍然遭到了众多音乐人的不满，像刘欢、高小松等音乐人纷纷出来抗议，在他们看来，法定许可制度无异于强行"霸占"自己的孩子。后来，国家版权局迫于压力在修改草案中又将该条删除。事实上，关于音

---

[1] 最高人民法院民事判决书（2008）民提字第51号。
[2] 《著作权法（修改草案第2稿）》第46条。

乐作品的法定许可制度，并非我国首创。美国《著作权法》第115条、德国《著作权法》第61条、日本《著作权法》第69条都有类似规定，《伯尔尼公约》也允许成员国就有关录音制品法定许可的问题自行作出规定。

四、广播电台、电视台的法定许可

根据《著作权法》规定，广播电台、电视台有权主张法定许可。[1]原本，当很多人看到这一条款时会以为电视台的权利太大了，对任何作品都可以主张法定许可，即"先斩后奏"，事实却并非如此。《著作权法》规定了电视台享有法定许可权利，同时又规定，电影作品除外。[2]

事实上，虽然法律为电视台设定了法定许可的权利，但真正用到法定许可的情况却远低于我们的想象。凡是我们可以在电视上看到的节目，电影、电视剧、综艺节目等，大都属于《著作权法》上所说的电影作品或者"类似于摄制电影方法创作的作品"，而对于这一类特殊作品又被排除在了电视台法定许可之外。我们能够在电视上看到的电影或类似节目，电视台在播放前一定要获得版权许可。

根据《著作权法》规定，除了电影作品外，在播放其他作品时，电视台是有法定许可权利的。那么，除了电影作品，电视台还会播放哪些作品呢？计算机软件作品，这和电视台播放几乎没有关系。文字作品、美术作品，电视台在播放时的确是有法定许可的权利的，但没有电视台会孤立地播放一个文字作品或者美术作品，电

---

[1] 《著作权法》第43条第2款。
[2] 《著作权法》第46条。

视台播放的节目一定是融合了故事、音乐、情节、解说、演员等一体的节目，而这些又被称为电影作品或者类似摄制电影方法的作品，而被排除在法定许可的范畴外。因此，电视台在播放节目之前，总是要先购买版权，在未经许可的情况下，电视台是不能擅自播放的。

其实，电视台的法定许可主要应用在自己制作节目的情况下，如电视台制作一部纪录片，其中如果涉及他人的文字作品、音乐作品、录音制品等，电视台是可以主张法定许可的。电视台主张法定许可，虽然可以不经过版权人同意，但仍然需要支付费用的，为此，我国专门制定了《广播电台电视台播放录音制品支付报酬暂行办法》。[1]

第四节　集体管理之争

版权战争打来打去绕不开"利益"两个字，那么除了作者及其聘请的律师外，是否还有谁来代表作者主张利益？

一、一杯咖啡与一首歌曲

说到版权的集体管理，不得不提及法国著名作曲家比才（见图12）。乔治·比才（Georges Bizet，1838—1875），法国作曲家，生于巴黎，世界上演率最高的歌剧《卡门》的作者。比才于

---

[1] 2009年5月6日国务院第62次常务会议通过，2009年11月10日发布，自2010年1月1日起施行。

图12　法国著名作曲家比才

1847年在巴黎爱丽舍田园大街的一家音乐咖啡厅里喝咖啡时，发现该咖啡厅正在演奏他的作品，为表示抗议，比才拒绝支付咖啡费用，并向法院起诉了咖啡厅，要求咖啡厅支付音乐使用费，法院判决比才胜诉。受到这件事情的影响和鼓励，比才意识到成立版权集体管理组织的重要性，的确，当咖啡厅使用音乐家作品时，考虑到诉讼成本，可能绝大多数音乐家并不会像比才那样向法院诉讼。如果有版权集体管理组织能帮助版权人维权，事情将变得简单。在比才和其他音乐家的倡导下，最终成立了世界上第一个音乐著作权集体管理组织——法国音乐作者作曲者出版者协会。

为维护版权人利益，各国大都成立了版权集体管理组织。我国当前的版权集体管理组织就有文字著作权协会、音乐著作权协会、电影著作权协会、音像著作权集体管理协会、摄影著作权协会等。

版权集体管理组织到底做什么？事实上，它的主要工作是收费。

李代沫，《中国好声音》参赛选手，并在其中翻唱《我的歌声里》而一炮走红。此后，他收到了《我的歌声里》版权人"环球音乐"的律师函。《中国好声音》表示，他们将向音乐著作权协会统一交费。①2014年音乐著作权协会先后向14家长期侵犯音乐著作权的电台电视台发出了律师函，并对其中久拖不决的部分电台电视台进行了调查取证，其中音著协诉厦门广播电视集团侵权使用音乐作品案于2014年12月22日由法院立案，音著协诉济南广播电视台侵权使用音乐作品案于2015年1月12日由法院立案。②

二、延伸保护

收费，几乎成了集体管理组织最重要的工作内容。毫无疑问，之所以要收费，还是因为使用者触碰到了版权人的利益。KTV要交费，那是因为版权人有机械表演权。公放电影的酒吧要交费，那是因为版权人有放映权。广播电台、电视台要交费，那是因为在法定许可的情况下，版权人有收费的权利。

然而，最关键的问题还在于，作品是作者的，并不是集体管理组织的，集体管理组织又为何有权代表作者收费呢？版权延伸保护的话题也由此展开。

正常情况下，集体管理组织要代表作者收费，需要得到作者的授权。委托授权，也正是著作权集体管理组织行使权利最正当的依

---

① 《好声音》闹版权纠纷节目组称向音著协统一交费[EB/OL]. http：//www.chinanews.com/yl/2012/08-09/4095870.shtml.
② 音著协：对侵犯音乐广播权坚决说"不"[EB/OL]. 中国新闻出版网, http：//www. ce. cn/culture/gd/201502/25/t20150225_4644321. shtml.

据。然而，现实中大量的作者并没有与集体管理组织签约，事实上，作者人数庞杂，也不可能一一与集体管理组织签约。这样，集体管理组织收费的权利也就存在法律上的障碍。

延伸保护，旨在于强调，即便是未征得作者同意的情况，集体管理组织仍然可以代表作者行使权利，简言之，词曲作者即便不是音著协的会员，但并不影响，音著协可以就其作品进行收费。这种延伸保护，其实质是确立了著作权集体管理组织代表作者行使权利的法定地位。

《著作权法》并没有确立集体管理组织的延伸保护原则，很多作者一直以来也反对"延伸保护"，因为他们担心自己的利益"被代表"的问题。在未来著作权法修订过程中，著作权的延伸保护问题或将再一次被提上议事日程。以音著协、文著协为代表的集体管理组织，大力倡导延伸保护的必要性。他们说了很多，概括他们所提出的种种理由就是，集体管理组织能够代表最广大音乐人的根本利益。

但，事实真的是这样吗？著作权集体管理组织真的能够代表最广大音乐人的根本利益吗？事实胜于一切雄辩。有人曾对音著协收费的分配进行了计算，其中音著协分走了72.4%，权利人仅获得27.6%，这27.6%还需要在权利人内部进行再分配，词作者，曲作者，MTV制作者，这样算下来每位作者仅获得了9.2%。[1]显然，绝大多数利益为集体管理组织获取，它到底代表的是谁的利益，或许数字可以说明问题。

作为他山之石的著作权延伸保护制度，起源于20世纪60年代的

---

[1] 律师解析著作权法草案：音著协吃肉音乐人喝汤[EB/OL]. http://news.cntv.cn/20120414/118388.shtml.

北欧国家，目前，全世界实行延伸保护的国家共有八个，也主要是集中在北欧，包括：丹麦、芬兰、挪威、瑞典、冰岛，还有津巴布韦和俄罗斯。客观而言，北欧国家实行延伸保护是其特定社会环境。北欧国家一向以其完善的社会福利而闻名，它们建立了"从摇篮到坟墓"的社会保障制度。一个人从出生到死亡均享有完善的社会福利，以教育为例，从小学到大学，一律实行免费教育；以医疗为例，生病期间可以获得近乎全免费的医疗；以失业为例，失业者从失业的第六天起可以从国家得到原来基本工资80%的失业救济。在这样的社会背景下实行版权集体管理延伸保护，或许能够代表最广大作者的根本利益；但在我国现有的条件下也照搬北欧的集体管理延伸保护并主张能够代表最广大作者的根本利益，很多人不信！

其实，延伸保护主要问题还不在于作者是否"被代表"，而在于被代表之后利益是否能回到他们手中，我引用《圣经》中那句名言："恺撒的归恺撒，上帝的归上帝"，延伸保护问题的关键也就在于建立良性的利益分配机制及有效的监管机制，让被代表的利益最终归被代表人所有。

在是否支持延伸保护问题上，总是伴随着两派声音，一派是支持延伸保护；另一派是反对延伸保护的。在《著作权法》修改的过程中，也有人居间提出了折中方案，即将延伸保护限制在特定范畴内，主要是二个方面：（1）广播电台、电视台播放法定许可使用他人已经发表的作品；（2）KTV的自动点播系统。[①]事实上，任何形式的延伸保护，都需要在制度上切实保障作者作为收益的主体，而

---

① 《著作权法（修改草案）》：（一）广播电台、电视台播放已经发表的文字、音乐、美术或者摄影作品；（二）自助点歌经营者通过自助点歌系统向公众传播已经发表的音乐或者视听作品。

| 第七章 | 合理使用与法定许可：版权战争之盾

不是变成他人打着旗号收钱的工具。

版权战争，一矛一盾。版权保护为矛，合理使用、法定许可为盾。作者擅用其矛，使用者擅用其盾。在版权保护下，作者笑傲江湖、唯我独尊；在合理使用制度中，使用者纵横驰骋、分外妖娆；在法定许可制度中，作者与使用者，平分秋色、各取所需。版权战争中，版权保护，合理使用、法定许可三足鼎力、三分天下，彼此之间此消彼长：版权保护越强大，合理使用制度与法定许可制度则越弱化，反之亦然。马克思说，法律终将消灭，但其前提是生产力高度发达，人的思想极大崇高。与其他法律相比，知识产权法是为思想而生的，当生产力极度发达，思想极大崇高的时候，可能著作权法，将最先消亡，当著作权法彻底消亡的时候，又将迎来合理使用一统天下的格局。

第八章 版权归属之争

编剧根据公司委托创作了剧本,编剧去世后版权归谁?这个问题很烧脑。

COPYRIGHT WAR

第一节　委托作品中的版权之争

2012年的春节期间，网络上最热闹的莫过于"打假斗士"方舟子和韩寒的骂战。这种骂战始因是方舟子质疑韩寒的作品不是出自其亲笔所为，而是由韩寒的父亲或者路金波代笔而为，韩寒后来还在网络上晒出其作品《三重门》的全部手稿以证清白。这里的谁是谁非自然是难以厘清的，诉讼似乎最后也不了了之。但是其中却引出了一个委托创作的问题，假如韩寒的作品是委托他人创作的，版权到底是谁的？

张三委托李四创作作品，作品上却写着张三的名字。这在以前似乎是作者难以启齿之事，然而在当下却已是司空见惯的事。很多企业在申请LOGO或者软件时，大多都是通过委托创作的方式完成。

在委托创作的情况下，委托人张三出钱，受托人李四拿钱干活，那么作品由谁来署名，他们可以约定。按照《著作权法》的规定，这种约定是合法有效的。[①]那么，张三委托李四创作，李四干的活，但作品上却写着张三的名字，如果双方约定好，按照意思自治原则，这一切便有了法律上的合理性。

尽管如此，署名权的约定问题仍然面临很大的质疑，其中一个就是"枪手"的问题，个别人会聘请"枪手"帮助撰写论文，这是学术制度坚决反对的。"枪手"问题也是一个委托创作的问题，却面临一个道德困境：如果明确约定了署名权归属，可能会引发一系

---

① 《著作权法》第17条。

列的社会问题——我的作品竟然都出自别人之手，亲戚、朋友、同事乃至大众会怎么看待我？在学术研究领域或者学生论文答辩领域，这种行为甚至不能原谅，一旦被人发现，则面临名誉扫地的后果。允许署名权自由约定，是否意味着"枪手"的概念被合法化？那么署名权可否自由约定归属呢？如果不允许，道理又在哪里呢？

到此，学界有两种声音：一种声音认为署名权属于人身权（人格权），人格权专属性决定了它不能转让；另一种声音认为署名权属于财产权，既为财产权，就可以自由约定。多少年来，第一种声音明显压倒第二种声音。其中，"枪手"的例子表面上又为第一种声音提供了强有力的支持。

任何论证都要坚守正确的概念和逻辑，法律上区分人格权和财产权的本质区别在于客体不同。人格权是以人格为客体，诸如姓名权、肖像权、健康权、生命权、隐私权，生命、健康、肖像、隐私等，这些都是人作为人不可缺少的要素，学理上称其为人格，人格权恰恰是以这些人格为客体。财产权则以财产为客体。学理上将财产又界定为人格之外的有价值的事物。法理上之所以禁止器官转让的一大法律理由在于器官为人之身体，虽有价值但非人之外物，故不能作为财产权之客体。所以人格与财产的区别可以理解为前者为人之内物，后者为人之外物。

署名权的客体是什么，它属于人之外物，还是人之内物呢？署名权是作者在作品上署名或者不署名的权利。按照《著作权法》规定，署名权，还宣示着作者对作品的占有，它向社会表明这部作品是我的；其宣示意义类似于动产领域的"占有"概念，不仅如此，署名还发生与动产占有类似的权利推定的效力，如《著作权法》规定,在作品上署名的人即为作者,除非有反证推翻。[1]因此,署名权的客体为作品,作品当然属于人之外的财产。

署名权属于财产权,还可以从人格权与财产权的本质特征中得到印证。人格权不能放弃,否则人将不能为法律意义上的人;财产权可以放弃,不影响人格之独立存在。署名权可以放弃的,有它没它,人格主体不受影响。

从上述特征来看,署名权属于典型的财产权,既为财产权,那么在委托作品中,它当然可以自由约定。所以,这也是为什么《计算机软件保护条例》中明确规定,计算机软件的署名权是可以自由转让的。

现在我们来解释"枪手"的问题。如果署名权可以自由约定,这是否意味着你可以和"枪手"理直气壮地约定,钱给你,作品是我的,特别是作品的署名权也是我的。显然,直觉告诉我们,这种约定有问题,如何来解释这种现象。请注意,财产可以转让,但并不意味着任何财产的转让都是有效的。相反,财产的转让也会受到限制,尤其是在违反法律、行政法规的强制性规定或者损害社会公共利益的时候,这是不被法律所允许的。同样的道理,在学术研究领域,禁止署名权的自由流转,这不是因为署名权是人格权,而是因为署名权流转会影响学术评价体系,抑或是社会的公序良俗等公共利益,所以,这种转让将不被允许。但绝不能由此来武断地说署名权不能自由约定,在市场化的商业环境当中,百科全书、计算机软件等大都是通过委托创作的方式完成,其中的署名往往只有一个,署名权理应允许委托方与受托方自由约定。

---

[1] 《著作权法》第11条第4款。

前面的例子如果换种情况，张三和李四就版权归属问题没有达成协议，又出现了争议，版权归谁呢？在这一问题上，张三和李四的地位是有区别的，张三是出钱的，李四是出力的，面对这种困惑，我们大多数人都有一个天然的直觉，它应当归张三所有，毕竟张三出了钱，李四收了钱，如果版权不给张三，这对张三极不公平。然而，《著作权法》上的规定却与我们的直觉恰好相反。根据《著作权法》的规定，在没有约定的情况下，委托作品的版权归受托人所有。鉴于《著作权法》上的如此规定，张三委托李四创作，明确版权归属的约定十分必要，否则，张三可能面临竹篮打水一场空的局面。

《著作权法》上的规定，给我们每个人的感觉都是它欠缺公平性。即便是张三忘记了和李四签约，但张三出钱雇佣李四的事实是不容改变的。因此，版权由张三所有，才更符合委托创作的本质。美国著作权法将受托作品放入雇佣作品规定，按照相关规定，雇佣作品的版权归雇主，《著作权法》在这一问题上有必要进一步完善。事实上，委托与雇佣是很难区分的，强行将其规为两类并规定不同的版权归属带来了很大的混乱，估计站在法庭上的双方，脑子里也是一千匹马在奔腾。

第二节　职务作品中的版权之争

根据作者是个人还是单位，可以将作品分为个人作品，法人作品，职务作品。个人作品是作者是个人的作品，版权归个人所有；法人作品不是个人而是整个法人单位的作品，版权归法人所有。职务作品，它是介乎于个人作品与法人作品之间的一个概念，是个人完成的作品，但又与单位有关，即个人完成单位的工作任务而形成的作品，如程序员为完成公司项目编写代码软件，记者为编辑部所撰写的稿件等，这些都属于职务作品。显然，在职务作品中，作者与单位之间存在雇佣关系，或者说单位向作者支付报酬，职务作品则需要符合单位的创作要求、创作主题以及完成作品的时间等等。

职务作品的特殊性也让它在很多情况下到底属于个人的抑或是单位的界线十分模糊，那么《著作权法》又是如何约定的呢？

我国法律对职务作品著作权归属的规定奉行两项原则：第一，有规定的，从其约定。第二，无约定的，一般而言，职务作品的版权归作者享有。当然，单位可以在法定期限内（如两年内）享有排他的许可使用权。

对于上面的规定，很多人会提出质疑，既然单位出了工资，那么职务作品版权理应归单位所有，然而却规定归作者所有，那么这真是对单位太不公平了！实践中职务作品归属大都已通过合同关系解决。比如公司聘请设计人员，他们大都会在劳动合同中约定，设计作品的版权归公司所有。世界上几乎不会有哪家公司会在聘用协议中约定版权归个人所有。

尽管如此，还是有会有人会问到，如果企业和雇员之间万一没有约定版权归属呢？企业岂不是很吃亏！和前文所述委托创作情况不同，随着知识产权意识的提升，企业一般不会犯这种低级错误的，即便由于一时疏忽，同样也可以在《著作权法》找到保护自己的依据。

著作权法针对特殊作品，又作出特殊规定。这里的特殊作品，是指像工程设计图、产品设计图、地图、计算机软件等职务作品。普通作品大都为了表情达意，如为了表达对女友的爱意而撰写文章或创作的画作；特殊作品之所以"特殊"，是因为从产生开始就深深打上了商业烙印，它们从来不是为了抒发作者情怀或者陶冶情操的，它们的目的很明确——实现某个特定的功能，为单位获取利润。《著作权法》将工程设计图、产品设计图、地图、计算机软件等几类作品作为"特殊作品"看待。

如果是特殊作品，在没有约定的情况下，其职务作品的版权归单位所有。所以，即便出现了没有约定的"万一"的情况，单位也用不着过于焦虑，依然可以从《著作权法》中找到保护自己的依据。当然，即便如此，在聘用合同中做好版权归属的约定，仍然是单位保护自己权益的最好方法。

在《著作权法》修改的过程中，针对哪些作品会被界定为特殊作品，从而受到职务作品的特殊保护，仍然是一个具有较大争议的问题。这一问题主要凸显在记者的稿件是否属于特殊作品？

在《著作权法》修改的过程中，就有人提出过这样的建议："报刊社、通讯社、广播电台和电视台的职工专门为完成报道任务创作的作品的著作权由单位享有，作者享有署名权。"[1]

记者为履行职务所撰写的稿件，或将被视为特殊作品看待。那么，在没有特别约定的情况下，它的版权将归单位所有。记者们希望维持现有的制度不变，即稿件是职务作品，版权归作者所有；如果一旦将其纳入特殊作品，也就意味着，版权将归属于单位。"屁股决定脑袋"，记者和记者的单位也就形成了两派阵营。

记者们十分关注自己的版权利益，他们甚至不惜诉讼的代价来维护自身利益。《解放军报》记者乔天富就因为深圳报业集团没有经过自己同意而使用自己的摄影作品而将其诉至法院。2013年7月

---

[1] 《著作权法（修改草案）》第20条第2款。

《解放军报》高级记者乔天富起诉深圳报业集团未经同意使用了他的73幅摄影作品，本案经一审、二审，2014年4月，广东省深圳市中级人民法院判决，乔天富胜诉，并判决深圳报业集团立即停止侵权行为并公开赔礼道歉，赔偿原告经济损失36 500元及其他诉讼合理支出。[1]

一旦《著作权法》作出前述修改，记者版权利益格局也将改变。同样是类似案件，届时记者将无权再起诉侵权方，因为职务作品的版权已归单位所有，诉讼所获得的利益也与记者再无关联。当然，一切还有待于《著作权法》作出最终规范。

如前所述英美法上没有职务作品一说，它叫雇佣作品，在没有约定的时候应当归雇主所有。然而在我国，除特殊作品之外，普通的职务作品，其版权却由作者享用。类似的情形，为何我国与英美法系之间却存在如此大的差别呢？这也体现了两大法系版权立法哲学的不同，我国著作权法受大陆法系黑格尔人格权学说的影响，更加关注作者及作者人格；而英美法系更关注投资与市场，雇主的利益将被优先保护。

第三节　法人作品之中的版权之争

除了职务作品，《著作权法》还有一个概念——"法人作品"，根据《著作权法》规定，法人作品的版权归法人所有。

一个职务作品，一个法人作品，其实很少有人能区分这两个概

---

[1] 广东省深圳市中级人民法院民事判决书（2014）深中法知民终字第164-238号。

念之间到底有何区别。一部作品，它是由法人出版发行的，从这个角度来看，它是法人作品，但它又是由单位员工创作完成的，所以，它也是职务作品。再以《中国大百科全书》这部法人作品为例进行说明。我们会说《中国大百科全书》它是中国大百科全书出版社出版的一部法人作品，中国大百科全书出版社主持编写，体现出版社的意志，并且由出版社承担最终责任，所以它是一部法人作品。然而当你作出上述论证的时候，你需要思考，法人不是人，它能写字吗？它能思考吗？它能创作吗……答案是"不能"，一切的创作活动还必须有赖于法人单位的员工，而每一个员工又是为了完成单位的工作任务而进行的创作。

原本是一回事的东西，《著作权法》却偏偏要把它区分成两个概念。《著作权法》还试图用概念来诠释和区分它们，但这些概念可能会让你更加糊涂。《著作权法》上是这样定义法人作品的：由法人主持、体现法人意志、由法人承担责任的作品；而职务作品是指员工为了完成单位的工作任务而完成的作品。无论你是否属于《著作权法》上的专业人士，你都很难区分法人作品和职务作品。

更为重要的是，法人作品的版权归单位所有，职务作品的版权归作者所有（没有约定的情况下）。所以，这一问题的困惑恰恰是，无法区分，但又必须区分，甚至这种区分对于案件的结果至关重要。

在《成长启示录》的版权争议案件中，区分职务作品或是法人作品，便成为决定案件输赢的关键。原告牟宁系上海知识产权报社的职工，他将自己所在单位作为被告起诉。原告在单位工作期间编撰了《成长启示录》一书，该书属于汇编作品，该书对113篇获奖作文进行了筛选，并对98篇入选作品、后记稿进行文字修改。

该案的核心在于，牟宁作品的版权归谁所有？原告说，这属于职务作品，根据《著作权法》的规定，在没有约定的情况，职务作品版权归作者所有。被告上海知识产权报社却说，这不是职务作品，而是法人作品。因为如果是法人作品，其版权无可争议地归单位所有。法院最终认定其属于法人作品，原告方败诉。

事实上，所有的法人作品，都需要有法人员工参与，在其创作形式上都符合职务作品的特征。区分法人作品和职务作品便只是一个伪命题和逻辑上的游戏，而在法庭上，各方却要对这样一个伪命题争个你死我活，这只会让一个简单的问题变得更加复杂。

第四节　孤儿作品之中的版权之争

首先，什么是"孤儿作品"？作品时常被喻为作者的儿子，儿子找不到母亲便成为"孤儿"，当找不到作者时，这样的作品又被形象地称为"孤儿作品"。找不到作者的情况一般包括：第一，作者是谁不知道；第二，知道作者是谁，但联系不上。

孤儿作品的产生有很多原因，包括历史记载不详、作者未能在作品上及时署名等，据不列颠图书馆估计，其藏品的40%找不到权利人。

我国最早关于孤儿作品的报道是1998年，该报道讲述了广东华视广告有限公司想要将流行于20世纪五六十年代的经典儿歌《找朋友》（找呀找朋友，你是我的好朋友）使用于伊利冰激凌雪糕的广告中，但是广告公司经过多番努力，翻遍所有的关于这首歌曲的歌谱资料都未找到歌曲作者，于是不得不公开刊登广告来寻找作品权利人。

在《著作权法》修改的过程中，关注"孤儿作品"的呼声越来越高。①孤儿作品所要解决的就是，当作者身份不明，或者作者身份确定但无法联系时，使用者如何使用作品的问题。

按照孤儿作品的制度设计，使用者如果找不到版权人的情况下，可以向国务院著作权行政管理部门指定的机构申请并提存使用费后使用。简单地说，你只要把钱交给相关部门，你就可以放心大胆地使用作品，而不必要再有侵权的担心。孤儿作品的使用费用，需要由国务院著作权行政管理部门另行规定。这有点类似于专利法中"法定许可制度"——只要向专利管理部门缴纳了费用，便可以使用作品，而无需征得作者的同意。②

在孤儿作品制度下，作者的权利受到了限制，至少有两项权利受到了限制：第一，当使用者要使用作品时，作者有回答YES or NO 的权利，但在孤儿作品制度中，这项权利没有了；第二，当使用者要使用作品时，作者有出价的权利，但在孤儿作品制度中，它没有了。因此，孤儿作品，实质上是为推动作品利用，而进行的又一次利益上的再平衡。

因此，在孤儿作品制度下，有人会担心，如果使用者以所谓孤儿作品为由，自由使用作者的作品，这对于作者极为不利。比如说，看到某作者的作品挺好，想出版，然后说作者找不到，便利用"孤儿作品"制度强制使用该作品，这似乎会对作者不利。为此，有必要对孤儿作品的使用作出严格的规定。

首先，一个作品是否是孤儿作品，不能仅凭使用者说作者不详而简单作出认定。根据《著作权法》修改草案，使用者"尽力"查找权利人无果方为"孤儿作品"。但如何衡量尽力查找无果，这也

---

① 《著作权法（修订草案送审稿）》第51条。
② 《专利法》第48条。

是一个需要进一步解释的问题。

其实，这里的"尽力"，即为是否尽"勤勉搜索"义务，至少包括：（1）作品是否有作者署名、单位、地址、通讯方式等信息；（2）是否通过正常的渠道可以获得作品作者的相关信息，如网络。

还有必要在使用范围上对孤儿作品进行必要限制，只限于"以数字化的形式复制或者信息网络向公众传播"两种方式。这样，即便是构成"孤儿作品"，作者也只能通过两种方法来使用作品：第一，数字化复制；第二，信息网络向公众传播。这一方面可以最大程度地保障文化交流与共享，另一方面也可以有效保障作者的经济利益。当下的数字图书馆们使用作品时苦于找不到作者的情况将通过"孤儿作品"而得到解决。但是，在其他很多情况下，诸如在选秀节目中，如果选手想演唱歌曲，试图主张找不到作者，希望通过孤儿作品制度来使用作品的情况，则是没有办法实现的。

第五节　续受作品的版权之争

一、版权转让

在财产交易过程中，买家最关心的便是，我出了钱，东西什么时候才是我的。根据《物权法》的规定，动产是从交付时发生所有权转移；不动产从变更登记时发生移转效力。[①]那么，在版权转让合

---

① 《物权法》第9条、第23条。

同中，版权移转何时生效呢？

北京太格印象文化传播有限公司（以下简称北京太格）曾起诉广东飞乐影视制品有限公司（以下简称广东飞乐）侵犯版权。本案涉及知名歌曲《老鼠爱大米》的版权问题。北京太格主张广东飞乐侵犯自己的版权，广东飞乐则辩称，自己的版权是从杨臣刚手中买得。太格印象为何说歌曲的版权是自己的，而广东飞乐既然是买来的版权，又何谈侵权呢？

为此，法院通知了杨臣刚作为第三人参加诉讼。杨臣刚曾把词曲版权转让给北京太格，双方签订了版权转让合同。后来杨臣刚又与广东飞乐签订版权权转让合同，简言之，"一女二嫁"。

既为"一女二嫁"，北京太格在先，广东飞乐在后，那么歌曲的版权到底是谁的呢？在庭审中，广东飞乐力图说服法院版权应当归自己所有，它甚至还提出了这样的理由：虽然北京太格在先签订了合同，但杨臣刚并未将词曲交给原告方，所以北京太格并未获得版权。但一审法院海淀区法院认为，版权的客体是作品，是非物质性的信息，没有办法像动产那样进行交付。故自合同订立时就视为版权移转。

有意思的是，该案在二审阶段出现了"第三者"，在二审法院即北京市第一中级人民法院审理本案过程中，武汉市仲裁委员会作出生效裁决：在与前述两份著作权转让合同之前，杨臣刚已经将该歌曲的词曲著作权转让给了肖飞。依据签约在先的原则，北京市第一中级人民法院裁定撤销原审判决，驳回北京太格对广东飞乐的起诉。

不论剧情怎么逆转，判决原则却是从一而终的，签约即版权转移。

二、版权许可

版权许可不同于版权转让，许可是有期限的，类似于出租。《著作权法》上的许可分为三种形式：普通许可、独占许可、排他许可。其中，最厉害的便是独占许可，即只有使用人可以使用，其他任何人，包括版权人自己都不可以使用，是绝对的垄断；排他许可次之，它强调除了使用人和版权人外，其他任何人都不可以使用；普通许可则是除了使用人、版权人可以使用，版权人还可以授权其他人使用。三种许可的效率不一样，其价格也不一样，一般独占许可价格高于排他许可，排他许可又高于普通许可。购买许可一方往往需要根据自身的支付能力和版权运营的能力来决定签约形式，而版权人一方则要充分评估自身版权的价值，以及购买人所出的价格来决定以什么样的方式许可对方使用。

《著作权法》第24条中还出现"专有使用"的概念。[1]这里的专有使用又是一个什么概念呢？为此，《著作权法实施条例》进行了解释，这里的"专有使用"的概念由双方协议确定，没有约定的情况下系指独占使用。[2]

在版权许可的过程中，使用人是否还可以二次许可呢（使用人再次许可他人使用）？为此，《著作权法实施条例》也作出了解释，除合同另有约定外，被许可人许可第三人行使同一权利，必须取得著作权人的许可；或者说被许可人未经著作权人同意，不得许

---

[1] 《著作权法》第24条规定，版权转让合同中应当规定许可使用系"专有使用"还是"非专有使用"。
[2] 《著作权法实施条例》第24条：著作权法第二十四条规定的专有使用权的内容由合同约定，合同没有约定或者约定不明的，视为被许可人有权排除包括著作权人在内的任何人以同样的方式使用作品；除合同另有约定外，被许可人许可第三人行使同一权利，必须取得著作权人的许可。

可第三人再行使该著作权。①

根据《著作权法》的上述规定，通过合同约定，权利人可以获得再次版权许可的权利。这对于独占许可人而言是很大的利益。前文中提到的湖南电视台一方买下《人民的名义》独播权就是一种独占许可，除了湖南电视台一方其他电视台和网络平台都无权播放该剧，根据媒体报道，其他电视台和网络平台向湖南电视台一方高价购买播放权，可见，湖南电视台一方在和版权人签订协议时应该约定了再次许可的权利。眼光好的使用者愿意冒着一定的风险付出较大的代价取得独占许可并约定再次许可也是因为独占许可的特性使然，相当于版权的后期运营权掌握在了独占许可人的手上。

三、版权继承

任何财产都可以继承，版权亦不例外，只是与其他财产相比，版权有保护期的限制，即作者有生之年加作者死后五十年。因此，普通财产可以世代传袭，版权则在作者去逝五十年后转为公有财产，这样，一个作者去世之后，他的儿子再传给他的孙子，估计作者去世之后五十年，有两代人可以作为遗产继承，五十年后，基于该作品的版权（财产权部分）便不再受法律保护了。

在涉及版权继承问题上，有一个棘手的问题，版权中的"署名权""发表权""修改权"（保护作品完整权）等几项权利能否继承呢？这一问题的本质在于这几项权利到底属于财产性权利，还是人格性权利？笔者早在此前的"二元保护理论"中论及，所谓著作人格权的命题事实上是一个伪命题，此不赘述。

---

① 《著作权法实施条例》第24条。

财产是可以继承的，在二元保护理论下，发表权、修改权（保护作品完整权）、署名权等几项权利属于财产权，照理同样是可以继承的。继承遗产分为法定继承和遗嘱继承，有遗嘱的遗嘱继承优先，没有遗嘱的，遵循法定继承，由其近亲属继承遗产。法定继承彰显的是对逝者意志的尊重。尽管没有遗嘱，法律推断，逝者仍然希望他的财产由的近亲属继承。下面我们逐项来看发表权、修改权、署名权能否被继承。

1. 发表权的继承问题

按照现行法律规定，作者生前未发表的作品，如果作者未明确表示不发表，作者死亡后50年内，其发表权可由继承人或者受遗赠人行使。虽然法律用了行使的字眼，但字里行间是承认发表权可以继承的，并明确了继承的原则是有遗嘱的，遗嘱优先。遗嘱可以确定由谁来行使发表权，但如果遗嘱表示，该作品永不得发表，则任何人都不得发表作品。

在没有遗嘱的情况下，适用法定继承，由法律推定逝者的意思，显然，他希望由近亲属（配偶、父母、子女等）享有发表权，故其近亲属可以继承发表权，决定发表或者不发表。

在没有继承人的情况下，发表权又由谁来行使呢？无人行使便意味着作品永远无法见天日。为此，《著作权法》规定由作品原件所有人行使发表权，决定发表或者不发表。[1]如果不规定原件所有人享有发表权，那么便无法再找到更合适的继承其发表权的主体了，这也意味着该作品将永远无法再问世了，这一条对于鼓励作品发表、促进文化传播具有重要意义。

---

[1] 《著作权法实施条例》第17条。

2. 修改权的继承问题

关于作者去世之后修改权该如何处理的问题,《著作权法》没有用"继承"一词,而是用的是保护。根据《著作权法》规定,作者去世之后,其著作权中署名权、修改权和保护作品完整权由作者的继承人或者受遗赠人保护,没有继承人的,由版权行政部门保护。[①]那么,当作者去世之后,一旦有人恶意歪曲作品,作者的子女是否有权提起诉讼呢?显然,按照《著作权法》规定,作者子女是可以提起诉讼的,只是诉讼的依据不是"继承",而是"保护"。

继承与保护的区别在哪呢?如果是继承,那么修改权是子女的,如果是保护,子女没有修改权,只能是在权利受到侵害时出来维权。然而,当作者在遗嘱中授权子女在自己去世后修改作品时,子女显然已经实质上拥有所继承的权利,而不再仅仅是"保护"。

《著作权法》之所以用的是"保护",而不用"继承"一词,实质上是受到传统人格权学说的桎梏。向前一步,将修改权正名为财产权,这种"保护"与"继承"的区分便没有必要,关于修改权的法律逻辑和法律关系也将更加简洁明晰。

关于修改权的继承,有遗嘱的情况应尊重遗嘱内容。在没有遗嘱的情况下,不能由继承人继承,理由是可以推定作者不希望在其去世后其观点和思想被他人修改,哪怕是其近亲属,这同样是对被继承人意思推定的尊重。

3. 署名权的继承问题

署名权能否继承是版权继承中最为特殊的一个问题。逻辑上比较绕。由于署名权彰显的是谁是作者的问题,不宜由他人代劳,很

---

① 《著作权法》第15条。

多人将其作为署名权是精神权利的论据，并据此主张署名权不能继承。事实上，将署名权视为财产权利，主张署名权可以继承，同样可以作出继承人不能署名的制度设计：普通财产之所以允许继承，是对逝者意识的尊重，从常理来看父亲希望把自己的财产留给子女，所以子女有权继承父亲的财产。然而，对于自己作品的署名，父亲通常并不希望留给他人，即便是自己的子女，他更希望他的思想能够穿越时空，为后人敬仰，所以其继承人不能署名，但是他又希望继承人能够保护他的署名权不被别人侵犯。在两项矛盾之下，他可以留下遗嘱，署名权由继承人继承，但是继承人行使继承权仅限于保护自己的署名权不被侵犯的范围。在这种继承制度安排下，父亲的作品，永远都是父亲的作品，即便是父亲去世后，书上写上了儿子的名字，公众依然会把它当作父亲的作品。对于法定继承也同样可以作出相应的法律安排。

基于著作人格权理论的困惑，《著作权法》关于署名权、发表权、修改权等权利的继承问题比较混乱，一会儿出现继承人，一会儿出现行使，一会儿出现保护，又规定著作权无人继承又无人受遗赠的，其署名权、修改权和保护作品完整权由著作权行政管理部门保护。① 事实上，作者的子女如果没有继承相关权利，保护的理由显得薄弱而支撑不足，不如按照二元保护理论直率地将三项权利视为财产权，按照继承的制度作出安排。

四、无主版权："天字第一号"案件引发的争议

电视剧《我的前半生》。近日大火，引发很多人去看原著的想

---

① 《著作权法》第15条。

法。有意思的是很多人看完后发现，此前半生非彼前半生。原来有两本书都叫《我的前半生》，一本是亦舒所著，另一本是末代皇帝溥仪所著，溥仪所著《我的前半生》引起的版权纠纷旷日持久，从20世纪80年代末期一直持续到前几年，号称"天字第一号"案件。主要涉及两种纠纷，一种是署名权纠纷，另一种是继承权纠纷。实际上就是两个问题：第一，《我的前半生》版权归谁所有？第二，溥仪去世之后，该书版权又归谁所有？

问题一：《我的前半生》的著作权归谁所有？

这部书是溥仪在东北抚顺战犯管理所服刑时，由其口述，其弟溥杰执笔的一份题为《我的前半生》的自传体材料。被当时的中央领导看过后，指示公安部派人帮助修改整理。公安部所属的群众出版社指定李文达进行修改整理。

它的特殊性在于口述人与执笔人不同，后又经人进行了大幅修改整理。那么版权到底是执笔人的、口述人的，还是整理人的，抑或是共有的？该案提出了传记作品著作权的归属问题。从1989年北京市第一中级人民法院立案到1996年北京市高级人民法院下达终审判决书，长达七年之久，引起了从中院到高院乃至最高人民法院的高度关注与讨论，法院最终判决，在没有约定的情况下，作品的版权归口述人溥仪所有。

由于作者身份的特殊性、历史背景的复杂性等问题，使该案产生了重大影响，以至于产生了关于自传作品著作权归属的司法解释："当事人合意以特定人物经历为题材完成的自传体作品，当事人对著作权权属有约定的，依其约定；没有约定的，著作权归该特定人物享有，执笔人或整理人对作品完成付出劳动的，著作权人可以向其支付适当的报酬。"①

问题二：溥仪去世之后，该书的版权归谁所有？

溥仪去世之后，该书版权自然由他的妻子李淑贤所有，李淑贤去世之后，该书版权又应当由李淑贤的继承人继承。现在的问题是，如果没有继承人怎么办？

结合《物权法》《继承法》规定，无人继承的财产当归国家的所有。②按此规定，无人继承的版权也当属国家所有，《著作权法实施条例》还规定：国家享有著作权的作品的使用，由国务院著作权行政管理部门管理。③

溥仪的继承人李淑贤（溥仪的第五任也是最后一任妻子）没有继承人，去世时也没有留下遗嘱。事态弄人，如此有价值又引起了如此大争议的版权，却落得无人继承的局面。

《我的前半生》因此被群众出版社申请为"无主财产"，北京市西城区法院受理申请后，2007年9月25日，依照特别程序规定，在《人民法院报》发出"财产认领公告"。公告写明，"自公告之日起1年内如果无人认领，本院将依法判决"。

其后，"皇弟"溥任的代理人表态，"溥任一定会在期限内进行认领"。2008年8月22日，溥仪的侄女金霭玲到西城区法院申请认领《我的前半生》版权。"无主财产"特别程序因此终结。2009年8月，金霭玲又到丰台法院起诉群众出版社，要求确认《我的前半生》著作权归自己所有。法院判决认为，李淑贤作为溥仪的妻子及唯一法定继承人，生前未对该书的著作财产权进行处分，李淑贤去

---

① 最高人民法院《关于审理著作权民事纠纷案件适用法律若干问题的解释》第4条。
② 《继承法》第32条："无人继承又无人受遗赠的遗产，归国家所有；死者生前是集体所有制组织成员的，归所在集体所有制组织所有。"
③ 《著作权法实施条例》第16条。

世后也没有继承人。而金霭玲并不是李淑贤的遗产继承人，其以群众出版社为被告提起诉讼，要求确认《我的前半生》著作财产权归其所有，于法无据。此后，金霭玲也没有再上诉。

虽然到今天为止，也没有判决确认《我的前半生》的版权归属，但由于李淑贤没有继承人，1997年，李淑贤逝世后，按《继承法》第32条规定，无人继承又无人受遗赠的遗产，归国家所有。

其实，对于普通财产，无论是动产还是不动产，无人继承的情况下归国家所有，是有其合理性的，否则人人都来主张权利，势必发生争夺的混乱局面。然而，无主版权的继承，简单照搬动产的继承规则，确定其归国家所有其实全无必要。因为大家争相使用作品，反而会让作品思想得以广泛传播。

第九章 邻接权之战

明星们经常会问一个问题,我们演了电影,是不是版权人?这里就来回答这个问题。

COPYRIGHT WAR

一首歌曲，能够感动世界，除了词曲作者功不可没，表演者声情并茂的表演同样功不可没。因此，这个世界上有两个称谓，一个是作家，另一个是艺术家；一个负责创作，另一个负责传播。于是《著作权法》上也就有两个权利，一个叫版权，另一个叫邻接权。

"邻接权"一词译自英文"neighboring right"，它是版权的邻居，它保护的是，作品传播者基于对作品传播过程中的创造性劳动成果所享有的权利，如表演者会基于表演行为而享表演者权；出版社会基于出版行为而享有出版者权，此外，还有录音录像制作者权，广播电台、电视台组织者权。

还有不少人建议将"邻接权"更名为"相关权"，强调这些权利与版权的相关性。但是相关权的概念让人有些扑朔迷离，何为"相关"，何又为"相关权"，这些不确定的概念，并不比"邻接权"更为明晰。当然仅从字面意义上看，邻接权的概念并不先进，但它毕竟已经被广为熟知。一个广为熟知的概念本身就是价值。

我们来看看邻接权可能引发什么战争。

《罗马公约》当属邻接权领域最重要的世界公约，它的全称是《保护表演者、音像制品制作者和广播组织罗马公约》[①]。该公约曾就国家间接收节目信号的问题作出规定，如甲国广播电台、电视台在播放节目，乙国未经甲国允许直接接收该信号并对节目进行播放，此种行为是违反《罗马公约》约定的。我国目前还没有加入《罗马公约》。

韩国与朝鲜曾为接收节目信号问题发生争议。据韩国联合通信社的消息，韩国SBS（Seoul Broadcasting System）电视台曾发

---

① 1961年10月26日，由国际劳工组织与世界知识产权组织及联合国教育、科学及文化组织共同发起，在罗马缔结了本公约。公约于1964年5月18日生效。

表声明，认为朝鲜电视台转播世界杯开幕式和揭幕战的比赛是不合法的，因为朝鲜方面并未向韩国SBS购买世界杯的电视信号转播权。朝鲜方面擅自盗用了他们的信号，转播了世界杯的开幕式和揭幕战。该发言人还表示：朝鲜擅自获取电视信号的行为是不合法的。

事实上，韩国加入了《罗马公约》，但朝鲜不属于《罗马公约》的成员国，因此截取信号还不属于侵权。其实世界上很多国家都不属于《罗马公约》的成员国，因此这些国家截取信号播放节目并不存在法律障碍。

类似的邻接权之战每天都在上演，下面让我们来好好认识一下邻接权。

第一节 谁是表演者

版权中有一项权利叫表演权，邻接权中有一项权利叫表演者权。两者一字之差，却有重大区别。表演权是由作者享有的，而表演者权则是由表演者享有的。金庸先生创作作品《笑傲江湖》，金庸先生作为作者享有表演权，他可以自己表演作品，当然也可以授权他人表演作品。那些实际表演该作品的人，演员或者歌手所享有的是表演者权。

一、表演者有哪些权利

一首歌唱完之后，表演者会享有什么权利呢？《著作权法》一共规定了6项权利，[1]其中"公开传送"和"录制发行"两项权利最为重要，互联网传播的权利也逐步成为热点。

1. 公开传送

根据《著作权法》规定，表演者有权许可他人"现场直播"和"公开传送"其现场表演。节目播放分为直播和录播，春晚是直播，电视剧是录播，无论是现场直播，还是录播后再公开传送，都需要征得表演者的同意。因此，节目组或者电视台通常会与参与春晚录制、电视剧演出的演员们签订合同，允许其节目公开传送。

在《著作权法》上涉及作品公开传送的权利很多，如广播权、信息网络传播权等，这些权利的对象仅仅只是作品，仅需要作者的授权即可。然而，一部作品经过表演者演绎之后，组织者要公开传送，不仅需要获得作者的授权，还必须征得表演者同意，因为这是表演者权的当然内容。所以，在类似的节目制作中，组织者需要签订两份协议，一份是作者授权协议，另一份是表演者授权协议。

2. 录制发行

表演者权的另一项重要内容是"录制发行权"。以春晚为例，组织者要将春晚节目制作成光盘或者CD发行，还需要征得表演者的同意，这同样是表演者权的当然内容。演员陈佩斯的小品曾被制作成录像制品发行，陈佩斯将相关单位起诉到法院，后法院判决陈佩斯胜诉。[2]当然也有坊间传言认为陈佩斯的这个官司打得不值，让他损失了很多后续发展的机会。官司到底值不值，只有当事人双方才有评判权，无论如何，陈佩斯是为此赢得了"录制发行权"的。

---

[1] 《著作权法》第48条。
[2] 陈佩斯、朱时茂诉中国国际电视总公司侵犯著作权使用权和获得报酬权及侵犯表演者权纠纷。参见北京市第一中级人民法院民事判决书（1999）一中知初字第108号。

歌手孙楠也曾基于表演者权将中电通信科技公司（被告）起诉到法院。被告将孙楠专辑中的歌曲《留什么给你》置于手机记忆卡中，购买该型号手机的用户，在菜单的指引下选择"音乐播放机"后，便可以听到由孙楠演唱的《留什么给你》。双方争议中，被告方提出抗辩，认为其并没有发行包含表演的音像制品，而只是把它复制在手机当中作为引导音乐播放使用，故而不属于侵权。

《著作权法》在保护表演者时所提及的"录音制品"，其形式应当是十分广泛的，不仅包含传统的CD、VCD、MP3或者磁带等音像制品，还包括其他用于存储音乐的设备，如硬盘、软盘、闪存盘、存储卡等。在未经表演者同意的情况下，任何将表演活动复制在产品中并出售的行为，都将视为对表演者权的侵害。根据《著作权法》的规定，被告方的主张不能成立。此案经一审、二审，最终法院判决认为，表演者权的主体是表演作品的表演者，本案中孙楠对歌曲《留什么给你》的演唱系以自己的声音表现作品的行为，属于表演活动，孙楠是表演者权的权利人。被告没有证据证明涉案歌曲有合法来源，故应认定涉案歌曲与孙楠提供光盘中的歌曲系出自同一音源。被告未经孙楠许可，将孙楠享有表演者权的涉案歌曲预安装于涉案手机并销售，未表明演唱者为孙楠，未支付报酬，侵犯了孙楠表演者身份权、复制权、发行权及取得报酬权。[①]

3. 互联网络传播

根据《著作权法》的规定，表演者有权许可利用信息网络传播权向公众传播其表演。在当下移动网络盛行的情况下，任何人都可以成为演员，而任何表演都可以通过网络进行传播。如果说2015

---

① 山东省高级人民法院民事判决书（2007）鲁民三终字第80号。

年是App野蛮生长的一年，那么2016年，绝对是网络直播的盛世元年。网络直播忽如一夜春笋，冒出了地面，勃勃生长，迅速点燃了投资人、直播者和观众的热情。有人说，一夜之间，全民直播的时代来了。由于没有门槛的限制，不仅明星可以开直播——刘涛的直播引来71万名粉丝刷屏，一度导致网络瘫痪；普通人也可以直播——路人甲乙丙丁都在网上玩得不亦乐乎。不仅大型演出可以直播——比如王菲的"幻乐一场"；吃个饭睡个觉也可以直播——一位直播睡觉的姑娘甚至获得了王思聪7万元的打赏。演员和表演的范畴较之以往，有了更大的延展，为此，表演者的信息网络传播权也受到社会的普遍关注。除了直播之外，还有一种互联网传播方式是录制好之后再上传。无论直播还是录播，在未经表演者同意的情况下，将表演上传到互联网上的行为，属于典型的侵犯表演者权的情况。

这里有一个问题，以上种种情况，谁享有表演者权，谁又不享有呢？吃饭、睡觉、聊天这些也算表演吗？按照现行法律的规定，这些形式不能称其为表演，行为人难以被称为表演者，也难以享有表演者权。这又引出了下面一个讨论：什么是《著作权法》意义上的表演，谁又可以享有表演者权？

二、什么是著作权法意义上的表演

著作权法规定了表演者权，著作权法上所说的表演到底指的是什么？先来看这样几个问题：

第一，体育比赛等体育运动中运动员是否有表演者权？

第二，演讲（辩论）中，演讲者（辩论者）是否有表演者权？

第三，舞蹈表演中，表演者是享有表演者权？

第四，杂技艺术表演中，表演者是否享表演者权？

1. 运动员是否有表演者权

每当我们在现场观看体育比赛时，总是习惯用手机拍摄并上传到网上，这是否会侵犯运动员的知识产权呢？首先，运动员不是作者，因此这里不涉及作者版权的问题。关键在于，在体育比赛中运动员是否享有表演者权？如果运动员有表演者权，那么根据《著作权法》规定，对他们进行录音录像，或者进行网络传播，就需要征得他们的同意。反之，如果运动员没有表演者权，手机拍摄也就不存在侵权问题。

2008年中国奥运会期间，国家版权局的一位官员表示，个人自拍的有关奥运赛事的DV，由于其未得到有关授权，所以不能在网上传播，并且根据情节轻重有不同的处罚，轻者要求责令关闭内容、断开链接等，重者将受到警告、处10万元以下罚款、关闭服务器，甚至处以刑事处罚。[1]这位官员的说法，无疑是认可了足球比赛运动员的表演者权，果真如此吗？

《著作权法》上的表演被视为对文学艺术作品的传播[2]，因此，表演一定要有"基础作品"，如演唱歌曲，这里的基础作品是词曲，演唱即为表演，演唱者即享有表演者权；再如表演话剧，这里的基础作品是话剧剧本。总之，著作权法意义上的表演需要找到"基础作品"。

《著作权法》意义上的作品应当是智力成果，更准确地说它应当属于文学、艺术、科学领域的智力成果。一般而言，体育比赛，与文学、艺术、科学之间是有本质区别的，故而世界各国大都把体育运动排除在作品的范畴之外。

---

[1] http://2008.qq.com/a/20080613/000109.htm.
[2] 《保护表演者、音像制品制作者和广播组织罗马公约》第7条第1款。

体育比赛不是作品，参赛运动员也就不属于表演，因此它不受版权法保护，也不受表演者权的保护。这样，现场拍摄体育比赛（网络传播），便不受《著作权法》限制了。在《著作权法》意义上，观众所拍摄的体育赛事，与拍摄的一段美丽的自然风光或者是天空中出现的UFO的画面在本质上并无二致，拍摄对象都是不受《著作权法》保护的。

虽然体育比赛不涉及版权或表演者权，但是这并不等于主办方不能对拍摄进行限制。主办方完全可以在观众买票时提示不允许拍照，只不过这不是《著作权法》上的问题，而是合同法要解决的问题。无论如何，版权局不应对拍摄者进行处罚，这种处罚也没有任何依据。

2. 演讲者是否享有表演者权

演讲者是否享有表演者权？这个问题的关键仍然是要寻找"基础作品"。一般而言，演讲词是事先准备好的，如果是这样，演讲词就是这里的基础作品，演讲者为表演者，享有表演者权。在即兴演讲的情况下，演讲者的基础作品为"口述作品"，这里的演讲者既是作者，又是表演者。

3. 舞蹈演员是否有表演权

以《千手观音》为例，《著作权法》上的舞蹈作品指的是什么？在这里，谁是作者，谁是表演者？舞蹈的设计者与表演者往往是分离的，其中设计者享有版权，而表演者只是享有表演者权。《千手观音》的设计者是张继钢，而表演者则是中国残疾人艺术团。舞蹈的设计者往往通过舞谱形式，将舞蹈中连续的动作、姿势、表情记录下来，而舞蹈作品恰恰是以书面形式展现的舞谱，而对它享有版权的恰恰正是舞蹈的设计者。对于观众而言，他们大多熟悉的是舞蹈的表演者，在《著作权法》意义上，舞蹈的设计者与表演者之间是有协议的，因为任何人要表演这个舞蹈都需要得到设计者关于表演权的授权。然而，舞蹈的表演者在得到授权之后，又将基于自己的表演行为而享有独立的表演者权。

如果有人未经同意，擅自将舞蹈《千手观音》录制、发行，在这种情况下，舞蹈的设计者和表演者都可以站出来主张权利，设计者享有版权，表演者享有表演者权。如果是另一群舞蹈演员完全模拟《千手观音》自行表演，在这种情况下，舞蹈的设计者可以基于表演权提起诉讼。

4. 杂技演员是否享有表演者权

杂技艺术作品包含了杂技、魔术、马戏等作品。[①]魔术，马戏，杂技这些艺术形式为观众喜闻乐见。这三者之间是有区别的，杂技是以人的表演为主，尤其以人的一系列高难度和惊险动作取悦观众；马戏则以训练动物的表演为主；魔术又不同于杂技和马戏，它的技巧在于魔术背后的秘密。

问题的关键在于在杂技艺术领域，谁是作者，谁是表演者呢？这里的表演者是容易识别的，谁在实际表演谁就是表演者，如杂技中表演惊险动作的人是表演者；在魔术中魔术师就是表演者；在马戏中，人与动物同台表演，训练动物的人是表演者，动物虽然也是表演者，却不可能享有《著作权法》意义上的表演者权。

杂技艺术作品中，谁又是版权人呢？显然是杂技艺术的设计者，尽管在很多情况下，杂技艺术作品的设计者与表演者是同一人，但他们却分别享有版权和表演者权。

---

① 2001年《著作权法》把杂技艺术作品纳入作品当中。参见《著作权法（2001年修订）》第3条第3项。

三、KTV付费，表演者有份吗

为什么要向KTV收费，其中一个最重要的原因是"机械表演权"的要求。

《著作权法》中的表演权包括现场表演和机械表演两种情况。当把一首歌曲通过机器播放出来的时候，就属于机械表演。由于作者享有机械表演权，所以，基于这种机械表演理应向作者付费。这里的作者指的是词曲作者。

《著作权法》是否规定机械表演权，对于如何使用音乐是有影响的。如果没有机械表演权，使用者将光盘买回后可以"肆无忌惮"地将音乐公开播放，这一切都不受任何限制。然而，《著作权法》恰恰规定了机械表演权，这样，针对KTV点歌播放，词曲作者有了收费的权利。

针对KTV点歌播放，除了词曲作者，表演者有份吗？以那首在KTV中点播率较高的《忘情水》为例，歌手刘德华又是否有权在KTV付费中分得一杯羹呢？

事实上，按照《著作权法》的规定，演唱者享有表演者权。依据表演者权，作为演唱者的刘德华享有诸如允许他人录制发行、许可他人网络传播等权利，然而，KTV抑或是背景音乐播放涉及的问题是，使用者将光碟（或其他音乐载体）买回后利用机器设备当众播放，这是机械表演，而并非现场表演，作为表演者在这种情况下是否有权收费的关键，就在于表演者权当中是否包含机械表演权？

如果表演者权当中含有机械表演权，那么无论是KTV还者背景音乐，除了作者有权利收费，表演者同样也有权收费。然而，如果表演者权当中没有机械表演权，那么表演者自然也就没有权利收费。关于表演者是否享有机械表演权的问题，世界各国的著作权法对这一问题的规定不尽相同，如德国和意大利规定，表演者有机械表演权，有权主张报酬；然而，《著作权法》却没有规定表演者的机械表演权，因此表演者也就没有权利从KTV或者背景音乐中收取费用。

第二节　出版者权：书商的权力

出版者曾在历史上辉煌一时，并推动了版权法的产生，那么出版者，经常涉及的权利是什么呢？

出版社对于出版图书的版式设计享有专有使用权。为此，出版者有权许可或者禁止他人使用其出版的图书、期刊的版式设计。根据《著作权法》规定，这项权利的保护期为十年，截至使用该版式设计的图书、期刊首次出版后第十年的12月31日。[①]此前的著作权法还将图书的装帧设计纳入版权保护范围，2010年修改《著作权法》时将其删去了。时下有关装帧设计的权属纠纷，只能参考美术作品的版权保护处理。

《著作权法》还规定了出版社的专有出版权。[②]张三将博士论文，先交给甲出版社出版，然后又交给乙出版社出版。张三在与甲出版社签订的合同中并没有约定专有出版权，乙出版社出版该书是否侵权？

长期以来，出版社的专有出版权都被视为一项法定权利。如果

---

① 《著作权法》第36条第2款。
② 《著作权法》第31条规定：图书出版者对著作权人交付出版的作品，按照合同约定享有的专有出版权受法律保护，他人不得出版该作品。

是法定权利，甲出版社一旦出版该书，其他出版社便无法再出版了，否则将意味着侵权。事实上，出版行为完全取决于当事人各方的意思自由，一旦将专有出版权作为法定权利，势必限制出版之自由。为此，2001年修改《著作权法》，将专有出版权改为约定权利，即只在合同中约定该项权利，出版社才享有该权利。

既然《著作权法》将专有出版权作为约定权利，那么张三将博士论文交予谁来出版，完全取决于各方的约定，这里的专有出版权也就成为一项完全由合同来解决的问题。事实上，既然是可以通过合同约定产生的权利，则没有必要在法律中作出强制性规定。

在《著作权法》意义上，报纸期刊最大的权利莫过于对他人作品的自由转载权，而自由转载的法律基础有两个，一个是法定许可，另一个是合理使用。根据《著作权法》规定，"作品刊登后，除著作权人声明不得转载、摘编的外，其他报刊可以转载或者作为文摘、资料刊登，但应当按照规定向著作权人支付报酬"。[1]这样，基于法定许可，报刊单位便可以自由地转载他人作品。

对于特殊的作品，报刊单位还享有"合理使用"的权利。至少在以下两种情况下，报刊单位可以主张合理使用：第一，为报道时事新闻不可避免地再现或者引用已发表的作品，可以主张合理使用；[2]第二，报纸、期刊刊登其他报纸、期刊、广播电台、电视台等媒体已经发表的关于政治、经济、宗教问题的时事性文章（作者声明不许刊登的除外），可以主张合理使用。[3]

从纸质媒体向电子媒体的转换已是大势所趋。网络媒体已成为

---

[1] 《著作权法》第33条第2款。
[2] 《著作权法》第22条第1款第3项。
[3] 《著作权法》第22条第1款第4项。

公众阅读的主要媒介。网络媒体又是否享有转载权呢？在网络媒体"今日头条"的争议中，人们普遍关注的焦点就是，它是否享有著作权法上所说的"转载权"？

至于网络媒体是否可以和纸质媒体一样，享有合理使用和法定许可的权利，在《著作权法》上未有定论。最高人民法院对这一问题的态度也不稳定。早在2000年时最高人民法院曾出台司法解释，肯定了网络媒体的转载权[1]，这也是司法解释首次给网络转载合法的"身份"，并将其置于法定许可之下。但是，2006年最高人民法院在修改该司法解释时又将该条删掉了。[2]

第三节 广播电台、电视台的"特"权

一、广播电台、电视台的两项邻接权

在版权产业中，广播电台、电视台是节目传播的重要阵地。在传播节目的过程中，广播电台、电视台享有两项权利。

---

[1] 《最高人民法院关于审理涉及计算机网络著作权纠纷案件适用法律若干问题的解释（2000年11月22日）》第3条规定："已在报刊上刊登或者网络上传播的作品，除著作权人声明或者上载该作品的网络服务提供者受著作权人的委托声明不得转载、摘编的以外，网站予以转载、摘编并按有关规定支付报酬、注明出处的，不构成侵权。但网站转载、摘编作品超过有关报刊转载作品范围的，应当认定为侵权。"
[2] 《最高人民法院关于修改〈最高人民法院关于审理涉及计算机网络著作权纠纷案件适用法律若干问题的解释〉的决定（二）》中"删去《最高人民法院关于审理涉及计算机网络著作权纠纷案件适用法律若干问题的解释》第三条"。

(一）禁止转播

这里的转播，是指利用节目信号对节目同步转播。电视台的这项权利只涉及节目信息，不涉及节目内容，如甲电视台正在播放一部热播的电视剧，该节目信号被其他电视台获取并同步转播。甲电视台可以主张的权利，便是禁止乙电视台利用自己的节目信号进行转播。这里的甲电视台只是一个传播者，它本身不是版权人，因此，除了禁止外，甲电视台并没有权利许可乙电视台进行播放。谁有权对节目进行播放，这是《著作权法》上广播权的范畴，而享有这一权利的主体只有版权人，电视台并不是这个节目的版权人（电视台同时作为版权人的情况除外），因此，电视台行使权利的范畴，只限于禁止他人利用自己的信号，请注意，是信号，而不是节目内容本身。

（二）禁止复制

根据《著作权法》规定，电视台有权禁止他人对其播放的节目进行复制，[1]当然，个人基于合理使用目的复制的除外。因此，当一个电视节目被他人擅自复制、发行的情况下，《著作权法》上有二个禁止权利，一个是版权人有权禁止他人复制；另一个是就是电视台有权禁止他人复制。虽然说这里电视台有权禁止他人复制，但谁有权复制，电视台并没有决定权，这个要取决于版权人。

电视台有权禁止他人复制，并不是基于节目内容，而是自己的播放行为。同一个节目如果是在电视上播放的，他人要想将该节目复制发行，需要征得二个人的同意，一个是版权人，另一个是电视台。如果这个节目不是在电视上播放，而是在互联网上播放的，他

---

[1] 《著作权法》第45条。

人若将该节目复制发行，则只需要征得作者的同意即可，因为《著作权法》并没有赋予互联网以类似的邻接权。

二、酒吧组织看球赛，侵权吗？

明确了电视台的上述权利，再来看这样一个案例：时常会在酒吧、影院或者其他公共场所看到类似情况，组织者公映体育比赛（如世界杯）供公众观看，这是否侵权呢？央视就曾批评，说是侵犯了电视转播权。

电视台的确有权禁止他人侵犯电视转播权，但这里的电视转播权，是指他人未经电视台允许"窃取"节目信号同步转播的情况，而这里的问题与窃取节目信号无关，酒吧是将电视节目公开放映的问题，因此这并不是一个邻接权的问题，而属于版权的范畴。

《著作权法》上有一项重要的权利，即放映权，对于视听作品，现场公开放映的权利属于作者。同样是看电视，怎么看学问很大，在家里看，不存在侵权的问题；但如果是在公开场所公开播放电视节目，严格意义上讲，这就需要得到版权人的同意，并支付报酬。在这点上，公开放映电视，与公开放映背景音乐的道理是类似的。

如果在酒吧里公开放映的是一部电影或者一部电视剧，这种放映的确需要获得版权人的同意；如果放映的是足球比赛，情况又有所不同。放映权的前提是存在作品，是版权；电影是作品，有版权；电视剧也是作品，也有版权，这些都是不争的事实！然而，足球比赛有版权吗？基于《著作权法》上对作品的定义，体育作品并不属于作品的范畴，播放体育比赛也不存在侵犯放映权的问题，因此，在酒吧内放映体育比赛并无不妥。

在整个体育产业中，电视节目转播权是一个十分重要的概念，

|第九章｜邻接权之战

它甚至成为各方利益链条的交织点。一个公众熟知的现象：体育比赛的主办方（国际足联或是国际奥委会），通过转让所谓的"电视转播权"而获取巨额收益。[1]这里的电视转播权到底为何物呢？

《著作权法》有二项权利，与这里的电视转播权最为近似。一个就是作者的广播权，另一个是电视台的禁止转播权。《著作权法》上的广播权是作者对作品进行传播的权利。前文已述，体育比赛不属于作品，自然也就不存在所谓"广播权"的问题，因此，体育比赛的电视转播权与《著作权法》上的广播权无关。

电视台享有禁止转播权，他人未经电视台允许，不得窃取电视节目信号进行转播。然而，这项权利是电视台基于自己的播放行为而享有的权利。电视台在播放节目之前往往会与体育比赛的组织者签订协议，组织方会转让电视节目转播权，那么，组织方所享有的电视节目转播权又是从何而来呢？

体育比赛的组织者，既不是《著作权法》意义上的作者，也不是传播者。所谓的电视节目转播权仅仅是它依据组织比赛的优势地位而享有的合同权利，他有权决定是否要转播比赛，以及让谁来转播比赛，于是，他们就与电视台签订转播协议，并约定彼此权利义务，因此，体育比赛组织者转让的电视转播权，并非属于知识产权法的一项法定权利，它只是依据合同约定而产生的约定权利。

---

[1] 通过出售2010年南非世界杯赛的电视转播权，国际足联将获得32亿美元的收入。以中央电视台为例，当初为了从国际足联那里打包购买2010年和2014年两届世界杯的转播权，投入了高达1亿美元的巨资。但在2010年世界杯期间，央视所获得的广告收益被认为可能超过3亿美元。

第四节　电影作品，还是录像制品

著作权法上有二个概念，一个是录音录像制品，另一个是电影作品。这两个概念时常被混用，在很多人看来，看电影与看录像是同一概念。20世纪90年代，我们看电影的途径就是看录像，放映电影的地方也统统被叫做"录像厅"。然而，在《著作权法》上这却是两个完全独立的概念，电影作品是要求有创造性的，因此它是有版权的；录音录像制品却对创造性没有过高要求，它是在邻接权部分出现的。

为了区分这两个概念，郑成思先生在生前曾举过一个例子，同样是一位老师在讲课，如果拍摄者在拍摄过程中要选择角度、还要抓拍观众表情，甚至还要配上适当的音乐、画面，最终所形成便是以电影作品或者类似电影的作品。如果摄像师只是将机器放在一个固定的位置上自然拍摄，缺乏创造性的加工，由此形成的便是录像制品。因此，电影作品体现制作者的创造性，录音录像制品体现制作者的劳动，区别电影作品和录音录像制品的一个重要区别就是，这其中创造者的创造性到底有多大。

互联网上很多热播的视频，大都可以划入录音录像制品，尽管视频内容奇特，但制作者仅仅只是手机录制视频，并没有深度加工，例如，旭日阳刚最初火爆的时候就源自网上的一段视频，两个农民工在破旧的房间里，赤裸着上身，演唱歌曲《春天里》，很多人被歌曲中"或许有一天我悄然离去，或许有一天我将老无所依"深深感动。这段视频就属于典型的录音录像制品，还算不上电影作品。前文提到的直播吃饭、睡觉也可以划入录音录像的范畴。

《著作权法》还规定了录音录像制作者的系列权利，包括录音录像的播放权、信息网络传播权等。从这一意义上讲，要将录音录像视频在网上传播，还需要录音录像制作者的同意，擅自传播的，就可能侵犯录音录像制作者权。

此外，《著作权法》还针对录音录像制品规定了出租权。著作权法上的出租权所涉及的客体大致有二类：第一类是电影作品和计算机软件；第二类是录音录像制品。[1]我国在加入世界贸易组织的谈判中，一些工作组成员对中国保护版权及相关权利的现行法律与TRIPS协议的一致性表示关注，提出《著作权法》的修改应与TRIPS协议第14条的规定相一致。为了进一步保护录音录像制作者的合法权益，适应我国加入世界贸易组织的要求，修改后的《著作权法》增加规定，录音录像制作者对其制作的录音录像制品享有出租并获得报酬的权利。不过，随着互联网的迅速发展，录音录像制品出租的情况越来越少，其出租权问题也会越来越少。

《著作权法》上将录音录像制品与电影作品分开规定，电影作品受版权保护，录音录像制品受邻接权保护。很多学者也主张，《著作权法》中有关录音录像制品的规定完全多此一举：如果录像制作者丝毫没有创造性，就没有必要放在《著作权法》中进行保护。[2]

版权的内容丰富且完备，包含了十七项权利之多；相比较而言，邻接权内容较少。所以，在很多案件当中，权利人更愿意获得版权的保护，如一个MTV，在认定的时候，存在录像制品还是电影作品的分歧，权利人更希望它被界定为电影作品，这样它可以获得更加周延的保护。

---

[1] 《著作权法》第10条。
[2] 《著作权法修改草案》已将该"录像制品"删除了。

第十章 从现在到未来：版权战争格局

未来时代是什么样的，需要拿出你我的想象力；版权战争未来是什么样的，让我们尽情想象吧！

OPYRIGHT WAR

第一节 "微时代"的版权之争

一、微作品是否属于作品

微博、微信的迅速普及让我们进入了微时代。与普通作品相比,微作品有长有短,并且呈现出文字、图片、声音或者视频等多样化表现形式。从《著作权法》意义上解读微作品,仍应从它的二个必要条件出发:第一,独创性;第二,可复制性。微作品是否属于作品,还主要取决于它是否符合这两项条件。有关作品的独创性问题,两大法系同样有不同的规定。基于用户的使用习惯的需要,微作品往往篇幅不长、言简意赅,很多"段子"甚至不到百字,上传"朋友圈"的图片、视频很多也是即兴拍摄、很多内容甚至从原创动机上并非在于艺术创造,而是即兴反映生活内容,上述特征都决定了微作品与普通作品存在重大区别。

首先,作品长短与独创性的关系。纵观各国著作权法,并没有就作品的长短作出规定,一句话、一首诗或许只有三言两语,可能具有独创性;然而一大段表达如果只是流水账式的简单记录,同样可能会因为不具有独创性而被排除在作品保护范围之外。1992年《法国知识产权法典》规定:"智力作品的标题表现出独创性的同时,与作品同样受到保护。"[1]早在1999年国家版权局就在一份

---

[1] 《法国知识产权法典》第二章。

《复函》里论述过表达的长短与独创性之间的关系。该份《复函》对小说和诗歌进行了对比，该份《复函》认为，小说中的某句话可能仅仅是普通的话，虽然这句话也能一定程度地体现作者的思想，但却无法受到《著作权法》的保护，原因在于这句话不具备独创性的要求，而且这句话也不是作品的实质性组成部分。只有当句子和句子之间相互关联并且共同能够彰显作者要表达的思想，才可能得到著作权法保护。《复函》还专门对比了小说与诗歌在版权保护方面的区别，在诗歌中，每一句话，只要有独到之处，就可能会受到《著作权法》的保护。① 因此，单独的一句话能否得到版权的保护，还主要取决于其是否以独特的方式彰显作者的思想或者思想的实质部分。总体而言，诗歌中的句子受到《著作权法》保护的概率要远大于小说的句子。

显然，微信上作品尽管内容短小，但同样不会减少对其独创性的评价。只要其内容充分彰显作者创造性的想法或者思想，其内容理应受到《著作权法》的保护。1996年我国就有判例，判定广告语"横跨冬夏、直抵春秋"（用于空调）属于受《著作权法》保护的作品，后来我国还陆续产生了一系列与此案类似的案例。

其次，创作时间与独创性的关系。微信上的作品很多是作者即兴创作完成的，尤其是智能手机的出现，为即兴书写、即兴拍照提供了便利。创作时间的长短是否影响独创性的判断呢？自1709年的《安娜女王法》到1804年的英国著作权法都一直未对"独创性"与创作时间的关系作出规定，法院主要通过"技巧和劳动"即所谓的"出汗原则"来决定是否享有版权。1916年，帕特森（Paterson）

---

① 1999年7月6日国家版权局《关于某儿童歌曲标题的著作权纠纷的函》，版权司[1999]39号。

法官在判决中曾对"独创性"作过详细而经典的解释，该解释也被认为有关"独创性"问题的权威解释，他认为，独创性并不意味着作品必须要表达一个独创的思想，但是作品必须不是从其他作品中复制而来。[1]这和"流汗原则"其实是异曲同工之说。一直到今天，英国法院现在也倾向于根据作者在作品中投入的"才能、判断和劳动"来决定作品的独创性。[2]直到1991年Feist案后，美国也开始重视作者的个性或者是精神在判断作品独创性时的作用，[3]不过，独创性对个性化特色的要求程度是非常低的，正如德国小铜币理论中指出："只需要有一枚硬币的厚度即可"，还有学说认为，在认定作品时，独创性标准要求作品必须具备一定的创作高度。但是在著作权法上，作品只要是作者的智力创活动成果即可，对于其个性和艺术性的高低并不做过多要求。

《著作权法》有一条原则叫"美学不歧视原则（the principle of aesthetic non-discrimination）"，是由美国大法官霍姆斯在Bleistein案的审理中提出的。他认为，让一个仅受法律训练的人来判断艺术作品的价值是个危险的作业。一个专业摄影师花几个小时拍出来的照片和一个普通人用手机不到一秒钟拍出来的照片，哪一个个性更强，艺术水准更高，有时并不好判断。专业摄影师在摄影时都会加入自身的判断与思考，如光圈大小、拍摄角度等等，普通人用手机拍照可能思考的时间、选择的时间更短，但是并不能够因

---

[1] University of London Press Ltd v. University Tutorial Press Ltd[1916]2Ch. 601。
[2] Landbroke v. William Hill 1W. L. R. 273HL. p. 282（1964）。
[3] 自1991年Feist案后，美国法院提出作品应当具有最低限度的创造性要求，该案判决指出："作为版权中使用的术语，独创性不仅意味着这件作品是由作者独立创作的（以区别于从其他作品复制而来），而且意味着它至少具有某种最低程度的创造性"。李伟文. 论著作权客体之独创性[J]. 法学评论, 2001（1）：85．

为其时间短而排除其也在角度等方面进行过快速选择。因此，创作时间的长短，不应该作为判断独创性的标准。事实上，历史上很多著名的照片都是抓拍的，《最著名的吻》可以算是最著名的一张，这张照片就是在公共场合抢拍的，对于这张照片，恐怕没有人因为其完成时间的短暂而否认其独创性。据英国《每日邮报》2015年4月23日报道，2015索尼世界摄影奖（Sony World Photography Award）获奖者名单日前在伦敦揭晓，获得头奖的是盖蒂图片社的摄影师约翰·摩尔抓拍的西非埃博拉疫情照片。因此，创作时间的长短和独创性之间并没有必然的联系，判断微信朋友圈的照片能否构成作品，还是要从独创性三要素入手，主要看照片是否是文学、艺术和科学作品领域所特有的，照片的拍摄是否加入了智力活动，如果照片仅仅是记录事实或者信息，没有经过作者的构图等智力活动，也没有任何文学、艺术和科学价值，则不受著作权法的保护。

最后，口述作品与独创性的关系。微信不仅支持文字、图片、表情符号的传达，还支持语音发送。正是这个小小的便捷和更新，让微信迅速成为人们沟通的主要工具之一，一些作家还在微信公众号中推出语音读物，那么语音片断或者类似的语音读物，能否受到《著作权法》的保护呢？《著作权法》规定的数种作品形式中就包括口述作品，包括即兴的演说、授课、法庭辩论等各种形式的口述作品，[①]可见口述作品已纳入《著作权法》的保护范畴。与文字作品相比，语音中还包含作者的语气、音量、口吻等信息，这些信息集中反映了作者的人格特征，而这里的问题依然在于，如何判断语音的独创性问题？

---

① 《著作权法实施条例》第4条。

在大陆法系，著作权法以人格价值观为理论基础。法国著作权法认为作品应当表现或显示作者的个性，即独创性源自作者在创作过程中有创造性的选择，[①]这与美国 Feist 案所确立的"最低限度的创造性"要求相比，立足点不在于作品创作的本身，而在于作品和作者的人格联系。德国著作权法对独创性提出了更高的要求，它甚至认为作品应当具有"一定的"创作高度，[②]缺少创作高度的作品不具有独创性，德国著作权法对于独创性的要求经历了"创造高度"和"小铜币"理论两个阶段。[③]1993 年之前，德国著作权法还要求作品必须体现作者的思想感情并达到一定的创作高度，而不仅仅是包含作者的个性和创造性。1993年之后，关于创作高度形成了"小铜币"原则，即创作高度只要达到小铜币的厚度即可，实际上确立了较低的创作高度判断标准。[④]对于独创性，《著作权法实施条例》第3条也进行了规定，根据该条规定，《著作权法》意义上的创作，是指直接产生文学、艺术和科学作品的智力活动。为他人创作进行组织工作，提供咨询意见、物质条件，或者进行其他辅助工作，均不视为创作。因此，基于著作人格权理论来判断语音的独创性，其关键还在于，语音本身是否属于文学、艺术和科学作品的智力活动的范畴，无论如何，那些简单地聊天性质的语音，都无法受到《著作权法》的保护。

---

① Elizabeth F. Judge & Daliel Gervais, of silos and constellations: comparing notions of originality in copyright law. 27 Cardozo Arts & Ent L. JP. 380（2009）.
② 叶菁. 论作品的独创性标准[J]. 法制与社会，2007（2）：695.
③ Elizabeth F. Judge & Daliel Gervais, of silos and constellations: comparing notions of originality in copyright law. 27 Cardozo Arts & Ent L. JP. 383（2009）.
④ 雷炳德. 著作权法[M]. 张恩民，译. 北京：法律出版社，2005：48-140.

二、微平台的版权侵权及例外

（一）微平台的版权侵权

《著作权法》一共规定了署名权、发表权等17项具体权利。在微信及朋友圈信息转发的案件中，一般会涉及如下版权内容。

1. 微作品的署名权

署名权是作者在作品上署上自己的名字，以表明作者身份的权利。同样的道理，微信用户在发布作品时，同样享有在作品上署名的权利。事实上，微信用户在朋友圈发布作品时的署名方式大致有二种形式：第一，在作品当中署名，如在作品的标题下方或者作品结束的地方署名；第二，未在作品上署名，而是通过微信名来识别作者身份。微信朋友圈发布后，其他用户可以通过微信名识别发布者身份，微信名或为真名、或者假名，都能起到识别作者身份的目的。微信用户无论通过上述哪种方式来完成微信署名，均可视为行使署名权。其他用户在转发他人朋友圈上作品时，原则上也应当署上原作作者的姓名，尤其是作者未在作品上署名的，转发者应当特别注明作品的来源和作者身份，否则就可能侵犯作者的署名权。

2. 微作品的发表权

发表权是指作者将作品公之于众的权利。微信用户将作品首次发布才被视为行使发表权。微信用户有权决定发表的时间、方式和范围，这些都属于发表权的当然内容，具体而言，微信用户在发表作品时，可以选择将作品发给其中一个朋友或者几个朋友，当然，他也可以选择将作品放在朋友圈中争取最大范围发表作品。即便是通过朋友圈发表作品，微信用户依然可以通过微信设置再次选择朋友圈发表作品的范围。根据发表权"一次用尽"的原则，一旦作品在朋友圈中发布，发表权则被视为"一次用尽"，作者对该作品再无发表权可言，转发者转发该作品，也就不存在发表权的侵权问题。

3. 微作品的修改权（保护作品完整权）

修改权是指作者有权修改作品或者授权他人修改作品的权利，保护作品完整权可视为修改权的反面规范，在他人篡改原作作品时，作者有权禁止他人篡改，保证作品完整性不受损害。微信用户一旦通过微平台发布了作品，原则上朋友圈用户未经作者同意，不得擅自修改作品，更不得恶意篡改原作，甚至歪曲原作所要表达的想法，否则即有可能侵犯原作的修改权和保护作品完整权。实践中微信用户直接转发他人作品的情况居多，但在某些情况下也存在修改后再转发的情况，如果在转发过程中歪曲了原作的本意或者恶意篡改了原作作品，其行为即会侵犯微作品的修改权（保护作品完整权）。

4. 微作品的复制权

根据《著作权法》规定，复制权是指以打印、复印、录音、翻录、翻拍等方式将作品制作成一份或者多份的权利。复制权在版权中的地位举足轻重，大多数案件都与复制权息息相关。自有著作权法以来，版权这个术语的意思就如同其名（copyright）所示：针对某一特定的作品进行复制或者禁止他人复制的权利。在版权保护的历史上，复制权即作者自己复制和授权他人复制作品的权利，一直是版权人所享有的"核心"权利。[1]在微信转发过程中，用户只需轻

---

[1] 保罗·戈斯汀. 著作权之道：从谷登堡到数字点播机[M]. 金海军, 译. 北京：北京大学出版社, 2008：1.

按手指,这种"数字化"的复制便可以在瞬间完成,[①]为此,每时每刻微信朋友圈的海量"复制"都在进行。然而,微作品的转发行为是否侵犯复制权则是一个特别值得讨论的问题。从《著作权法》的侵权要件来看,转发者未经作者同意而擅自转发理应视为侵权行为,但《著作权法》也同时作出了合理使用等侵权例外的规定,那么如何准确界定转发行为的版权性质,将在稍后详论,此不赘述。

5. 微作品的信息网络传播权

根据《著作权法》的相关规定,"信息网络传播权"是指以有线或者无线方式向公众提供作品,使公众可以在其个人选定的时间和地点获得作品的权利。信息网络传播权与其他著作权法中的传播性权利相比较,其要点在于,"公众可以在其个人选定的时间和地点获得作品",而用户利用朋友圈或者公众号转发他人作品后,其好友、关注者就可以在其个人选定的时间和地点获得该作品,此种传播作品的方式也就属于典型的"信息网络传播"方式。原则上,转发者未经原作作者同意转发他人作品,则意味着对原作信息网络传播权的侵犯,除非转发者可以找到不侵权的抗辩事由。

(二)微平台的侵权例外

为了鼓励作品传播,《著作权法》特别设立合理使用、法定许可等制度。在微平台的作品使用方面,如果属于合理使用或者法定许可等情况,自然为侵权之例外。

《著作权法》第22条规定了12种有关著作权合理使用的情形。据此,"为了学习、研究或者欣赏"使用他人作品的情况,理应属

---

① 朱莉·E. 科恩,等. 全球信息化经济中的著作权法[M]. 英文版. 北京:中信出版社,2003.

于合理使用的范畴。①但通过微平台转发他人，尤其是通过朋友圈转发他人作品，一般都超越了"学习、研究或者欣赏"的目的范围，使用者难以据此主张合理使用。

《著作权法》第33条还规定了"法定许可制度"，报刊单位之间相互转载已经刊登的作品，适用《著作权法》第33条第2款的规定，即作品刊登后，除著作权人声明不得转载、摘编的外，其他报刊可以转载或者作为文摘、资料刊登，但应当按照规定向著作权人支付报酬。"法定许可制度"允许使用者先行使用，只要事后付费，便不被视为侵权，然而，根据该条"法定许可制度"的主体却限于报刊之间，那么微信公众账号又是否可以主张法定许可呢？这里问题还在于网络媒体是否属于《著作权法》第33条所规定的报刊的范畴。对这一问题，一直都有争议，直到2015年4月27日国家版权局在其制定的《关于规范网络转载版权秩序的通知》中明确规定，报刊单位与互联网媒体、互联网媒体之间相互转载已经发表的作品，不适用第33条法定许可的规定，应当经过著作权人许可并支付报酬。基于该条规定，微信公众账号同样无法主张法定许可制度而作出侵权例外的抗辩。

这是否意味着，微信转发的过程中，只要未经作者许可，就等同于侵权呢？如果是这样，无疑意味着微信的死亡或者是信息传播的死亡。如何在理论上正确界定微信转发的法律性质，则成为十分重要的问题。为此，有关默示许可理论的应用，值得重点研究。

知识产权领域最早关于默示许可的判例来自专利法，联邦最高法院在De Forest Radio Tel. Co. v. United States一案的判决中，阐明了专利法意义上的默示许可规则："并非只有明确的授权许可才能

---

① 《著作权法》第22条。

达到专利许可使用的效果,对于专利权人的任何语言或采取的任何行为,只要能够让他人正当地推定专利权人已经同意其从事制造、使用或销售等实施专利行为,仍然可以构成一种许可方式,并可以在专利侵权诉讼中用此作为抗辩"的理由。著作权法中的默示许可规则在20世纪90年代通过Effects Associates v. Cohen 一案得以确立。在Effects Associates v. Cohen案中,被告Cohen自编自导自制了一部电影,Cohen聘请了Effects Associates一家小型特效公司给电影制作特殊效果镜头。后来Cohen对Effects Associates公司制作的爆炸场景镜头表示不满意,为此只付给该公司原先约定金额的一半。尽管如此,Cohen最终还在其电影中使用了Effects Associates 公司制作的特效镜头并发行上市。后来,Effects Associates将Cohen告上了法院,起诉其侵犯版权。该案焦点在于Cohen是否有权使用原告制作的特效镜头。美国联邦第二巡回法院指出,即使被告Cohen只是支付了事先约定报酬的一半,但仍然有权使用Effects Associates制作的相关电影特效。[①]2004年4月,作者Field向内华达州联邦地区法院起诉Google公司,指控Google公司将其51部作品存储于Google在线数据库并允许网络用户读取。原告方认为,Google公司的上述行为未征得本人同意,故而其行为已侵犯作者的版权。对此,法院认为,原告在知道Google将如何使用版权作品及知晓可以采取保护措

[①] 对此,Kozinski法官评论道,"Effects Associates在被告的邀请之下创作出一项作品并将其交给了被告,意在使其能够为被告复制及发行。如果说Effects Associates在将自己制作的特效片段交给Cohen的同时没有授权许可后者在电影中使用这些片段的话,那也就意味着Effects Associates对整部电影没有作出什么有价值的贡献,这与Cohen付出以及Effects Associates接受了将近56 000美元的酬劳的事实是不相符的。因此,我们认为Effects Associates通过行为默示许可了Cohen将自己的作品加入到整部电影中去。"这个案件确立了适用默示许可的三步骤:一是被许可人需要作品;二是许可人创作了特定作品并交给被许可人;三是许可人意图被许可人复制和使用其作品。

施阻止Google使用的情况下，仍然允许Google公司这样使用，最终，法院支持Google关于默示许可的抗辩。

微信朋友圈的作品发布，是否就意味着默示许可他人转发，这仍然是一个在理论上值得讨论的问题。有关版权的默示许可制度，在《著作权法》中并未明确规定，最早的体现是在最高人民法院《关于审理涉及计算机网络著作权纠纷案件适用法律若干问题的解释》第3条，该司法解释指出，凡是已经在报刊上刊登的作品或者网络上传播的作品，除非其作者在投稿时有声明或者报社、期刊社或者相关网络服务提供者根据著作权人的委托声明不允许他人进行转载外，网站对其转载不构成侵权行为，但超过转载范围的除外。然而，在《信息网络传播权保护条例》颁布后，又把网站默示许可转载、摘编作品的规定剔除在外，并在第9条首次规定了在向贫困地区免费提供特定作品时，著作权人如无异议则视为同意使用该作品，这被公认为默示许可的法律规定。在司法实践中，已经有一些关于默示许可的案例。[①]

在适用默示许可制度时，要参考交易习惯以及个案所处的具体情况而定，作者虽未明示其同意他人使用，但根据交易习惯或者公平原则，如果可以推定作者同意他人使用，则可以主张默示许可制度。就微信的使用习惯而言，用户在朋友圈发布信息，尽管其未明示，其授权其他用户使用或者转发该信息，但就其使用习惯来看，可以推定其意思表示，即他愿意向其他用户传播该信息。甚至可以反推，如果用户不愿意他人转发，它是不可能将作品发布在朋友圈中的。这样，默示许可理论可以在一定程度上适用于微信转发过

---

① 北大方正电子有限公司诉广州宝洁有限公司是我国著作权默示许可的第一个案件。

程，并且可以推定出，作者将作品发布在朋友圈中也就意味着，他"默示"许可了其他用户有权转发，同样，转发者也可以依据"默示许可理论"为自己进行不侵权的抗辩。现实中，还有一些微信公众号转发他人微作品而被起诉侵权的案例，类似的案例中，如果公众号以默示许可理论来为自己做不侵权抗辩，并非可以轻而易举获得支持。微信公众号原则上只能由公司或者其他形式的团体才能申请，而公司等团体大都具有营利性质，其在公众号上使用作品一般也直接或者间接与营利目的有关，在这种情况下，适用默示许可在理论上会存在障碍——作者一般不愿意他人将作品用于营利目的，即便作者已经在朋友圈中公示的作品，他仍然不愿意他人将其用于营利目的，所以微信公众号转发他人作品，原则上还是有必要征得作者的同意并向其支付费用。

三、小结

就作者而言，微信是一把双刃剑，一方面它便捷了作品的传播；另一方面它也增强了侵权的风险。如何有效平衡作者与社会公众之间的利益，值得认真思考。微平台本身也已经开始关注版权问题，发出了《微信公众平台关于抄袭行为处罚规则的公示》。这份公示指出，如果公号运营者发现公众号有被抄袭等侵权情况，可以通过"侵权投诉"流程进行举报。此外，微信公众平台也推出了"原创声明"功能，暂时开放给已认证的媒体公众号。根据新规定，对抄袭别人的微信公号处罚方式，按认定侵权次数而定：如初犯则要求删除并警告，第2次要求封号7天，第3次封号14天，第4次封号30天，第5次则要永久封号。显然，微平台的上述自律规则，对于鼓励原创、打击盗版会发挥一定的积极作用。

然而，微平台的版权问题最终还是要回归到著作权法的范畴。《著作权法》正历经第三次修订，本次修订恰逢微信等新兴通讯工具的大发展时期，为此，正在修订的《著作权法》内容应该更好诠释微平台版权问题。《著作权法》修订草案将"数字化"复制纳入"复制权"范畴，①这就可以较好地诠释微信朋友圈转发的复制权问题。《著作权法（修订草案送审稿）》还就合理使用问题进行了全面修订，同时将"为个人学习、研究、复制他人已经发表的作品的片段"明确为"合理使用"②，据此，用户基于学习、研究的目的，而复制他人朋友圈中的作品的片段，可视为合理使用，那么如果将其整个作品转发到自己朋友圈中，该行为已经超越了合理使用的范畴，而同时具有了传播的意义，已经无法用"合理使用"为其进行不侵权抗辩。然而，《著作权法（修改草案送审稿）》并未增设"默示许可理论"法律规定，微信朋友圈的转发问题依然无法从草案中找到明确法律依据，还只能从私法理论中寻求答案。最后需要指出，微平台的版权问题，绝非微信所独有，它反映了通讯技术大发展背景下版权问题的特殊性，而相关问题对版权制度的严峻挑战，真正值得我们认真研究和思考。

第二节 3D打印对版权的挑战

复制权可以说是《著作权法》中最重要的一项权利，所谓版权的英译copyright，字面含义就是复制权。这里我们谈3D打印对复制

---

① 《著作权法（修订草案送审稿）》第13条。
② 《著作权法（修订草案送审稿）》第43条第1款。

权制度的挑战。为了了解3D打印技术，我还特意去参观了一家3D打印的照相馆，平时照相，相片都是平面的；3D打印照相，相片是立体的，人站在特定位置，有摄像头进行扫描，扫描后计算机立体建模，之后再通过3D打印机打印，这样一个人的立体模型就被打印出来了。

其实不仅仅是立体像片，各种东西都可以利用3D打印技术被打印出来，比如工艺品、玩具、服装、鞋帽、小提琴，不可思议的还有汽车，甚至房子都可以通过3D打印出来。工艺品被打印出来，这个好理解，那么，房子、汽车又如何被3D打印出来呢？一按打印按扭，一部汽车就出来了，这个很难想象。事实上，今天的技术还达不到媒体所宣传的打印汽车，主要是指打印汽车的零部件。对于工艺品、模型等被打印出来则是完全有可能的。

当然，随着3D打印技术的发展，或许真的有一天，我们可以坐在家里，你想要的任何东西就被打印出来了。如果真的到了那个时候，估计电子商务的模式将被重新改写，物流也将遭受重创。现在是你想要什么东西，淘宝、京东，一点鼠标，随后物流送货；而到了那个时候，需要什么东西，一点鼠标，东西直接出来了。为此，很多人甚至还把它喻为"第三次技术革命的标志"，美国总统奥巴马甚至都在2013年的国情咨文中提到了它，并认为3D打印有可能革新我们制造所有产品的方式！①

的确，3D打印从根本上改变了我们的打印方式，从根本上改变了我们的生产方式。以前的打印，是从平面到平面，现在是从立体

---

① 据美国市场研究机构Reportsn Reports发布的《2017年全球3D打印市场》报告显示，全球3D打印市场需求将以每年20%以上的速度增长，并将在2017年达到50亿美元的规模。

到立体。以前的生产，是把产品的各个部件进行组装，最终形成产品。现是在通过3D打印技术，产品内部实现了无缝连接，整个产品一气呵成。来自伦敦的一个建筑设计师已经完成了世界首个3D住宅打印模版，这种3D打印住宅有望解决英国的住房危机。

一家英国游戏公司给某3D打印机商家发出了停业"命令"，原因是该商家打印出了该公司的流行桌面游戏"战锤"中人物的实体模型。

美国有线电视网络媒体公司HBO，向瑞典文件共享网站海盗湾发送了一份律师函，要求该网站立刻停止销售由3D打印出来的模仿HBO剧集《权力的游戏》中铁王座的iPhone底座。

与此同时，一个新的问题就产生了：3D打印侵权吗？有朋友戏称，少打几个没事，合理使用嘛？问题的关键还不在于是否是合理使用，而是这种从立体到立体的复制属于《著作权法》中的复制吗？先要解释这个问题，才轮到是否属于合理使用的问题等。

在3D打印技术之前，说实话，从立体到立体的复制，一般不会引发版权者太多的注意，因为这种情况很少也很难。比如，那边摆放着一个立体的雕塑，你把它进行一下立体复制，比例是它的三倍，麻烦你帮我复制一下。即便是专业的设计人员，估计也要分成二步，第一步，先把立体的雕塑转化成平面的设计图；第二步，再从平面设计图再做成雕塑，按比例扩大3倍。极少有可能会有艺术家或者仿造者能直接从立体到立体进行复制，比如说，眼看着这个雕塑品，直接对着一堆原材料，就能仿造成与原有立体艺术品一模一样的艺术品，按照著名学者郑成思教授的观点，极少会出现这种情况。[1]基于这种情况，在传统的技术条件下，著作权法学者根本不研

---

① 郑成思. 著作权法[M]. 第2版. 北京：中国人民大学出版社，1997：168.

究从立体到立体的复制，顶多研究一下从平面到立体的复制，或者从立体到平面的复制，因为从实现过程来看，从立体到立体的复制的问题主要就涉及从平面到立体或者从立体到平面的过程。

《著作权法》甚至没有规定从平面到立体的复制问题。[1]参照国外的著作权法，它们大都将平面到立体也作为复制的一种形式，视为著作权法意义上的复制。如英国著作权法就明确规定：艺术品的复制既包括从平面到立体的复制，也包括从立体到平面的复制。[2]日本著作权法也规定，从建筑物图纸到建筑物本身，这也属于立体的复制，[3]法国著作权法也作出了类似的规定[4]，美国著作权法原本不承认从平面到立体的复制，但加入《伯尔尼公约》之后，专门制订了建筑艺术作品法，以弥补过去不承认按照建筑设计图建造建筑物构成复制的缺陷。由此可见，世界上多数国家承认了由平面到立体的再现原作构成著作权法意义上的复制。事实上，在3D打印时代，再去研究从平面到立体，它的意义已经十分有限，3D打印将跨越从平面到立体的复制，直接进入从立体到立体的复制。

---

[1] 《著作权法》虽未明确规定艺术作品由平面到立体是一种复制行为，但司法实践中法院普遍认为这是一种复制行为。如在十二生肖存钱罐判例当中，就涉及从平面到立体的复制行为。原告方是一家文化公司，该公司设计十二生肖的卡通形象，被告方将十二个卡通形象进行了生产，作为存钱罐艺术品使用。原告方认为，被告的行为属于复制，系侵权；被告认为，其行为是从平面到立体不属于复制，不是侵权。但法院却认为：被告生产的Q版"12生肖全家福"产品与原告享有版权的Q版"12生肖全家福"卡通造型形象比较，十分相近，被告公司在储钱罐上使用Q版"12生肖全家福"卡通造型的行为，构成对原告作品的复制，属于侵权行为。
[2] 英国著作权法第17条规定："……（三）关系到艺术作品，复制包括对平面作品所进行的立体复制以及对立体作品所进行的平面复制。"
[3] 日本著作权法第2条第1款："……复制：指使用印刷、照相、复印、录音、录像或其他方法进行的有形复制。以下列举的事项包括：（二）建筑著作物：根据与建筑有关的图纸建成建筑物。"
[4] 法国著作权法第28条："复制，指用各种可使公众间接得知的办法对作品加以有形的固定。建筑作品的复制也只重复使用图纸或标准设计。"

与立体复制理论研究的枯竭相对应的，便是司法实践中少有判例会涉及从立体到立体的复制问题。我看到有一个典型的案例，就是2000年的古田县村民委员会与郑楚雄（中学美术教师）版权侵权案件。郑楚雄这位老师设计了三头牛的雕塑，后来村委会按照三牛雕塑（立体）设计同比例放大但形态完全相同的雕塑，并将这三头牛放在村委会门口作为该村"镇村之宝"，后来双方针对三头牛立体雕塑是否侵犯版权诉至法院，本案的核心问题就是从立体到立体复制的问题。终审判决认为，无论在整体布局和设置风格上，如牛的数量、相应位置、高低错落等，还是在三头牛各自的体态和神态上，如牛头的朝向、各牛的姿态等，都很相似，村委会从立体到立体的复制属于侵权行为。①这是我国司法实践中少有的肯定从立体到立体的复制为《著作权法》中复制的案例。

　　在3D打印条件下，从立体到立体的复制变得异常容易。而且，随着3D打印机的普及，这一现象还会变得特别平常。显然，从立体到立体或将成为复制的常态，在这种情况下，立法必须给予准确的回答。近些年来，除了立体复制，人们还在热议数字化复制的概念。②从立体到立体的复制，与人们常说的数字化复制也非同一概念。数字化的复制，它强调的是从有形介质到数字介质，或者从数字介质到数字介质的复制，但是3D打印则是从一个有形介质到另一个有形介质，虽然其中有数字化的参与，但毕竟还是从有形介质到有形介质，所以立法有必要明确将立体到立体的复制纳入《著作权法》的复制范畴。

---

① 福建省高级人民法院民事判决书（2000）闽知终字第12号。
② 以印刷、复印、拓印、录音、录像、翻录、翻拍等方式将作品制作一份或者多份的权利。《著作权法（修改草案）》还增加了"有关数字化"方式进行复制的内容。

3D打印还对《著作权法》中的合理使用制度带来了挑战。前面已经解释了，从立体到立体的复制应当纳入复制权的范畴。因此，那种对他人的产品进行大量3D打印的行为，显然属于侵权行为；甚至这种大量3D打印的行为，无异于一种生产行为，理应受到著作权法的限制。但有人认为，只打印几份，"为了个人学习、研究或者欣赏的目的"，这不算侵权，属于合理使用。

可是，在每家每户都开始普及3D打印机之后，您可知道，这种所谓的合理使用，对于商家意味着什么？比如耐克的运动鞋，不是可以3D打印吗？每家每户都合理使用一下，那公司基本也就倒闭了。

无疑，3D打印对现有的合理使用制度提出了挑战。在3D打印之前，这种从立体到立体的复制成本相当高，即便偶尔被复制一次而主张合理使用，对于权利人的利益不会产生较大影响，所以，合理使用制度有它存在的道理。但现在不一样了，这种合理使用的结果可能导致商家破产，这种使用还能叫"合理使用"吗？显然，在3D打印条件下，传统的"合理使用"制度将从根本上妨碍或者动摇经营者利益。届时，势必还会涉及"合理使用"条款的修改，一番公众与版权人的较量不可避免。

当然，对于商家而言，一方面要呼吁对合理使用制度进行修改。另一方面它保护自身利益的另一个手段就是"技术保护手段"。比如要打印一双耐克的鞋，就必须要有打印软件才行，而软件的使用是被采取技术保护的。因此，在未来3D打印时代，商家的赢利模式或将改变，从传统的卖鞋转变成为软件许可，比如客户要打印一次需要支付费用。美国专利与商标局近日就推出了针对3D打印的控制系统，一旦发现3D打印中涉及外观专利或者版权保护的，打印会自动终止。

在未来3D打印时代，人们已经习惯在家里打印东西，而不是在网上买东西，或许在那个时代，已经没有了商品的概念，如果还留有一件商品的话，那就是知识产权了。

第三节　电子阅读：撼动传统版权

一、电子阅读已成主流

近年来，数字化出版物的总产出呈逐年上升趋势，为了进一步推动电子书的应用，电子书运营商还进一步加强电子书阅读器的研发。[1]传统的纸质图书正在逐渐演变为各种形式的电子书，读者可以通过包括Kindle阅读器、iPad、iPhone等电子产品阅读电子书。自亚马逊公司推出Kindle阅读器之后，当当网也相继续发布了"都看"阅读器。良好的阅读体验也进一步推动了电子书的广泛应用。

作为电子书的消费群体，他们除了关注电子书的内容，同时还关注消费的便捷与价格。为此，电子书运营商们试图通过创新消费模式，给用户带来更好的消费体验。传统纸质书籍的发行主要表现为实物书籍的购买，[2]然而，电子书可能完全没有纸质的"实物"形式，即便是用户看到了再满意的书籍，只需要用阅读器扫描二维码，就可以直接购买电子书。阅读器不仅方便购书，还创新书籍

---

[1] Kindle阅读器进入中国市场后，仅半年时间，在中国的累计销量在几十万台，中国用户用Kindle的阅读量是以前的4倍。蓝齐. 在华销售数据成谜，亚马逊宣称kindle盈利[J]. IT时代周刊，2014-01-05.
[2] 《著作权法》第9条对著作权中"发行权"的定义是，"即以出售或者赠与方式向公众提供作品的原件或者复制件的权利"。

租赁业务（Textbook Rental）。亚马逊公司先是在教科书领域推出租赁服务，[①]而后又将kindle租书服务从教科书扩展到一般书籍，如《有效思维的5个习惯》在kindle的销售价为9.99美元，而该书的kindle租书服务底价为5.5美元，每过一天就增加几美分，直至租价升至与销售价相同。[②]

二、电子书颠覆传统发行权

1. 电子书对传统发行权的挑战

电子书产业直接改变了传统的发行方式，甚至很多书从一开始就没有纸质发行物，而完全是以数字化的方式出现的。《著作权法》第10条专门针对"发行权"作出规定："发行权是指出售或者赠与方式向公众提供作品的原件或者复制件的权利"，"发行权"定义中的"原件"或者"复制件"是否专门针对"有形载体"，《著作权法》并未在上述定义中作出明确规定。电子书发行中完全不存在"有形载体"，只有数字化的"复制件"，那么这种发行形式是否属于"发行权"的调整范围呢？

之所以要讨论电子书产业对发行权的挑战，还主要是基于"发行权"所奉行的"一次用尽原则"。世界各国著作权法大都规定了发行权"一次用尽原则"，如纸质图书在首次合法销售后，针对该书的发行权便已用尽，即针对该书的二次及再次销售行为均无需再

---

① 学生们可以定制30~360日的租赁期间，按时间长短付费，如购买一本会计学的教科书需要花费109.20美元，但其Kindle租借价格，仅仅需要花费38.29美元。参见网易科技报道，http://tech.163.com/11/0718/22/799G4RJ9000915BD.html，2011-07-18.
② 腾讯科技，http://tech.qq.com/a/20130120/000021.htm，2013-01-20.

征得作者的授权。《著作权法》虽然没有明确规定发行权"一次用尽原则",但在司法实践中却奉行该原则。北京市高级人民法院《关于审理著作权纠纷案件若干问题的解答》第18条还专门规定,"经著作权人许可发行了作品的复制件后,著作权人对该批作品复制件的出售权便一次用尽,不能再行使了。他人购买著作权人许可发行的作品复制件后再次出售的,不用经著作权人同意。"

这里涉及的问题是,用户在通过电子书阅读器购买电子书后,是否有权依据"发行权一次用尽原则"而将作品再次转发给其他用户呢?对此问题,基于利益诉求的差别,电子书运营商与用户之间会形成截然相反的立场,这就需要对电子书的发行行为做出准确界定,或者说电子书发行是否应当纳入"发行权"的调整范畴,它是否奉行"一次用尽原则"?

2. 电子书背景下,发行权"一次用尽原则"或将改变

纵观世界各国电子书"发行权"的立法,主要有两种立法例:一是以美国为代表的立法例,此种立法例扩大了发行权的解释,将电子书这样的无形载体也纳入发行权的范畴[1];二是以欧盟为代表的立法例,此种立法例主张,发行权仅指"有形载体"(原件或复制

---

[1] 1995年美国国家信息基础设施工作机构下属的知识产权工作组就正式公布了被称为"美国知识产权白皮书"的《知识产权和国家信息基础设施》报告。该报告在分析了美国著作权法的相关规定之后,认为通过网络进行的作品传播和传统发行行为的结果都是向公众提供作品的复制件,没有理由对二者区别对待,因此建议对于发行权的规定稍作调整,采取扩张发行权范围的方式,使作者控制在网络上向公众提供作品行为。1988年美国国会通过了千禧年数字化著作权法案(DMCA),就其当时的著作权法如何适应网络环境进行了许多修改和补充,但却没有采纳白皮书中对于发行权的修改建议。既没有修改发行权,也没有规定权利人的网络传播权,对于作品网络传播权的规制问题也几乎没有新的规定,但美国法院和学术界普遍接受了通过网络公开传播作品构成"发行"的观点。这说明美国实际上还是坚持白皮书中对于网络传播行为的认识,认为网络传播行为与发行行为并无本质区别,所有没有必要就作品在网络上的传播另行设立一种新的权利。

件）的传播，像电子书的发行问题则应当由网络传播权来解决。①

根据欧盟的立法，像电子书这样的传播方式应纳入信息网络传播权的范畴，而不属于"发行权"的调整范围，自然也就无法适用"一次用尽原则"。"欧盟《绿皮书》认为，发行权是否因权利人自身的利用或第三方的利用而用尽，取决于所利用的作品及相关物品的形式，这里有两种情况：其一，发行的对象是有形复印件，发行权因首次销售而用尽；发行对象若是无形的服务，由于这种提供数字传输的服务可无数次反复进行，发行权因首次销售而用尽的规则无法适用。"②美国著作权法虽然主张将发行权扩展到网络环境中，但在适用"首次销售原则"③时仅限于有形载体。④从美国著作权法的措辞、立法历史以及判例法都明确地表明：只有当某一复制品的所有人处置了对该复制品的有形占有的情况下，才能适用"发行权一次用尽原则"。⑤在明确上述原则的基础上，《美国知识产权白皮书》中还认为，如果购买者在网上合法地购买了文字作品的复制品，然后将复制品下载到磁盘上，购买者再次出售该磁盘可以适

---

① 1997年12月，欧盟为了在联盟范围内实施了1996年世界知识产权组织两个新条约的规定，在公布的《协调信息社会版权和有关规则指令》中指出，发行权是指作者控制以任何形式向公众发行作品的原件或有形复制件的专有权，但是发行权不适用于服务和在线传输。2001年5月欧盟正式通过了《信息社会版权指令》，其第3条第1款规定：成员国应规定作者享有授权或禁止任何通过有线或无线的方式向公众传播其作品的专有权，包括将其作品向公众提供，使公众中的成员国在其个人选择的地点和时间获得这些作品。因此，欧盟正式规定了一项全新的"信息网络传播权"，将电子书的传播行为纳入了该项权利的范畴。
② 袁泳. 计算机网络上数字输入的版权问题研究[J]. 中外法学，1998（1）：29.
③ 美国法上习惯将发行权"一次用尽原则"称为"首次用尽原则"。
④ 美国著作权法109条（a）款规定："根据本法合法制作的复制件或唱片的所有人，或任何经该所有人授权的人都有权不经版权人许可而销售或以其他方式处分对复制件或唱片的占有。"
⑤ 米哈依·菲彻尔. 著作权法与因特网（上）[M]. 郭寿康，万勇，相靖，译. 北京：中国大百科全书出版社，2009：270.

用"发行权一次用尽"原则。《美国知识产权白皮书》进而认为,"如果将来出现一种控制技术,可以保证作品复制件的原始所有人在传输作品后无法保有复制件,而且接收方也无法擅自制作复制件时,那么发行权用尽原则也可以适用。"

这样,电子书阅读器的用户都无法以发行权"一次用尽原则",将其所购买的电子书再次拷贝给其他用户,除非这种拷贝会导致他自身失去作品的复制件。借用《美国知识产权白皮书》的观点,将作品通过网络传输给他人的行为,不仅包括发行行为,还包括复制行为,而"发行权一次用尽"原则仅包括发行行为而不应当同时包括复制行为,从这一意义上讲,如果允许电子书传播适用"一次用尽原则",也就意味着复制权的一次用尽,这显然又是违反著作权法规定的。

三、电子书颠覆传统出租权

1. 电子书对传统出租权的挑战

亚马逊公司推出阅读器租书服务,重新激发了图书租赁业务的"复活"。[①]不仅如此,就连普通用户也可以通过电子书阅读器推出图书租借服务。[②]这里要重点讨论的是,类似像亚马逊公司推出电子租书服务是否需要向作者支付费用?如果是通过电子阅读器"卖

[①] 图书租赁业务曾于20世纪80年代较为活跃,但随着书籍的普及,该项业务已基本销声匿迹,但电子书以及Kindle阅读器的出现又重新焕发了该项业务的生机,并且在不需要场地、纸质图书的情况下以最低的成本完成图书租借。

[②] 相关服务是通过租借kindle账号的方式实现的,大体分为如下步骤:(1)租赁方先明确他想要租赁的书籍名称;(2)出租方将与上述书籍对应的Kindle账号和密码发给租赁方,租赁方用该账号登录Kindle阅读器可以在指定的租期内阅读;(3)租期届满后,出租方会重新设置Kindle的密码,收回Kindle账户。参见百度贴吧,http://tieba.baidu.com/p/2328689732。

书",这是一定要向作者支付报酬的,作者无论是依据"复制权"抑或是"信息网络传播权"等权利,均有权向电子书运营商主张报酬,然而从著作权法的角度,"租书"并不等同"卖书",前者受出租权的调整,而后者则受"发行权"的调整。

TRIPS协议系确认作者出租权的首个国际条约,该协议第11条规定,至少对于计算机软件和电影作品,成员应授予其作者或作者的合法继承人享有其作品原件或者复制件的出租权;第14条第4款规定原则上适用于录音制品制作者及其他合法权利持有人。纵观世界各国关于出租权的立法例,大致可以分为两类:第一类立法例主张"出租权"仅适用于电影作品、计算机软件作品等特定作品。美国1976年著作权法及其1990年修正案规定的出租权客体是计算机软件和录音制品。[1]法国1992年知识产权法典将计算软件、录音制品、录像制品、传播企业节目作为出租权客体。[2]《著作权法》也奉行这一立法例。[3]第二类立法例则主张"出租权"适用于所有作品及音像制品以出租权:德国、日本、俄罗斯以及我国台湾地区著作权法采用此种立法例。[4]其实,采用哪一种立法例,还是主要取决于利益平衡的结果。世界上大多数国家的著作权法之所以关注电影、计算机软件等作品的出租权,是由于上述作品出租产业大发展所导致,从20世纪80年代开始,出租电影、音像制品甚至一度成为电影、音像

---

[1] 伍祚隆. 作品出租权的比较研究[J]. 比较法研究, 2003(1): 52-56.
[2] 法国知识产权法典[M]. 黄晖, 译. 郑成思, 审校. 北京: 商务印书馆, 1999: 230.
[3] 《著作权法》2001年修订时在第10条第1款第7项作出有关出租权的规定:"出租权,即有偿许可他人临时使用电影作品和以类似摄制电影的方法创作的作品、计算机软件的权利,计算机不是出租主要标的的除外"。
[4] 胡开忠. 知识产权法比较研究[M]. 北京: 中国人民公安大学出版社, 2004: 104-160.

产业的主流形式。[1]为充分保护电影、音像制品等著作权人的利益，相关国家的著作权法才特别针对电影、计算机软件、音像制品规定了出租权。那么随着阅读器的推出，电子书籍的租赁业务势必成为一种新的业务形式，那么，电子书产业升级是否会引发著作权法上"租赁权"的修改则颇值思考。

2. 出租权或将适用电子书

著作权法意义上"出租权"是否适用图书作品，还取决于不同国家的立法例。即便是在出租权适用于图书作品的国家，出租电子作品是否会侵犯到作者的出租权，还需要厘清它与"信息网络传播权"之间的关系。《欧共体绿皮书》是世界上最先讨论这一议题的文件，同时《欧共体绿皮书》还提到，从现实的经济层面考察，通过电子的形式出租作品与从商店进行的出租实质上是一样的，因此二者之间构成竞争；由此看来，在这两种情况下，适用相同的权利是合理的。[2]根据欧盟《出租权和借阅权指令》[3]第1条第2款规定，出租是指"为了直接或间接的经济利益而在有限期内提供使用"，尤其值得关注的是，这里的"提供使用"（making avaliable）一词，并没有明确指出提供的方式。[4]根据欧共体《出租权和借阅

---

[1] 从1981年到1984年，美国的音像制品出租商店已发展到大约200家，根据出租时间的不等，每张影碟收取9.9美分到2.5美分不等。用户大都愿意用低廉价格租借而不愿花高价去购买。参见Robert A. Gorman, Jane C. Ginsburg, Copyright Cases and Materials, sixth edition, Foundation Press, 2002, p. 545.
[2] 米哈依·菲彻尔. 著作权法与因特网[M]. 郭寿康, 等译. 北京：中国大百科全书出版社, 2009: 276.
[3] 《出租权和借阅权指令》，指的是欧盟理事会1992年11月19日颁布的第92/100号指令，全称为《知识产权领域中的出租权、出借权及某些邻接权的指令》。
[4] Rental/Lending Rights Directive (2006/115/EC) (2006), article2 (a): "'rental' means making avaliable for use, for a limited period of time and for direct or indirect economic or commercial advantage".

指令》的观点，出租所涉及的客体仅限于作品或有关客户的有形载体，通过网络传输作品的行为不属于出租，但是允许成员在国内法中对这种所谓的"电子出租"进行规范。

1996年欧盟提交WIPO的《信息社会版权与有关版权的绿皮书》的第二部分，主张将出租权扩大适用于数字化网络传输，认为将作品通过网络传输而进行的交互式传播行为可以作为出租行为而受到出租权的规范。WCT、WPPT在有关"互联网络传播"是否纳入出租权范畴的问题上，同样采用了较为自由的解决方案，它只求条约成员国国内法律赋予著作权人拥有控制网络传输行为的权利，不管其采取的是何种专有权利，包括扩大国内法现有的发行权、出租权的含义或者是建立一项专有权，只要达到调制网络交互式传输的目的即可。①

无论是采用"出租权"还是"信息网络传播权"来调整"电子出租"行为，核心还在于在作者与电子书运营商之间建立利益平衡机制。若是将"电子租赁"纳入"租赁权"的范畴，作者自然有权基于"租赁权"向电子书运营商主张报酬；即便是未将"电子租赁"纳入"租赁权"的范畴，作者同样也可以基于"信息网络传播权"向电子书运营商主张报酬。《著作权法》所规定的"出租权"不适用于图书作品，作者只能基于"信息网络传播权"向电子书运营商主张报酬。至于未来社会是否专门针对图书的"电子租赁"设立专门的"出租权"，还取决于产业发展的需要。

四、小结

《著作权法》正面临第三次修订，电子书产业升级势必会对法

---

① WCT第8条。

律修订产生重要影响，与此相伴随的是作者、出版商、读者之间利益格局的重大变化。电子书产业升级对信息网络传播权、发行权、出租权等制度带来了严峻挑战，其实，还远不止这些。亚马逊的Kindle阅读器采用了版权保护技术，以保证电子书不会被拷贝到其他设备上。以色列著名的黑客论坛Hacking.org最近举办了一项破解Kindle版权保护技术的比赛，一名叫拉巴（Labba）的黑客注册参加比赛，并成功破解。拉巴更是放言，即便亚马逊日后发布补丁文件，他还将继续破解。如果电子书的DRM被破解，将意味着电子书可以被转换为开放的PDF，并且可以被拷贝到其他电子设备上。[①]有关电子书的技术保护与技术破解所带来的著作权等问题同样值得认真思考。在电子书引发的版权制度变革中，首要的仍然是要关注作者的利益，科技的发展会加快作品的传播，但优秀作品的形成还主要是依靠人的创造性劳动，《著作权法》总是要通过对作者权益的保障来激发作者的创作积极性。如何能够在电子书产业升级的过程中设计出符合各方利益的版权制度值得我们认真思考。

第四节　延伸保护：从版权到专利

一、版权还是专利

商业模式的创新，比如说像微信、滴滴打车、陌陌正在一次又

---

① Kindle版权保护技术遭破解、图书面临PDF转出[EB/OL]. http://it.sohu.com/20091223/n269165024.shtml, 2009-12-23.

一次改变着我们的生活,用知识产权该怎么保护呢?比如一个创业者有一个全新的商业模式"好友借",一方面希望用来融资,另一方面希望知识产权保护。按照传统的模式,借钱就要给朋友打电话,打完电话,人家借还是不借,面子成本太高。为了解决这个问题,这名创业者发明了一款"好友借"App。大家都是朋友关系,下载了这个App,想借钱的时候,只要发布一个消息,如借多少,利率多少,什么时候还?其他朋友就看到了,想借的就直接转钱给他,不想借也没必要理会这个信息。这个App和微信朋友圈的区别是,借钱的想法一般是不方便发到朋友圈里的,但是可以发到"好友借"里,因为凡是加入到这里来的,虽然也是好朋友,但要么有借钱需求,要么可能想放贷,此为其一;其二,这个软件整个流程就是为借钱设计,包括利率多少到期该还多少、软件自动计算、资金划转整套手续都有证据的,这些功能是微信所没有的。

这里的问题在于,刚才所举的例子,能否得到知识产权的保护呢?著作权法、商标法都是可以保护的,如果有人胆敢复制抄袭软件,就可以提起版权侵权;也可以申请商标,比如把"好友借"申请商标来进行保护。固然可以这样,但创业者其实最关心的是商业模式的专利保护,因为他最核心的东西是这个点子,这个创意。只要有了这个创意,根本不需要复制抄袭软件,找个技术团队一个月就可以开发出来;商标完全可以再申请一个新的,你叫"好友借",我叫"友好借"或者"方便贷",都是可以的。

大家知道,版权保护表现形式,专利保护核心思想。所以,商业模式能否得到专利保护,这才是创业者关心的问题。专利法有三种专利形式,发明、实用新型和外观设计。实用新型和外观设计是针对有形产品的,与商业模式基本没什么关系,商业模式能否授予发明专利,这是问题的关键。

二、商业模式专利保护的尴尬

商业模式的专利保护，最为棘手的问题就是《专利法》第25条关于"纯粹的智力规则"不得申请专利的规定，专利保护的是技术方案。所以有关商业模式能否申请的时候，重要的就是要判断"这是一个智力规则"，还是一个"技术方案"？像刚才的"好友借"，就属于典型的智力规则，没有办法授予专利，由于专利方面没有办法保护其独占性，其商业策略必须想办法迅速占领市场。

根据专利局专利审查的要求，商业模式要获得专利保护，除了商业规则和方法创新外，还必须要包含技术特征。[①]

关于商业模式的专利保护，其中是否包含"技术特征"就变得十分关键。再以微信为例进行说明。微信这样的一种交流方式能被授予专利吗？这是一种"智力规则"，还是一种技术方案？我以为这种交流方式是不能被授予专利的。但是当中有一项技术，它会自动识别电话号码本中的好友、并识别是否属于微信用户，如果系微信用户，它会并自动推送好友。这个技术具有创新性，是可以申请的专利的。事实上这项技术也已经申请了专利。在我国专利局的网站上有一项发明专利《一种基于或囊括手机电话本的即时通讯方法和系统》，发明者叫赵建文，于2006年向国家知识产权局申请发明专利；但后来赵建文以不高的价格将专利卖给了腾讯。想必看到微信现在的发展状况，赵建文会为当时的低价销售感到特别郁闷。他最开始找的是小米手机的雷军，讨论了三天，雷军的律师建议不要

[①] 《关于修改〈专利审查指南〉的决定（2017）》（第74号），在《专利审查指南》第二部分第一章第4.2节第（2）项之后新增一段，内容如下："涉及商业模式的权利要求，如果既包含商业规则和方法的内容，又包含技术特征，则不应当依据专利法第二十五条排除其获得专利权的可能性。"

买，最终花落腾讯，而这项专利支撑了微信的高速发展。

三、商业模式专利保护的国际参考

英美国家比较关注商业模式的专利保护。基于专利保护的优势，发明人更喜欢用专利来保护商业模式。手机短信最早产生在英国，一个英国人看到手机短信前景广泛，便以自己的名义将其申请为专利，而当中国人也开始使用手机短信时，英国人还主张说中国人侵犯了他们的专利权。还好，当时英国人申请的是"英文短信专利"。

美国国会对商业方法专利的最早反应，是在1999年11月19日，通过了《保护首先发明人法案》，其核心内容是：首先采用某一商业方法者，如该方法被他人申请了专利，则原发明人可以提起诉讼。但是，原发明人必须在该专利申请之日的至少一年以前已经开始实施该方法，并且必须在该专利申请之日前，曾经在美国境内商业化实施该方法。

欧洲专利局2001年《审查指南》规定："如果所申请的标的物对于已知的科技领域提供了一项技术性的贡献（a technical contribution to the known）"，则其不得仅以其中的应用或实施是涉及电脑软件而拒绝授予专利。[1]

当然，也并非所有的国家都会支持商业模式被授予专利。新西兰立法，禁止软件申请专利。2013年，新西兰议会以117票赞同4票反对通过了该法案，并废除了1953年新西兰专利法案。颁发这个法

---

[1] 朱理. 欧洲专利局审查指南关于商业方法和与计算机有关的发明的可专利性的修改[J]. 网络法律评论，2002：31.

案的原因，新西兰国会议员莱尔·库伦引述一名开发者的话说：软件专利本身阻碍电脑编程发展。

事实上，商业模式专利的泛滥，也导致了民众的反感。亚马逊公司注册了两个商业方法专利，并用来打击竞争对手。著名的"非主流"软件工程师、"自由软件"运动和开放知识产权GPL协议的创始人Richard Stallman，就发起了一场"阻挠"亚马逊公司的运动。而另一位著名的计算机出版商Tim O'Reilly在自己网站上贴出了抗议亚马逊公司行径的公开信，几天内就征集了1万多个签名。在民间抗议压力下，亚马逊公司的总裁才发表公开信，建议缩短商业方法专利的保护期。

四、商业模式专利保护立法借鉴

1. 商业模式获得专利保护的标准是什么

美国是较早出台包括商业模式专利保护的国家。商业模式在使用过程中大都涉及对数据输入、数据输出、数据存储的过程，在1998年之前的美国，类似情况是不会被授予专利的。1998年在"State Street Bank & Trust Co. v. Signature Financial Group, Inc."案[1]中，美国联邦巡回上诉法院废除了"商业方法除外原则"，并进一步论证，不能仅仅由于发明涉及数据输入、数据输出、数据存储而否认其专利性。这个判决宣告了专利审查的重点从技术性（useful arts）转向了实用性（practical utility）。这也意味着计算

---

[1] 涉及专利是利用一个计算模型，根据当天市场变化计算出投资基金收益和费用，从而帮助投资者购买基金。地方法院认为，该专利既涉及商业方法又涉及数学公式，故判决专利无效。然而美国联邦巡回上诉法院认为，地方法院错误地将该专利视为一个过程，但它实际上一个"机器"。

机软件专利申请已不限于机器或装置，并已经延伸到公司的经营管理范畴。按照美国法院的观点："一台一般用途的计算机……一旦编程来执行特殊的功能并符合软件要求就变成一台特殊用途的计算机"。① 在1999年AT&T Corp. v. Excel Communications，Inc. 案②中，联邦巡回上诉法院甚至认为，数学公式作为一个整体是否产生了一个"有用的、具体的，有形的结果"，只要满足《专利法》第101条规定的基本要求，由计算机程序所控制的电脑就成为可专利的发明。③

事实上，绝大多数的商业模式依赖于计算机程序，并且最终都将实现一个"有用的、具体的、有形的结果"，因此，按照美国1998年、1999年判例所确立的标准，绝大多数的商业模式都将被纳入可专利授权的范围。然而，在2008年 In re Bilski 案中，Bilski申请保护的主题涉及"一种风险成本的管理方法"。这一次，联邦巡回上诉法院并没有援用以往所谓"有用的、具体的、有形的结果"的标准授予专利，恰恰相反，作出了不授予专利权的决定。联邦巡回上诉法院判决的理由是：该方法并未与机器相关联，且该方法并未将任何物体转换为其他状态或物体。④显然，2008年Bilski判例提出的"转换物体的状态"要求，要比以往授权标准严格得多，普通的管理、娱乐商业模式都很难达到这一标准。事实上，针对商业模

---

① 张平. 论商业方法软件专利保护的创造性标准[J]. 知识产权，2003（1）.
② AT&T公司对一项长途电话计费系统拥有专利。地方法院认为，权利要求中包涵了一个数学公式，因而无效。然而，联邦巡回上诉法院再次否定了地方法院的判决，认为该专利有效。
③ 沙海涛. 电子商务商业方法软件的专利保护（下）[J]. 电子知识产权，2003（3）.
④ 姚克实，吴晓群. IN RE BILSKI 案：确定专利标的物的新动向[J]. 电子知识产权，2009（3）：55.

式发明授权，美国走过了从"完全否定"到"肯定"，再到"部分肯定"的道路，而每一时期的判决标准又恰是与当时的经济政策紧密相关，简言之，在商业模式刺激经济大发展时期，采用较宽松的审查标准；当商业方法发明过于泛滥时，又改变为较为严格的标准。

2. 针对商业方法进行了专门立法

美国专利和商标局将商业方法软件划归到专利分类705类，并且有一个专门的工作组——2160工作组[①]，审查员须具备计算机、商业、金融、保险领域专业背景。美国2000年10月通过的《商业方法促进法》议案第4条规定："如果商业方法仅仅是将现有技术应用于计算机系统或因特网，则该发明应被认为是显而易见的"[②]。美国专利和商标局针对商业方法的审查，还专门出台了指导性文件，在Guidelines for Computer-Related Invention Patent Application[③]文件中，将功能性描述和非功能性描述严格区分，根据该文件规定，诸如像学习或游戏类App软件中，非功能性描述（画面、数据资料）因不具有任何技术功能，不作为创造性的审查内容。美国专利和商标局的另外一份文件（Formulating and Communicating Rejections Under 35 U.S.C 103 for Applications Directed to Computer-Implemented Business Method Inventions）[④]例举了明显不具有创造性的案例，以帮助审查人员在审查包括App在内的商业方法专利时予以参考。

---

① uspto的网站报道Wynn Coggins, Business Methods Still Experiencing Substantial Growth-Report of Fiscal year 2001 Statistics. http：//www. uspto. gov/web/menu/pbmethod/fy2001strport. html.
② 巫玉芳. 2000年美国商业方法专利促进法议案"评析[J]. 电子知识产权，2001（5）.
③ http：//www. uspto. gov/web/offices/pac/mpep/documents/2100. htm#sect2106.
④ http：//www.uspto. gov/web/menu/busmethp/busmeth103rej. htm.

在美国State Street Bank案后，日本立即对商业方法软件专利高度重视。2000年日本修改后的《与计算机软件有关的发明（含与商业方法有关的发明）的审查指南》认为商业方法专利可以作为与软件有关的专利而获得批准。与此同时，日本还增设电子商务审查室集中审查商业方法发明。①日本特许厅2001年4月还发布了一份"商业方法发明不具有专利性的范例"②其中非常详细地列举了不构成专利法"发明"的情况，也成为日本判断商业模式专利创造性的指导性文件。根据该份指导性文件，将工业技术应用于另一特殊领域的不会授予专利，如将"搜索系统"应用于房地产领域而形成的"房地产搜索"软件，将不会被授予专利。

五、我国商业模式专利保护的应用

如果商业模式属于存粹的"智力活动的规则和方法"的情况，按照《专利法》第25条的规定，将被排除在专利法的保护范畴之外。如果商业模式在商业规则和方法创新的同时，还能够解决一个具体的技术问题，它将会受到专利法的保护。审查员在商业模式专利审查时也会首先进行判断，它是否属于专利法的保护范畴，进而再对其"新颖性"和"创造性"等进行审查。在涉及互联网商业模式专利"新颖性"的审查中，仍然要遵守《审查指南》对技术领域、所要解决的技术问题、技术方案和预期效果四个方面的审查原则。在判断商业模式"创造性"问题时，重点审查该商业模式到底

---

① 日本特许厅在审查四部增设电子商务审查室，该审查室专门审查包括App在内的各类商业方法专利。
② 参见日本特许厅. Examples of Business Related Inventions without Patentability[EB/OL]. http://www.jpo.go.jp/index.htm.

解决了怎样的技术问题，仅仅是现有技术的简单组合，或者是对数据的简单搜索，对于所属技术领域的人员而言，这一切都是显而易见的，这些都意味着它不具备"创造性"特征。

第五节　惩罚盗版，唤醒死亡条款

版权战争中的二个重要武器，一个是民法，另一个是刑法。适用用民法可能让对方"倾家荡产"；适用刑法，可能让对方"把牢底坐穿"。

无论是刑法武器，抑或是民法武器，若要最大程度地发挥威力，都需要唤醒其中的死亡条款。

一、唤醒刑法死亡条款：立案标准

侵犯版权，严重的可能要做牢。《刑法》第217条和第218条规定了二个罪名，一个是侵犯著作权罪，另一个是销售侵权复制品罪。侵犯著作权罪所要制裁的是盗版的制造商，销售侵权复制品罪所要制裁的是盗版的销售商。

如果是盗版产品的制造者，符合以下条件之一的会构成犯罪：（一）违法所得数额较大；（二）有其他严重情节的。[①]这里的"严

---

① 《刑法》第217条：以营利为目的，有下列侵犯著作权情形之一，违法所得数额较大或者有其他严重情节的，处三年以下有期徒刑或者拘役，并处或者单处罚金；违法所得数额巨大或者有其他特别严重情节的，处三年以上七年以下有期徒刑，并处罚金。这里的违法所得数额较大是指违法所得3万元或者非法经营5万元。参见《关于公安机关管辖的刑事案件立案追诉标准的规定》。

重情节"是指非法复制品合计超过500（份）以上。①

在实践中，要找到盗版产品的制造者并不是一件十分容易的事情，但要找到非法销售者却相对容易。针对非法销售商，我国《刑法》第218条专门规定了"销售侵权复制品罪"。②然而，长期以来，这一条款却被称为"死亡条款"。

与第217条规定的"侵犯著作权罪"相比，第218条所规定的"销售侵权复制品罪"在构成要件方面的规定极为单一，《刑法》只规定了"违法所得数额巨大"一种情况，除此之外，《刑法》并没有作出其他类似"情节严重"的规定，也就是说，只有证明了被告人"违法所得数额巨大"，才能证明其构成该罪，如果证明不了违法所得数额，哪怕权利人有证据证明"情节严重"，但依然无法证明被告人构成犯罪。

美国电影协会大中国区的一位职员曾抱怨：他们在打击盗版的过程中，经常会发现销售商仓库中堆积如山的盗版影片，却无法适用《刑法》第218条，因为无法证明违法所得。在缺少发票、账本的情况下，要证明违法所得的确是一件困难的事情。然而，权利人可以证明的堆积如山的盗版软件属于"情节严重"的范畴，《刑法》第218条恰恰不包括"情节严重"。故，《刑法》第218条曾一度被称为"死亡条款"而饱受诟病。

2008年，"死亡条款"终被唤醒。根据最高人民检察院、公安部联合出台的"刑事案件立案追诉标准"③，适用《刑法》第218

---

① 参见《关于公安机关管辖的刑事案件立案追诉标准的规定》。
② 《刑法》第218条：以营利为目的，销售明知是本法第二百一十七条规定的侵权复制品，违法所得数额巨大的，处三年以下有期徒刑或者拘役，并处或者单处罚金。
③ 最高人民检察院、公安部联合出台了《关于公安机关管辖的刑事案件立案追诉标准的规定（一）（公通字[2008]36号）》。

条"销售侵权复制品罪"时,除了证明被告人违法所得数额巨大(10万元以上),还增加了如下规定:"违法所得数额虽未达到上述数额标准,但尚未销售的侵权复制品货值金额达到三十万元以上的。"这样,在适用刑法第218条时,无需证明违法所得,只要证明尚未销售侵权复制品货值金额即可追诉被告人的刑事责任,《刑法》第218条"起死回生"。

在相当长的时期内,《刑法》第218条作为"死亡条款",到底是立法者的疏忽还是立法者的智慧,着实耐人寻味。随着我国科技和经济发展水平的提高,中国的知识产权保护水平也不断提高。《孙子兵法》说,兵无常势,水无常形,故能因敌变化而取胜者,为之神;《孙子兵法》又说,多算胜,少算不胜;《孙子兵法》还说,兵者,诡道也。

二、唤醒民法死亡条款:赔偿金额

侵犯了版权,该赔多少?这是一个很多人都关心的问题。有一次,我和我的一位在法院工作的同学聊及此事,他谈到他们刚判的一个版权侵权的案子,他说,确定侵权不难,难在该赔多少。事实上,按照《著作权法》的规定,法官可以选择他认为合适的任何一种方法:

(1)如果原告有证据证明被告侵权给自己造成了损失,原告可依据损失的数额主张赔偿。[①]然而,在版权侵权中原告要证明侵权给自己造成的损失几乎比登天还难!

(2)如果原告方有证据证明被告侵权受益的数额,便可据此向

---

① 《著作权法》第49条。

法院主张赔偿数额。[1]然而被告方到底侵权受益多少,这似乎是一个比证明自己损失更难的一个问题!

因此,版权侵权的绝大多数的案件中,法官不得已只能选择法定赔偿方法,即法官可以在法定额度范围内自由裁量。[2]法定赔偿最简单,或者说,这是一个拍脑袋就可以确定的赔偿标准。还记得刚刚提及的那个版权侵权的案子吗?同学法官告诉我,他们最终定了8万元,这里的8万元就是按照法定赔偿方法确定的,那为何是8万元呢?他偷偷告诉我,在合议的时候,大家认为8比较吉利,对于双方而言可能是一个比较能够接受的数字。

的确,法定赔偿方法赋予法官较大的自由裁量权,有些时候,它也让判赔数额显得有些随意。那么如何尽可能细化赔偿标准,让法院可以有方便参考的计算标准,也就成为摆在侵权赔偿计算面前的一个难题。原告损失到底该如何计算?只有解决了民法上的赔偿计算问题,才能让赔偿条款真正发挥作用。

(一)原告损失新算法

对于原告,侵权盗版往往会导致原告方销量减少,然而造成销量减少的原因却可能是多方面的,至于侵权在其中占多大比重,很难判断。在这种情况下,原告方惟一能向法官说明的是每一个产品的利润到底有多少,至于说,减少了多少销量却是一件很难举证的事情。

对于被告,要让它说明违法所得,也是一件不现实的事情,它甚至可能把成本无限夸大进而说明自己亏损。然而,有一件事却是

---

[1] 《著作权法》第49条。
[2] 《著作权法》规定的法定额度为50万元,《著作权法(修改草案)》将赔偿额增加到了100万元。

法官可以重点关注的,即被告一共销售了多少侵权产品。关于销量的证据,一个账目再混乱的公司怕是也可以说明的,对于那些容易说清楚的事情,被告方拒不说明或者有证据拒不提交的,法官有权根据案件事实对于其销量作出合理裁定。

如果原告方能证明被告侵权产品的销售数量,那么复制品数量乘以原告每件复制品利润之积,即作为权利人的实际损失;这一计算方法的原理在于,被告方销售一个侵权产品也就等于原告方减少的销售数量。①

(二)参考稿酬规定的合理倍数

文字作品侵权,可参照国家稿酬规定的合理倍数。2014年,国家版权局出台了《使用文字作品支付报酬办法》,如对于原创类作品,按照每千字80~300元的标准向作者支付报酬。在构成侵权的情况下,可以按照稿酬的2~5倍计算赔偿数额。②

(三)参考许可使用费的合理倍数

合理的许可使用费,也是一种直观的计算方法。一部影片被某视频网站上传到该网上供用户观看;在类似的案件中,法官完全可以询问原告,该影片是否在先许可给其他视频网站,如果已有再先许可的话,可以参照在先许可费用予以赔偿,当然,在构成侵权的情况下,为了彰显对侵权者的惩罚,可以根据在先许可费用的合理倍数确定侵权赔偿数额。

---

① 根据北京市2005年制定的《北京市高级人民法院关于确定著作权侵权损害赔偿责任的指导意见》,被告方应当能够提供有关侵权复制品的具体数量却拒不举证,或所提证据不能采信的,可以按照以下数量确定侵权复制品数量:A. 图书不低于3000册;B. 音像制品不低于2万盘。
② 参见北京市2005年制定《北京市高级人民法院关于确定著作权侵权损害赔偿责任的指导意见》。

（四）原告律师费，被告方是否承担？

在版权侵权案件中，原告所花费的律师费完可以在诉讼中主张。[1]原告方要主张律师费用，需要向法庭提交合理证据，包括律师事务所的合同、发票；并且，原告方还需说明，其收费符合当地的律师收费标准。

原告方花费的律师费是否会得到法院的支持，还取决于案件能否胜诉。只有在原告胜诉的情况下，原告的律师费才可能获得法院支持。对于部分胜诉的，原告的律师费也很难全额获得支持，法院一般也会根据其胜诉比例来确定律师费。如原告方主张损害赔偿，主张100万元，实际却是赔偿50万元；花费律师费用10万元，律师费只能赔5万元。[2]

然而，在有些版权侵权案件中，原告方的诉请当中既有停止侵权，又有赔偿损失，或许最终法院只支持了其停止侵权的请求，并未支持赔偿损失的请求，在这种情况下，律师费也应该可以获得部分支持。如销售盗版书籍的商店，能够举证证明其有合法来源，在这种情况下，可以免除其赔偿责任，只承担停止销售的责任。在类似案件中，原告方的律师也可获得部分支持。[3]

---

[1] 参见北京市2005年制定《北京市高级人民法院关于确定著作权侵权损害赔偿责任的指导意见》。
[2] 参见北京市2005年制定《北京市高级人民法院关于确定著作权侵权损害赔偿责任的指导意见》。
[3] 原则上不超过1/3，参见北京市2005年制定《北京市高级人民法院关于确定著作权侵权损害赔偿责任的指导意见》。

第六节　版权诉讼，上兵伐谋

《孙子兵法》说："上兵伐谋，其次伐交，其次伐兵，其下攻城"。[①] 在版权战争中，善用计谋，赢得先机，方为上策。版权战争中，首先是利益之争，争到最后，撕破脸皮，可能不得不通过诉讼解决。版权诉讼已经成为企业之间乃至国家之间捍卫版权利益的必要手段。这里谈及版权诉讼中的几个谋略问题。

一、选择管辖，赢取先机

版权案件的管辖说的是，版权纠纷应当由哪个法院进行管辖。管辖在解决争议过程中发挥重要作用。当事人更多喜欢在本地进行诉讼，一来比较方便，二来比较经济。所以，选择好管辖对于最终胜诉具有重要意义。

以版权侵权案件为例，至少以下四法院都有管辖权：（1）侵权行为实施地（生产地或销售地）；（2）侵权复制品储藏地；（3）侵权复制品查封扣押地；（4）被告住所地人民法院管辖。

A公司（A地），发现B公司生产盗版软件。A公司却发现被告住所地，或是其他管辖地都不在本地，于是A公司通过引诱管辖的方法将管辖地延伸到本地，于是A公司就向B公司要约购买软件，B公司接到定单后就将软件销售（邮寄）到A公司所在地，于是A公司以销售地作为管辖地提起诉讼。

---

① 上等的军事行动是用谋略挫败敌方的战略意图或战争行为，其次就是用外交战胜敌人，再次是用武力击败敌军，最下之策是攻打敌人的城池。攻城，是不得已而为之，是没有办法的办法。

不仅传统版权侵权案件存在选择管辖的问题，当下流行的网络版权侵权也存在选择管辖的问题。如张三未经许可就将李四的文章上传到互联网上，李四提起信息网络传播权的侵权诉讼，被告住所地和侵权行为地都有管辖权，又如何确定侵权行为地呢？

如果确切地知道，张三是在自己的家里，或者在某个网吧非法上传的这篇文章，那张三的家里或者这个网吧所在地，可以视为侵权行为地，该地法院有权管辖本案。但一般情况下，权利人不可能知道张三到底是在哪里上传的这篇文章，虽然根据刑事侦查手段，根据IP地址最终是可追查到张三上传地址的，但这对于权利人李四而言，是很难做到的。

互联网的特点，就是不分国界、不分地域，任何人通过计算机终端在任何地方，都可以查找到这篇未经许可而在互联网上传播的文章，或者说，只要你愿意发现，你就可以在任何地方查找到该侵权行为。于是，法律就对互联网络侵权的侵权行为所在地作出扩大解释，即对难以确定侵权行为地和被告住所地的，法律允许以原告发现侵权内容的计算机终端等设备所在地可以视为侵权行为地。

二、专家证人，为我所用

知识产权法官解决专业问题有三种方法：第一，司法鉴定，当下北京就有十余家知识产权司法鉴定事务所；第二，聘请相关领域的专家作为人民陪审员；第三，当事人聘请专家证人。

这三种方式相比较，各有优势，但我更倾向于专家证人。知识产权司法鉴定相当于把审判权移交给鉴定机构，对于专业性问题最终的裁判还是应当由法官来完成，只有一些特殊的问题，纯粹技术的并且不适合在法庭上辩论的问题，如软件侵权中代码的重合数量，再如专利侵权当中对于化学结构的判断等，这些问题，可以通过鉴定的方式来完成，除此之外，尽可能由专业人员在法庭上陈述，将最终的裁判权交由法庭裁决，可以避免鉴定结论的先入为主，双方还可以进行询问，让问题更加清晰。专业人员作为人民陪审员也有一个问题，即不能对他进行询问，仅仅依据自己的主观认识，未经询问或者质证过程，难以作出公正判决。

所以，专家证人在这一过程中发挥着重要作用。最高人民法院《关于民事诉讼证据的若干规定》第61条规定："当事人可以向人民法院申请由一至二名具有专门知识的人员出庭就案件的专门性问题进行说明。"2013年1月1日新修改的《民事诉讼法》第79条规定："当事人可以申请人民法院通知有专门知识的人出庭，就鉴定人作出的鉴定意见或者专业问题提出意见"。目前，专家人证出庭在我国运用得还比较少，哪些人可以作为专家证人，对专家证人的人身保护，专家作证的权利义务，这些问题都还有待规定，对于专家证人制度还需要法律进一步完善，在这一点上，他山之石，或许可以攻玉。

专家证人制度源自英美法系，它往往在案件中发挥重要作用。它的意义主要体现在让专业人员就专业性问题发表意见。

在美国有60%的案件使用专家证人制度。[①]另有资料显示，加利福尼亚州高等法院在20世纪80年代末审理的案件中，有专家证人出庭的占86%，平均每个案件中有3.3个专家证人。一些评论家认为，

---

① "事实上我们有60%的诉讼官司需要参考专家证人的证词，而惟有透过这些证人的法庭盘问，才能启蒙我们的陪审团，并且帮助他们对于类证词作出公正的评价。"参见：富兰西斯·威尔曼. 交叉询问的艺术[M]. 北京：红旗出版社，1999：79.

美国的司法程序已经变成由专家审理的程序。①

2009年，一代天王迈克尔·杰克逊年仅51岁，撒手人寰。所有的疑点都指向他的私人医生——康纳德·穆雷（一位主治心血管疾病的医生）。检察官在法庭上指控他犯过失致人死亡罪，具体为滥用麻醉药品，在不具备保护和适当监控的条件下使用，最终导致迈克尔·杰克逊意外死亡。辩护人却认为是由于迈克尔擅自使用过量麻醉药品才导致死亡。控方重要证人，哥伦比亚大学教授、麻醉专家史蒂文·沙佛，一口气列出了穆雷的17项错误。最后，经过2天的辩论后，陪审团达成一致意见，穆雷过失杀人罪名成立。在美国控辩双方都可以聘请专家证人出庭作证，在迈克尔一案中，辩方也聘请了专家证人出庭接受质询。

在我国专家证人出庭的情况，凤毛麟角。在琼瑶诉于正版权侵权的案件中，琼瑶一方聘请了专家证人。这个案件在中央电视台是我做的点评。琼瑶的作品《梅花烙》和于正的作品《宫锁连城》，其中很多剧情极为相似。然而，在以往的版权侵权案件当中，作品的抄袭多是指文字的高度重合，然而在本案当中，所表现的不是文字的高度重合，而是作为剧本核心的人物设置、人物关系、桥段、剧情等方面的高度近似。这到底算不算侵权呢？在这个案件当中，琼瑶一方申请的专家证人发表了专业意见。尽管在我国专家证人的运用刚刚起步，但是从美国等司法制度等情况及我国的司法改革进程来看，它将发挥越来越大的作用，特别是在知识产权这种专业性极强的领域。

聘请专家证人时应当注意几点：第一，专家的知名度问题。在

---

① 约翰·W. 斯特龙. 麦考密克论证（第五版）[M]. 汤维建，等译. 北京：中国政法大学出版社，2004：31.

一次诉讼中,对方当事人聘请了一位民间发明人作为专家来说明问题,给法官的印象不太好。专家最好是高校或者科研院所等具有较高权威性和威望的专业人士。另外,双方都请专家的时候,也涉及级别的PK。对方请了一位专家是副教授,我们就请一位教授;对方请一位教授,我们就请一位名校的教授;对方请了一位名校的教授,我们就请一位院士;对方请了一位院士,我们就请一位诺贝尔奖获得者……

第二,要做好与专家的事前沟通。可能你请的是某某学院的院长,某某学科创始人,行业大咖,但如果事前不沟通好,在法庭上的表现,可能是一塌糊涂。过于理论性的语言,或者过于抽象的表达,都很难达到作证的目的。专家证人出庭之前,反复操练,让他尽可能用言简意赅的语言表达观点,才能达到完美的效果。

三、版权涉外诉讼,不得不谈的二个世界公约

一旦涉及版权的涉外诉讼,就需要了解版权的国际保护规则,其中以《伯尔尼公约》和《世界版权公约》影响力最大。

(一)《伯尔尼公约》和它的保护原则

谈到《伯尔尼公约》,不得不提法国著名大文豪雨果(见图13)。19世纪的西欧尤其是法国涌现出许多大文学家、大艺术家,他们创作的大量脍炙人口的作品流传到世界各地,这些国家相应地也就开始重视版权的国际保护。1878年,由雨果[①]主持在巴黎召开了一次重要的文学大会,建立了一个国际文学艺术协会。1883年该

---

① 雨果(1802~1885)是19世纪前期积极浪漫主义文学运动的领袖,法国文学史上卓越的资产阶级民主作家。雨果代表作品为《巴黎圣母院》和《悲惨世界》。

图13　雨果作品《巴黎圣母院》剧照

协会将一份经过多次讨论的国际公约草案交给瑞士政府。瑞士政府于1886年9月9日在伯尔尼举行的第三次大会上予以通过，定名为《保护文学和艺术作品伯尔尼公约》[①]。原始签字国有英国、法国、德国、意大利、瑞士、比利时、西班牙、利比里亚、海地和突尼斯等10个国家。

是否参加以及何时参加《伯尔尼公约》，各国也会根据本国的产业发展需要作出决定。当时美国的出版业远不如英法等欧洲国家发达，参加公约对美国不利。所以，美国代表便以该条约的许多条款与美国著作权法有矛盾，得不到美国国会的批准为借口，拒绝在公约上签字，直到1989年3月1日才参加伯尔尼联盟，成为公约的第80个成员国。中国于1992年10月15日成为该公约成员国。

1. 最低保护原则

根据《伯尔尼公约》所规定的最低保护原则，各成员国不得低

[①] Berne Convention for the Protection of Literary and Artistic Works，中文简称《伯尔尼公约》。

| 第十章 | 从现在到未来：版权战争格局

于最低保护标准，比如对版权保护期限，公约规定为，作者有生之前加死后50年，各成员国可以大于50年，但不能少于50年。再比如，《伯尔尼公约》关于"精神权利"的保护，规定了署名权和保护作品完整权等两项权利。美国最早在著作权法中是不保护所谓署名权和保护作品完整权等精神权利的，这两项权利可以获得衡平法的保护。到了1989年，经过一百多年的争论，美国最终决定加入《伯尔尼公约》。《伯尔尼公约》确立了精神权利的保护，这促使了美国国会接受了精神权利这一概念。美国1990年通过了"视觉艺术家权利法"，来保护视觉艺术作品的精神权利。相关规定已经纳入美国《著作权法》第101条和第106条之一等条款中。[1]

2. 独立保护原则

各成员国在符合公约最低保护原则的前提下，有权根据本国国情独立制定著作权法。根据独立保护原则，各国有权设立制定版权制度：第一，同样一部作品，在A国受到保护，却可能在B国不受保护。如，有的国家保护作品标题，有的国家不保护作品标题。第二，同样一部作品，在A国已过保护期，但在B国却处于保护期内。第三，同样一部作品，在A国和B国各国版权内容不尽相同，如对作者精神权利的保护，有的国家只规定了"平面复制权"，而有的国家还规定了"立体复制权"。第四，同样一部作品，A国规定的侵权责任与B国规定的侵权责任不尽相同。

（二）《世界版权公约》与《伯尔尼公约》的区别

涉及版权的国际保护，除了《伯尔尼公约》外，还有《世界版权公约》。在版权国际保护进程中，有一些国家认为《伯尔尼公

---

[1] 参见美国著作权法第101条和第106条之一规定。

约》的保护水平太高，自己国家难以达到保护标准，再另外成立一个保护标准相对较低的国际公约的呼声越发强烈，这种声音还得到了当时亚非拉等发展中国家的支持。于是在1952年，联合国教科文组织在瑞士日内瓦制定了《世界版权公约》，公约自1955年生效。[①]与《伯尔尼公约》比较，《世界版权公约》的保护水平相对较低。

（1）是否是自动保护？《伯尔尼公约》奉行"自动保护原则"，《世界版权公约》则要求打上版权标志©，版权人姓名、首次出版年份等信息作为保护前提。

（2）是否保护"精神权利"？《伯尔尼公约》要求保护作者的精神权利，如署名权、修改权等；而《世界版权公约》则不要求保护。

（3）保护期50年，还是25年？《伯尔尼公约》中版权保护期限为"50年"（作者有生之年加其死后50年）；《世界版权公约》要求的保护期限为"25年"（作者有生之年加其死后25年）。

（4）版权保护是否有溯及力？《伯尔尼公约》具有溯及力，《世界版权公约》不具有溯及力。根据《伯尔尼公约》，成员国国民加入公约之前创作的作品，也会受到公约保护；然而，根据《世界版权公约》，成员国国民只有在加入公约之后创作的作品，才受到公约保护。

---

① 《世界版权公约》（*Universal Copyright Convention*）1947年由联合国教育、科学及文化组织主持准备，1952年在日内瓦缔结，1955年生效。1971年在巴黎修订过一次。中国于1992年7月30日递交了加入《世界版权公约》的官方文件，同年10月30日对中国生效。

后记 | 意识觉醒，战争尤在

COPYRIGHT WAR

20年前，盗版碟是大家看电影的主流方式；10年前，网络种子成为主流；而现在，你我都习惯走进影院或是付费点播。电影这一件小事，背后映射的却是中国人版权意识的觉醒。现在人们逐渐习惯为电子书付费，习惯为看视频付费，习惯为看直播打赏，这些的这些，放在哪怕五年前都是不可想象的。

版权意识的觉醒，将带来什么？

你可能还没意识到，版权产业是多么庞大。在美国，版权产业是当之无愧的顶级产业。2016年美国全部版权产业为美国经济贡献了近2.1万亿美元的增加值，甚至已经远远超过在全球处于霸主地位的金融行业，就业贡献率接近8%，GDP贡献率也接近8%。多么惊人的数字。

相对而言，国内的版权产业刚刚起步，甚至还没有专门的机构来统计版权产业的生产值。

不过不要紧，版权意识的觉醒已经让大家懵懵懂懂地感觉到了版权行业的巨大潜力，资本闻着肉腥味儿已经开始有所动作。各种类似陈坤投资5个亿，微博账号同道大叔卖了3个亿，杨幂所在的嘉行传媒估值超过50个亿，Papi酱融资估值3个亿等的报道吸引着人们的眼球，背后涌动的都是资本的力量。

而这仅仅是一个开始。

知识作为一个消费品，其市场的大小，很大程度上取决于人口的多少，中国目前的人口几乎是美国的3倍，意味着潜在国内消费者也是美国的3倍。赋予中国版权产业多大的想象力都不为过。

事实上，已经有一拨人开始享受人口红利带来的版权利益：根据媒体公布的2017年中国名人收入榜单，范冰冰以2亿4 400万元拔得头筹，鹿晗收入1亿8 160万元位居第二，近期关于十几岁的姑娘欧阳娜娜出道3年挣9 000万元也成为热议的话题。近几年，明星不再仅仅是聚焦演戏，而是出现了围绕版权产业上下游整体布局的情况，投资电影电视剧、拍摄广告、参与直播、与网游公司合作开发IP、运营剧院等，一个个明星俨然已经成为版权产业的大佬，相比上市公司的不景气，普遍利润低下的情况，明星已经成了印钞机，跻身中国掌握资源最多，赚取金钱最快的阶层，他们身处版权金字塔的最顶层，拥有极强的吸金能力。

还有一批人，赶上了网络直播的盛世开启，不仅明星玩得不亦乐乎，普通人也有不少从中捞金。智能手机的普及和4G网络的普遍运用为直播热潮创造了条件。作为媒体的最新样态，网络直播创造了最实时、最真实、最直接的媒体体验。"直播"平台的产业链也正在形成。根据艾瑞网提供的数据，2016年，游戏直播用户破亿。网络直播平台由于其形式主要体现为实时直播，其版权价值主要体现在两个方面，一是直播时的收入，二是转播时的收入，主要表现形式为打赏收入、广告收入、会员收入分成、转播费用等。其中，打赏收入与会员收入分成是版权意识觉醒的直接体现，即显性收入，表明消费者愿意为版权付费。广告收入、转播费用等则是版权意识觉醒的间接体现，即隐性收入，表明投资者愿意为版权付费。

随着版权意识的觉醒，可以想见，未来中国的版权产业，将成为一个巨无霸。

如果说互联网是上一个风口，那么，可以预言，版权将成为下一个风口。而在此时，在此刻，在版权帝国时代开启的前夕，如果想让自己在未来的帝国时代取得先机，站上风口，分得一块蛋糕，立于不败之地，做好充分的准备必不可少。

很多人已经意识到这一点，来咨询我相关问题的朋友也很多，于是有了写这本书的动机，我想系统地将版权战争的实质和未来的格局展现出来，让大家能够尽可能地明白版权这个复杂体系中的种种问题，能够在未来的版权战争中赢得一亩三分地。

让我们一起为版权帝国时代开启倒计时吧！